ベルクソン

心と身体

物質と記憶力

—精神と身体の関係について—

岡部聰夫訳

駿河台出版社

はじめに

一、本書は、ベルクソンの論文集：L' Énergie spirituelle（一九一九年）の第二論文《L'Âme et le Corps》と、主著：Matière et Mémoire, Essai sur la relation du corps à l'esprit（一八九六年）の全訳である。使用テキストは：Œuvres (Édition du Centenaire), Presses Universitaires de France（ＰＵＦ）。

二、テキストのスタイルはできるかぎり尊重し、脚注（原注）を各左ページ末に置いた。つねに実証的データで検証するベルクソンにとっては、本文と脚注は一体のものだからである。読者の関心に応じて参照されることを希望したい。テキストのイタリックは、訳文では傍線で示してある（ただしア・プリオリなどのラテン語句は除く）。傍点はすべて訳者がつけたものである。《　》その他の記号は、ほぼテキストどおりであるが、（　）だけは、いくつかの原語の引用のほか、訳文構成上、かなり自由に使用した。

三、各パラグラフ冒頭のアラビア数字は、テキストにはないが、欄外のアラビア数字は、同じＰＵＦ発行の単行本のページづけに対応させてある。なお、前記テキストには、このページづけが横に添えられている。

目次

心と身体

Foi et Vie（信仰と人生）における講演（一九一二年四月二八日）[1]

1　この講演は、ほかの著者の研究論文とともに《*Le matérialisme actuel*》という表題で出版された（Gustave Le Bon 博士監修 : Bibliothèque de Philosophie scientifique, Flammarion）。

1　この講演の題名は《心《こころ》と身体《からだ》》です。いいかえますと、物質と精神、すなわち、存在するすべてのものと、後ほどお話しするある哲学（唯物論）のいうことを信じなければならないとすれば、存在しない、とされているものです。でも、ご安心ください。わたしは物質の本性を深く究めようとしているのではありませんし、また精神の本性を深く究めようとしているのでもありません。この二つのものは、互いに区別することができるし、それぞれの本性を知らなくても、ある程度までは、両者の関係を明らかにすることができます。わたしはいま、ここにおられるみなさんの、すべての方と知り合いになることはできません。それでもわたしは、自分を、みなさんから区別しています。またみなさんが、わたしに対して、どのような状況におられるかもわかっています。心と身体についても、同じことです。この二つのものの本質を明らかにしようとすれば、それはとても厄介なことになってしまうでしょう。しかし、心と身体を結びつけたり、区別したりしているものを知ることは、もっとやさしいことです。というのは、この結合と区別は、経験的な事実だからです。

2†　まず、この点について、常識の直接的で素朴な経験は、何というでしょうか？　わたしたち各人は、一個の身体であって、この身体は、他のすべての物質部分と同じ法則に従っています。これは押せば前に行くし、引けば退《しりぞ》きます。持ち上げて放せば、落ちます。しかし、このように外からの原因によって機械的に引き起こされる運動とは別に、内側から来るようにみえる運動、予見できないという点で、機械的な運動とは、はっきり区別される運動があります。それは《自発的》と呼ばれている運動です。この自発的な運動の原因は何でしょうか？　それはわたしたち各自が、《わたし》とか《自分》という言葉で示しているものです。それでは、この自分とは、何でしょうか？　是非《ぜひ》はともかく、これは自分と結ばれている身体をいたるところではみ出し、空間においても、時間においても、身体を超えているようにみえるものです。まず空間においてというのは、わたしたち各自の身体は、これを区切っている明確な輪郭で限定されていますが、これに対して、知覚するはたらき、とくに見るはたらきによって、わたしたちは自分の身体を、はるかに超えて広がって行くからです。星までとどくからです。つぎに時間においても、わたしたちは自分の身体を超えています。というのは、身体は物質であり、物質というものは現在にあるからです。それに過去がこの物質（現在）に痕跡《こんせき》を残しているとしても、この痕跡とはまさに、これを過去の痕跡だと認める意識にとっての過去の痕跡であり、自分が知覚しているものを、自分が思い出すものの光で照らして、これを解釈できる意識にとっての過去の痕跡だからです。意識のはたらき、それは、この過去を記憶にとどめ、時間が流れる順に、この過去を過去自身に巻きつけ、この過去でもって、未来を準備し、未来の創造に貢献しようとしているものです。つい先ほどお話しした、自発的な行為というものも、これまでの経験で学び、この意識の力によって、そのたびごとに新しい方向に曲げられる運動全体にほかなりません。意識のはたらきとは、まさしく、絶えず新しいなにものかを、この世界にもたらすものだと思います。そうです。意識は、新しいものを、自分の外部に生み出します。というのは、この意識のはたらきが、空間に、予想外で、予見できない運動を描き出すからです。意識はまた、自分自身の内部にも、新しいものを生み出します。なぜなら、自発的な行為は、これを欲するひとに逆に作用して、この行為を生み出すひとの性格をある程度変え、一種の奇跡によって、自己による自己の創造という、まさに人生の目的そのものと思われることを実現しているからです。以上、要するに、時間においては、現在という時点に閉じ込められ、空間においては、自分が占めている場所に限定されている身体、そして自動的に行動し、外からの作用に機械的に反応する身体とは別に、空間においては身体よりはるかに遠くにおよび、また、時間を貫いて持続しているなにものか、自動的で予見される運動ではなく、予見できない自由な運動を、身体に求め、身体に課しているなにものかを、わたしたちはとらえることができます。この、いたるところで身体をはみ出しているもの、さまざまな行為を生み出しつつ、新しく自分自身を創造しているもの、これが《自分》であり、《心》であり、精神なのです——精神とはまさに、自分の内に持っている以上のものを自分自身から引き出し、自分が受け取る以上のものを返し、自分が所有する以上のものを与える力なのです。このようにわたしたちは見ています。見えるままの姿はこのようなものです。

3† わたしたちにつぎのようにいうひとがいます。《おっしゃることはわかりました。しかし、それはたんなる見かけにすぎません。もっと注意深く見てください。そして科学のいうことを聞いてください。そうすればまず、この《心》というものが、身体なしには決してはたらかないことを、あなた自身、十分お認めになることでしょう。身体は、生まれてから死ぬまで心を伴っています。そしてこの心は、実際は身体と区別されると仮定しても、すべてが、心はあたかも身体と不可分であるかのように進行します。あなたの意識は、クロロホルムを吸えば消えてしまいます。アルコールやコーヒーを飲めば興奮します。軽い中毒でも、知性や、感覚や、意志に、強い障害を引き起こします。中毒症状が長く続くと、たとえばある種の伝染病にかかったあとのように、精神の異常を引き起こします。解剖してみると、精神異常者の脳には、つねに病変が認められるわけではないにしても、それでもしばしば病変が認められるし、明らかな病変が認められない場合でも、おそらく、脳組織の化学的変化が、精神異常を引き起こしたのです。そのうえ科学は、大脳の特定の脳回に、精神の特定のはたらき、たとえば、さきほどあなたがお話しになった、自発的な運動を行なうはたらきを位置づけています。前頭葉と頭頂葉の間にあるロランド帯（運動野）のある場所の損傷は、腕や、脚《あし》や、顔や、舌の運動の消失を引き起こします。さらに、あなたが精神のもっとも基本的なはたらきだとされる記憶力のはたらきも、部分的には、脳に位置づけることができました。大脳の左第3前頭回の脚部（後方部）には、話し言葉の発語運動の記憶があります。左第1と第2側頭回に関係する領域には、言葉の音声を記憶するはたらきが保存されています。左第2頭頂回の後部には、単語や文字の視覚イメージが保存されている、等々です。さらに先へ進んでみましょう。あなたは先ほど、空間においても、時間においても、心は、自分が結ばれている身体を超えているとおっしゃいました。空間について見てみましょう。たしかに、視覚も聴覚も、身体の境界線を超えます。でも、それはなぜでしょう？　それは、遠くから来た振動が、目や耳を刺激し、これが脳に伝えられて、この脳のなかで、この刺激が視覚や聴覚になったからです。ですから、知覚像は、身体内にあるのであって、身体を超えて行くわけではありません。つぎに、時間について見てみましょう。あなたは、精神は、過去を保持しているのに対して、身体は、絶えず新たに始まる現在に閉じ込められているとおっしゃいます。しかし、わたしたちが過去を思い出すのは、わたしたちの身体が、過去の痕跡を、現在もなお保存しているからにほかなりません。外界の対象から脳にもたらされた印象は、ちょうど感光板の映像や、レコード盤の溝のように、脳に残ります。プレーヤーを作動させると、レコードがメロディーをくり返すように、脳は、印象が保存されている場所に必要な刺激が生じると、記憶をよみがえらせます。したがって、空間においてと同様、時間においても、《心》は身体を超えることはありません……。しかしながら、そもそも、身体と区別される心というようなものが、ほんとうにあるのでしょうか？ いま見てきたように、脳内には、絶えず運動変化が生じています。より正確にいえば、分子や原子が絶えず移動して、新しい配列が生じています。これらのなかには、わたしたちが知覚と呼んでいるものとして現われるものもあるし、また記憶として現われるものもあります。また明らかに、すべての知性的、感覚的、意志的な事実に対応するものもあります。意識は、これらの運動変化に、ちょうど燐光のように付け加わります。この意識は、暗闇でマッチを壁にこすったときの、そのマッチの動きにそって現われる光の跡のようなものです。この燐光は、いわば自分自身を照らすことによって、視覚のなかに奇妙な錯覚を生み出します。これと同様にして意識は、自分で運動を変化させたり、コントロールしたり、生み出したりしていると思い込んでいますが、しかし意識は、これらの運動の結果にすぎないのです。自由意志があるという信仰の実態は、このようなものです。しかしじつは、もしわたしたちが、頭蓋骨を通して、現に活動している脳内で起こっていることを見ることができ、この脳の内部を観察するために、わたしたちがいま持っているもっとも性能のよい顕微鏡の、さらに何兆倍も拡大できる道具を使って、大脳皮質を構成している分子や、原子や、電子の動きを見ることができて、他方、脳と心の対応表を持っているならば、つまり、この動きの各パタンを、思考や感情の言語に翻訳できる辞書を持っているならば、わたしたちは、いわゆる《心》といわれているものや、この心が考え、感じ、欲していることのすべてを知ることができるし、じつは機械的に行なっているのに、心が自由に行なっていると思い込んでいることのすべてを知ることができるでしょう。わたしたちはこれらすべてを、心よりも、はるかによく知ることができるでしょう。なぜなら、この意識する心と自称するものは、ただ脳内の運動変化の、ほんのわずかな部分を照らすにすぎず、この心なるものは、もろもろの原子の、ある特定の配列の上を飛び回る一連の鬼火にすぎないのに対して、わたしたちが見るのは、あらゆる原子の、あらゆる配列であり、脳内の運動変化のすべてだからです。あなたのいわれる《意識する心》というのは、せいぜいのところ、いくつかの結果を知覚するひとつの結果にすぎませんが、わたしたちが見るのは、すべての結果と、すべての原因なのです。》

4†　以上が、科学の名のもとに、ときどきいわれていることです。しかしながら、もし《科学的》ということを、観察されていること、あるいは観察しうること、証明されていること、あるいは証明しうることを指すとすれば、いま述べられたような結論が、まったく科学的でないことは、明白ではないでしょうか？　科学の現状では、このような結論を検証する可能性が、少しも認められないからです。たしかに、ひとびとはエネルギー保存の法則を引き合いに出して、この法則は、宇宙にほんのわずかな量の力や運動が生み出されることも禁じているのであるから、もしかりに、すべての事柄が、先ほどいわれたように機械的に行なわれるのではなくて、実際に効力のある意志が介入して、自由な行為を行なうということになれば、それはエネルギー保存の法則に違反することになる、と反論しています。しかしこのように考えることは、問題になっている事柄を正しいものとして、あっさり受け入れているだけのことです。というのは、このエネルギー保存の法則は、他のすべての物理法則と同様、物理現象に対して行なわれたもろもろの観察を要約しただけのものだからです。つまり、この法則は、気まぐれや、選択や、自由があるなどと、いまだかつてだれも主張したことのない領域で起こっていることを表わしているものなのです。したがって問題はまさに、このエネルギー保存の法則が、意識が（意識とは結局、観察し、独自の仕方で実験するある能力ですが）、この意識が、自分は自由な行為をしていると、じかに感じている場合にも、証明されるかという点です。感覚や意識に直接与えられているもの、外的にせよ、内的にせよ、経験の対象であるもの、これらはすべて、これがたんなる外見にすぎないと証明されたのでないかぎりは、実在するものとみなすべきです。ところでわたしたちは、自分が自由だと感じているし、これが直接的な印象であることは、疑問の余地がありません。したがって、この感じが幻覚だと主張するひとたちは、これが幻覚であることを証明する義務があります。しかし彼らは、そのようなことをなにも証明しようとはしません。彼らはただ、意志が介入しない領域で確認された法則を、意志による行動に勝手に拡張しているだけなのです。もっとも、意志がエネルギーを生み出すことができるとしても、この生み出されたエネルギーの量は、あまりにも微弱なために、計量機械にかからないということは、十分ありうることです。しかし、その効力は巨大なものとなるでしょう、ちょうど火薬庫を吹き飛ばす火花の効力のように。いま、この点の深い検討に入ろうとは思いません。つぎの点を確認すれば十分だとしましょう。すなわち、とくに自発的な運動のしくみや、一般に神経組織のはたらき、そして最後に生命そのものを、そのもっとも本質的な点で考察してみると、意識がいちばん原始的な生命体にはじめて芽生えて以来、意識のいつも変わらないやり方は、物質がもつ決定性を、自分がねらった方向に変えること、というよりむしろ、ますます有効に利用しうる爆発物の、ますます強力な製造法を物質から手に入れることによって、エネルギー保存の法則を曲げて行くことだという結論に達します。こうした場合、ごく軽い操作だけで、ちょうどピストルの引き金を引く指のようなごく軽い動きだけで、欲する時に、選んだ方向に、できるだけ多くの蓄積エネルギーを放出するのに十分でしょう。実際、筋肉に蓄えられたグリコーゲンは、まさしくこのような爆発物です。このグリコーゲンによって、意図された運動が行なわれるわけで、この種の爆発物を製造して、これを利用すること、これが、随意に変形しうる原形質のかたまりのなかに生命が最初に現われて以来、自由に行動できる生物において生命が十分開花するにいたるまで、生命の連続的で本質的な関心事であるように思われます。しかしながら、もういちど申しますが、いまこの点について詳しく述べようとは思いません。別の書物（『創造的進化』）のなかで詳しく述べておいたからです。ですから、この点は述べなくてもよかったこととしてカッコを閉じて、はじめに述べておいたこと、すなわち、経験によって証明もされないし、示唆もされないような主張は、科学的と呼ぶことはできないという点に戻りましょう。

5　実際、経験はわたしたちになにを語っているでしょうか？　経験が示しているのは、心の活動、あるいは、こういったほうがよければ、意識の活動が、身体の活動と結ばれているということ、この両者には関係があるということであって、それ以上のことはなにも示していません。しかし、この点については、これまでだれも異議をとなえたことなどありません。しかしながら、この、関係があるということから、脳は、心と等しいものであるとか、脳を見れば、これと対応して意識に生じていることはすべて読み取ることができると主張するのは、とんでもないことです。上着は、それが掛けられている釘と関係があります。この上着は、釘を抜けば落ちます。釘が動けば、上着もゆれます。釘の頭がとがりすぎていれば、上着に穴があくし、破れます。だからといって、釘のおのおのの細部が、上着の細部に対応しているとか、釘は上着に等しいということにはなりません。まして、釘と上着が同じものだということにはなりません。これと同様に、意識は明らかに脳と関係しています。しかしこのことから、脳が意識のすべての細部を描き出しているとか、意識は脳のはたらきだということには、決してなりません。観察や経験、したがって科学が、わたしたちに断言してよいと認めていることのすべては、脳と意識に、ある関係があるということです。

6†　では、この関係とは、どのようなものでしょうか？　ああ！　ここでわたしたちは、ひとびとが哲学に当然期待してよいものを、哲学がほんとうに与えたかという点に、疑問を感じます。哲学には、心の活動を、そのすべての現象面で研究するという仕事が課せられています。内面観察に習熟した哲学者は、自分自身の内部に下降し、ついで再び表面に浮上することで、意識が緊張度を緩和して、広がりを獲得し、空間で活動を展開する準備をする、このような段階的な動きをたどってみなければなりません。この徐々に具体的な姿をとって行くありさまを観察し、意識が外在化して行く過程を探ることによって、哲学者は、精神がどのように物質界に参入して行くのか、心と身体の関係はいかなるものであるかについて、少なくとも漠然とした直観（直知）を得ることができるでしょう。これはたしかに、最初の微光にすぎず、それ以上のものではありません。しかし、この微光が、心理学や病理学がもつ無数の事実のなかへと、わたしたちを案内してくれるでしょう。そしてこんどは、これらの事実のほうが、内省的経験がもつ不完全な点、不十分な点を修正し、補って、内面観察の方法を立て直してくれるでしょう。こうして、一方は内側、他方は外側という、二つの観察点を行き来することによって、わたしたちはますます問題の核心に迫った解決を得ることができるでしょう――これは、形而上学者《けいじじょうがくしゃ》がほとんどいつも主張するような、完全な解決ではは決してなく、科学者の解決のような、つねに改良しうる解決ですが――。たしかに、内側から最初の衝動は来たのですから、わたしたちはこの内面の直視（内観）に、主要な解明を求めています。ですから、この問題は本来、哲学の問題であるはずのものであり、またいつまでも哲学の問題であり続けることでしょう。

7　しかしながら、形而上学者は、居心地のよい高みから、なかなか降りてこようとはしません。プラトンは、〈イデア〉の世界に目を向けるように形而上学者を誘いました。形而上学者はここによろこんで住みつき、もろもろの純粋概念を相手にして、これらを互いに譲歩させたり、どうにかこうにか互いに調整したりして、この上品な環境で巧妙な駆け引きを展開しています。形而上学者は、事実というものには、それがいかなる事実であっても、接触しようとはしません。まして精神病のような事実には、なおさら尻込みをします。手をよごしたくないというわけでしょう。要するに、科学がここで当然哲学に期待してよい理論――柔軟で、知られている事実全体に即して改良することのできる理論――を、哲学は科学に与えようとしなかったか、あるいは、与えることができなかったのです。

8† そこでごく自然に科学者は、つぎのように考えました。《哲学者は、わたしたち科学者に、もろもろの事実や理由に基づいて、ある特定の仕方で、ある特定の点に、心と脳に想定される対応関係を限定するように要求してこないので、わたしはかりに、この対応関係は完全であって、心は脳と等しいものである、というよりむしろ、両者は同じものであるとしておこう。わたしは生理学者であって、わたしが使うことのできる方法——純粋に外からの観察と実験——では、脳しか見えないし、脳にしかはたらきかけることはできない。だからわたしは、あたかも思考は、たんに脳のはたらきにすぎないとみなしてやって行こう。これによってわたしは、いっそう大胆に進むことができるし、いっそう遠くへ進むチャンスにも恵まれることだろう。自分の権利の限界を知らないとき、ひとはまず、自分の権利には限界はないと考えるものだ。いつでもこの考えを捨てることはできるのだから》、とこのように科学者は考えました。もし科学者が哲学なしですますことができたとしたなら、ここでとどまったかもしれません。

9 しかし、哲学なしですますわけにはいきません。そこで、哲学者たちが科学者に、科学が必要としている理論、すなわち、内と外の二重の経験に即して形成しうる、柔軟な理論を提示してくれるまでの間、とりあえず科学者が、古い形而上学の手から、既成《きせい》の、何から何までできあがった学説を受け取ったのは自然なことでして、しかもこの学説は、科学者が従ったほうがよいと思われる方法の規則にも、もっとも適合したものでした。それにまた、科学者に選択の余地はなかったのです。過去三世紀の形而上学が、この点についてわたしたちに残してくれた、たったひとつの明確な仮説は、心と身体のあいだに厳密な平行関係があるという仮説、すなわち、心が身体のある特定の状態を表現しているか、あるいは、身体が心を表現しているか、あるいは、心と身体は、心でも身体でもないひとつの原文を、二種類の別の言語に翻訳したものである、という仮説です。この三つの場合のいずれにおいても、脳と心は、厳密に等しいことになります。一七世紀の哲学は、どのようにしてこの仮説に導かれたのでしょうか？　脳の解剖学や生理学によってでないことは、明らかです。そのような科学は、まだほとんど存在していなかったからです。また、精神の構造や、精神のもろもろの機能や障害の研究によってでもありません。そうではなく、この仮説は、少なくともその大部分は、近代物理学の希望を実現するために考え出された形而上学の一般原理から、ごく自然に導き出されたものなのです。ルネサンス以降のもろもろの発見——とくにケプラーとガリレイの発見——は、天文学や物理学の諸問題が、力学の問題に帰着することを示しました。ここから、物質の世界全体は、生物も無生物も、数学的法則に従う巨大な機械だとみる考え方が出てきました。これ以来、一般に生物体、とくに人間の身体は、この巨大な機械のなかで、ちょうど時計の歯車のように、かみ合っていなければならなくなりました。わたしたちはだれでも、数学的に計算できる仕方であらかじめ決められたこと以外は、なにもできなくなったのです。こうして、人間の心は、新しいものを創《つく》り出すことができなくなりました。そしてかりに、人間に心が存在するとしても、この心がつぎつぎに示す状態は、身体が空間の広がりや運動で現わしているのと同じものを、思考や感情の言語に翻訳しているだけのものとなりました。たしかにデカルトは、まだこれほど極端な主張をしてはおりません。彼のいだいた現実感覚からして、彼はむしろ、学説の厳密さを損なうことになっても、自由意志に少しの余地を残しておくほうを選びました。そしてスピノザとライプニッツによって、この除外事項は、体系の論理によって一掃され、身体の状態と心の状態との間には、不変の平行関係があることがきわめて厳格に表明されたときにも、少なくともこの二人の哲学者は、心を、身体のたんなる写しだとすることは差し控えました。この二人は、身体のほうが、心の写しだということもできたでしょうから。とはいえこの二人は、貧弱で偏狭なデカルト主義への道を開いたわけで、このデカルト主義の立場からすると、精神活動は、大脳活動の一面にすぎず、いわゆる《心》なるものは、ある種の大脳現象の集合であって、この大脳現象に、意識は、ちょうど燐光のように付け加わってくることになりました。事実、一八世紀全体を通じて、わたしたちはデカルト的形而上学が徐々に単純化して行く足跡をたどることができます。この形而上学は、偏狭になるにつれて、ますます深く生理学のなかに浸透して行きましたが、生理学はごく自然に、ここに自分が必要とする自信を与えてくれるのにとても適した哲学を見いだしたのでした。こうして、ラ・メトリ、エルヴェシウス、シャルル・ボネ、カバニスといった、デカルト哲学との結びつきがよく知られている哲学者たちは、一九世紀の科学に、この科学が一七世紀の形而上学からいちばん有効に利用できるものをもたらしました。したがって、今日、精神と身体の関係について思索する科学者が、心身平行論の仮説に加担《かたん》していること、これは理解できます。形而上学者は科学者に、これ以外のものを提供することはほとんどなかったからです。それにまた、科学者が、おなじくア・プリオリな（経験に基づかない）構成の仕方で得られるすべての学説よりも、心身平行論のほうを好んでいるということ、これも容認できます。科学者は、この哲学に、前進するはげましを見いだしているからです。しかし、もし科学者のうちのだれかが、この心身平行論は科学である、脳の活動と精神の活動のあいだに厳密で完全な平行関係があることを示しているのは、経験だといわれるなら、それはいけません！　わたしたちはそのひとをさえぎって、つぎのようにいうでしょう。科学者であるあなたは、たしかにこの説を、ちょうど形而上学者が主張するように主張することはできます。しかしそのときのあなたは、もはやあなたのなかの科学者ではなく、あなたのなかの形而上学者が、そう主張しているのです。あなたはただ、わたしたちがあなたにお貸ししたものを、返しているにすぎません。あなたがわたしたちに持ち出す学説は、わたしたちがよく知っているものです。この学説はわたしたちの仕事場から出たものだからです。この学説を作り上げたのは、わたしたち哲学者なのです。これは古い、とても古い品物です。たしかに、古いからといって、価値がないわけではありません。しかし、古いからよいというわけでもありません。それを、ありのままに扱ってください。そして、わたしたちの生理学や心理学が出現する以前に、形而上学的構築の特徴である、完全で決定的なかたちをとることができた学説を、科学の成果であるとか、事実に基づいて作られ、事実に即して作りなおすこともできる学説として扱うことは、やめてほしいのです。

10†　それでは、精神の活動と脳の活動の関係を、いっさいの先入観を排除して、ただ知られている事実だけを考慮したときに現われるままに、表現してみましょうか？　この種の表現は、かりのものにならざるをえませんから、多少とも高い確からしさを主張できるにすぎません。しかしそれでも、この確からしさは、さまざまな事実についての知識が拡大するにつれて、ますます高くなりえますし、表現の仕方も、ますます正確なものになって行くことができます。

11　精神の活動と、それに伴う生理的現象を注意深く検討してみますと、わたくしは、常識のいうことが正しいのであって、人間の意識には、それに対応する脳よりも、無限に多くのものがある、と考えざるをえません。わたしが到達した結論は、大まかにいうと、以下のようなものです[1]。すなわち、現に活動している脳の内部を見ることができるひと、そして、もろもろの原子の行き来をたどって、これらの原子のふるまいのすべてを解釈できるひと、そのひとはおそらく、精神に生じていることのいくらかを知ることができるでしょうが、しかし、ほんのわずかなことしか知ることはできないでしょう。そのひとはせいぜい、精神活動のうち、身体の身振りや、態度や、運動として現わしうる部分、精神状態が含んでいる、実行しつつある行動の部分、あるいは、たんに発生状態にある行動の部分を知ることができるだけで、それ以外のものを知ることはできないでしょう。そのひとは、意識内で展開されている思考や感情に対しては、ちょうど、舞台で役者がしていることはすべてはっきり見えるけれども、役者のいうことは一言も聞こえない観客と、同じ状況にあるでしょう。たしかに、役者の行き来や、身振りや、態度は、演じられている芝居においては、それぞれに存在理由があります。そして、わたしたちがその台本を知っていれば、身振りを、ほぼ予想することができます。しかし、その逆は真ではないのでして、身振りだけ知っても、その芝居についてては、ほんのわずかなことしか知ることはできないでしょう。なぜなら、優れた演劇には、これを演じる身体運動より、はるかに多くのものがあるからです。これと同じように、大脳機構についてのわたしたちの知識が完全で、わたしたちの心理学も完全であれば、ある特定の精神状態に対して、脳のなかで生じることを推察することはできるでしょう。しかし、その逆はできません。なぜなら、わたしたちは脳の同じひとつの状態に対して、これに同じように適合しうる多くの異なった精神状態のなかから、どれかを選ぶことができるからです[2]。注意していただきたいのは、わたしは、どんな精神状態でも、脳のある特定の状態に対応しうるといっているのではない点です。額縁があるからといって、この額縁にどんな絵でも入れることができるわけではありません。この額縁は、これと同じ形と、同じ大きさでない絵は、あらかじめ排除することによって、絵のなにものかを限定します。しかし、形と大きさが合っていれば、絵はこの額縁に入ります。脳と意識についても同じことです。ある複雑な精神状態が、比較的単純な行動――身振りや、態度や、運動――に移行して行く場合、脳がちょうどこの行動を準備していれば、この精神状態は、脳の状態に、ぴったり入り込んでくるでしょう。しかし、非常に多くの異なった絵が、やはりこの額縁に入ることができるでしょう。したがって脳は、思考をどれかに限定することはありません。したがって思考は、少なくとも大部分は、脳から独立しています。

1　この点の詳細については、『物質と記憶力』（とくに第Ⅱ章Ⅲ章）を参照していただきたい。

2　とはいえ、これらの精神状態は、漠然と大まかにしか、とらえることはできないでしょう。特定の個人によって引き起こされる精神状態は、すべて、全体としては予見できない、新しいものだからです。

12† さまざまな事実を研究することによって、ますます正確に記述できるようになるのは、精神生活のうちの、このような特殊な側面であって、わたしの考えでは、ここだけが、脳の活動に現われているものです。知覚や感覚の機能について見てみましょう。物質の世界に組み込まれているわたしたちの身体は、もろもろの刺激を受け取り、これに適切な運動で応答しなければなりません。大脳と脳脊髄組織全体は、このような運動を準備します。しかし知覚像は、まったく別のものです。[1] 意志の機能についてはどうでしょうか？ 自由意志による運動を、身体は、神経組織にすっかり組み込まれているある機構によって実行しますが、これらの機構は、ただ合図がくるだけで始動できる状態にあります。脳は、この合図の出発点であり、運動の開始点でもあります。意志による運動が位置づけられたロランド帯は、実際、転轍《てんてつ》操作場に比すべき場所でして、駅員はここで、着いた列車を、任意の線路にさし向けます。いいかえますと、ここは交換器でして、この交換器によって、外から与えられた刺激は、任意の運動器官に連絡されます。しかし、この運動器官や、選択器官のほかに、別のものがあります。それは、選択するはたらきそのものです。最後に、思考のはたらきについて見てみましょう。わたしたちが考えているとき、自分自身と対話していないことは、まずありません。わたしたちは自分が考えていることを表現する発語運動を、実際には行なわないにしても、この運動の概略を示したり、準備したりしています。そして脳にはすでに、この発語運動のいくらかが現われているにちがいありません。しかし、思考における脳のはたらきは、わたしたちの見るところ、これだけではありません。脳内のこの発語運動は、不可欠なものではなく、この発語運動の背後に、もっと微妙なものがあって、こちらこそ本質的なものです。わたしが申したいのは、精神がつぎつぎにたどる方向のすべてを象徴的に示している、生まれ出ようとしている運動のことです。注意していただきたいのは、現実の思考、具体的で生きた思考のはたらきについて、これまで心理学者は、ほとんど問題として取り上げなかった点です。このような思考のはたらきは、内省（自己観察）によって、かろうじて把握できるものだからです。ふつう思考という名のもとに研究されているものは、思考そのものというよりは、むしろイメージや観念を組み合わせて作られた、人工的なイミテーションです。しかし、イメージをもってしても、また観念をもってしても、思考を再構成することはできないでしょう。それはちょうど、さまざまな位置でもって、運動を作ることができないのと同じことです。観念というものは、思考のはたらきの停止したものなのです。観念は、思考のはたらきが、自分の進路を続けて進まないで、停止するか、あるいは、自分自身に戻ったときに生まれるものです。それはちょうど、弾丸が障害に突き当たったときに発する、熱の

---

1 この点については、『物質と記憶力』第Ⅰ章を参照していただきたい。

ようなものです。しかし熱が、弾丸に、あらかじめ存在していなかったのと同様、観念は、思考にとって、どうしてもなくてはならない要素ではありません。たとえば、熱、発生、弾丸の観念をつなぎ合わせて、これに《dans（…のなかに）》と《soi（自分を）》という単語に含まれている内部と再帰の観念をその間に挿入して、《la chaleur se produit dans la balle（熱が弾丸に生じる）》という文章で表わされた思考を再構成してみてください。それは不可能であることが、おわかりになるでしょう。そして、思考は分割できない運動であること、おのおのの単語に対応する観念というものは、思考の動きの各瞬間に、かりに思考が停止したならば、精神に思い浮かんでくるもろもろの心像にすぎないことが、おわかりになるでしょう。しかし、思考は停止しません。ですから、思考を人工的に再構成することはやめて、思考そのものを見てみましょう。そうするとそこには、さまざまな状態というより、むしろ方向があること、思考は本質的に、連続的で切れ目のない内心の方向変化であること、この内面的な方向の変化は、絶えず外部の方向の変化として現われ出ようとしていること、つまり、精神の動きが空間に描き出され、この精神の動きをいわば具体化して示すことのできる行動や身振りとして、現われ出ようとしていることがおわかりになるでしょう。これらの描き始められた運動、あるいはたんに準備されているだけの運動について、わたしたちはたいていの場合、気がつきません。なぜならわたしたちは、このような運動について知ることには、まったく関心がないからです。しかし、どうしてもこれらの運動に気づかざるをえないときがあります。それはわたしたちが、自分自身の思考に肉薄して、これを生きたままとらえ、やはり生きたまま、自分の考えを他人の心に伝えようとするときです。すべての言葉が、このとき申し分なく選ばれたとしても、もしも、論述のリズム、句読の区切り方、構成の仕方のすべてが、これらの言葉を支えて、読者が、こうして生まれ出てくる一連の運動に導かれて、わたしたち自身が描くのと同じ思考と感情のカーブを描いてくれるのでなければ、それらの言葉は、わたしたちがそれらによって伝えたいと考えていることを伝えてはくれないでしょう。ものを書くことの秘訣が、ここにあります。これはどこか、音楽家の技術に似ています。でも、ここでいう音楽は、ふつう想像されているように、ただ耳だけに訴えかけるものではありません。外国人の耳には、それがどんなに音楽に慣れた耳であっても、わたしたちが音楽的だと認めるフランス語の散文と、音楽的でないフランス語の散文、フランス語で完璧に書かれたものと、それらしく書かれているにすぎないものを、聞き分けることはできないでしょう。このことは、問題が、音の物質的な調和とはまったく別だということの明白な証拠です。実際、優れた作家の技量は、主として、言葉を使っていることを、わたしたちに忘れさせるところにあります。作家が求める調和とは、彼の精神の歩みと彼の文章の歩みのあいだのある一致であって、この相互の一致が非常に見事であるからこそ、文章に移された作家の思考のうねりが、わたしたちの思考のうねりに伝えられるわけで、このような場合にはもう、ひとつひとつの言葉は重要ではなくなります。ここにはもはや、すべての言葉を貫通して突き進む意味しかありません。作家とわたしたちが一体になって、媒介なしに、じかに振動するようにみえる二つの精神しかありません。したがって、言葉のリズムのねらいは、思考のリズムを再現すること以外にはありません。そしてこの思考のリズムとは、思考に伴って生じる運動のリズム、かろうじて意識によってとらえられる発生状態の運動のリズム以外のものでしょうか？　このような運動を介して、思考は行動として表に現われてくることができるわけで、この運動が、脳のなかで準備され、いわば脳のなかであらかじめ形成されるにちがいありません。わたしたちがもし、現に活動している脳のなかに入ることができたとしたなら、わたしたちが見ることができるのは、思考に伴って生じるこの運動であって、思考そのものではないでしょう。

13　いいかえますと、思考は行動に向かっています。そして、思考が実際の行動にいたらない場合でも、この思考はひとつの、あるいはいくつかの、場合によっては行ないうる行動、すなわち、たんに可能性をもつだけの行動を描き始めます。これらの実際の行動、あるいは場合によっては行ないうる行動は、思考が簡略化し、単純化して、空間に投射されたものであり、思考を分節化する運動を示していますが、思考のはたらきのうち、脳組織に描き出されるのは、この運動です。したがって、思考と脳の関係は、複雑で微妙です。この関係を、簡単なかたちで表現せよとおっしゃるなら、これはどうしても大まかないい方になりますが、脳はパントマイムの器官、それもたんにパントマイムの器官にすぎないと申しましょう。脳の役割は、精神生活を模倣して演じることであり、また精神が適応対処すべき外界の状況も模倣して演じることです。脳の活動と、精神の活動の関係は、オーケストラの指揮者がもつ指揮棒の動きと、シンフォニーの関係と同じです。シンフォニーは、指揮棒の動きを、あらゆる方向で超えています。同様に、精神の活動は、脳の活動を超えてあふれ出ています。しかし脳はまさに、精神の活動から、身体の運動として演じうるもの、具体化しうるもののすべてを引き出し、こうして精神が物質界に参入して行く接点となっているのですから、脳は、周囲の状況への精神の適応をつねに確保し、精神が現実と絶えず接触できるようにしているのです。したがって脳は、正確にいえば、思考の器官でもないし、感情の器官でもないし、意識の器官でもありません。しかし脳は、意識や感情や思考を現実の生活に集中させ、こうすることで、有効な行動ができるようにしているのです。ですから脳は、注意力を実生活に向けさせる器官だ、といってよいでしょう。(48)

14† これゆえ、脳組織がわずかな変化を受けただけで、精神全体が損なわれたようにみえるのです。さきほど、ある種の毒物が、意識におよぼす影響や、さらに一般的に、脳の病気が、精神生活におよぼす影響について、お話しいたしました。このような場合、狂わされるのは、精神そのものでしょうか？　むしろ、精神が現実に参入して行く機構が狂わされるのではないでしょうか？　狂人がおかしなことをいうとき、彼の推論は、きわめて厳格な論理の規則にかなっていることがあります。ある被害妄想患者が話すのを聞いていると、彼の誤りは、論理的すぎることにある、と思われることでしょう。彼の誤りは、間違った推論をすることではなくて、現実から逸《そ》れて推論すること、夢を見ているひとのように、現実から外《はず》れて推論することなのです。ごくありそうなこととして、その病気が脳組織の中毒によって引き起こされると想定してみましょう。毒が、大脳のある細胞のなかに推論を探しに行ったと考えてはなりませんし、したがってまた、大脳のある場所には、推論に対応する原子の運動があると考えてもなりません。そうではなくて、おそらく、損なわれているのは脳の全体でしょう。ちょうど、張られたロープの結び目がしっかりしていないときに、ゆるむのは、張られたロープの全体であって、ロープのある部分ではないのと同じように。しかし、船をつなぎとめているロープが、ほんのわずかゆるむだけで、船が波に揺れ始めるように、脳組織全体のほんのわずかな変化だけで、精神は、ふだん自分を支えてくれていた物質対象全体との接触を失って、現実が足元から崩れるように感じて、よろめき、めまいにおそわれるでしょう。実際、狂気は多くの場合、このめまいに似た感じで始まります。患者は方向感覚を失ってしまいます。さまざまな物体がすべて、もはや以前のような堅固《けんご》さも、凹凸も、現実感ももってはいない、と彼はいうでしょう。精神を、自分に関係する物質世界の部分に向けさせていた緊張度がゆるむこと、というよりむしろ注意力がゆるむこと、事実これが、脳の障害からくる、ただひとつの直接的な結果です――脳は、精神がもろもろの事物からの作用に対して、実際の行動や、たんなる発生状態の行動で対処できるようにしている装置の全体ですから、この装置全体の正確さが、精神の現実への完全な参入を確保しているのです。

15† 以上が、精神と身体の関係の概略です。この考え方の根拠となる、もろもろの事実と理由を、ここで列挙することはできません。しかしそれでも、言葉だけで、わたしのいうことを信じてくださいとお願いすることもできません。どういたしましょうか？ まずひとつ、わたしと対立している学説に、早く決着をつけるという方法があると思います。すなわち、脳と心が等しいものだとする仮説は、これを非常に厳密に考察してみると、自己矛盾を含むこと、この仮説は、対立する二つの観点を同時に採用し、互いに相いれない二つの記号体系を、同時に使用することを要求している点を明らかにすることです。わたしはかつて、この証明を試みたことがあります。しかしこの証明は、とても簡単ではありますが、実在論と観念論について、ある程度、予備的な考察をしておかなければなりませんし、その説明をしていたら長くなりすぎます。[1]それに、この心脳等価説でも、これを唯物論の方向に押し進めることをやめさえすれば、見かけ上は、わかりやすくなるように折り合いをつけることができることは、わたしも認めます。しかし他方、純粋な論理で、この説は退けるべきだということを示すのに十分だとしても、ではその代わりに、どのような仮説を採用したらよいかについては、純粋な論理はなにもいいませんし、いうこともできないのです。したがって、すでに予想しておりましたように、結局は、経験に教えてもらわなければなりません。でも、どうしたら、検討すべき正常な状態と病的状態を、すべて取り上げることができるでしょうか？　これらをすべて取り上げることは不可能ですし、そのいくつかを詳しく検討するだけでも、長くなりすぎます。この窮地を脱するには、たったひとつの方法しかありません。それは、知られている事実すべてのなかで、心身平行説にとって、もっとも有利とみえる事実——じつは、この学説が自説の正しさを証明する端緒を見いだしたと思った、たったひとつの事実——すなわち、記憶力についての事実を取り上げることです。もしわたしたちが、たとえ不完全で大まかなやり方であっても、この記憶力についての諸事実を深く検討することが、どうして、これらの事実を援用する学説を否定して、わたしたちが提案する学説を裏づけることになるかを、簡潔に示すことができるなら、これはもう、それだけでも意味のあることでしょう。これは決して完全な証明なのではなく、むしろそれにはほど遠いものです。

しかし少なくとも、完全な証明をどこに求めたらよいかについては、知ることができるでしょう。それをこれからお話ししたいと思います。

16　実際、思考のはたらきのうちで、たったひとつ脳に場所を指定できたのは、記憶力――より正確にいうなら、言葉の記憶力です。この講演のはじめのほうで、言語障害の研究から、言葉の記憶力のどのような形態が、大脳のいずれの脳回に位置づけられるにいたっているかについて、お話しいたしました。ブローカが、話し言葉の発語運動の忘却は、左第3前頭回の損傷の結果でありうることを示して以来、失語症と、それに伴う脳の状態について、ますます複雑になって行く学説が苦労して構築されました。もっとも、この学説については、わたしたちはいいたいことがたくさんあります。今日、十分な力量のある科学者たちも、言語障害に伴う脳の損傷を、いっそう注意深く観察することによって、この学説に反論していきます。わたしたち自身、二十年近く前に（といっても、このことを持ち出すのは、もちろん自慢するためではなくて、内側からの観察が、他のより有効と思われている方法より優れていることを示すためですが）、当時、不動のものとみなされていた学説は、少なくとも修正が

1　これは本書（『精神的エネルギー』）の最後で論じている。最後の試論（「脳と思考―ひとつの哲学的錯覚」）参照。

必要であることを主張いたしました。しかし、これはどうでもいいことです！ 一点だけ、すべてのひとが同意していることがあります。それは、言葉の記憶力の障害が、かなりはっきり場所を指定できる、脳の損傷によって引き起こされるという事実です。そこで、この事実が、思考は脳の一機能だとする学説、一般に、脳のはたらきと思考のはたらきの間に、平行関係あるいは等価関係があるというひとびとによって、どのように説明されているかを見てみましょう。

17† 彼らの説明ほど単純なものはありません。もろもろの記憶が、脳のなかに、一群の解剖学的要素に刻印された変化として蓄積されている、そして、さまざまな思い出が記憶力から消えるのは、これらの思い出を蓄積している解剖学的要素が変質したか、壊されたからだ、というのです。さきほど、写真のネガや、レコード盤についてお話しいたしました。これらは、記憶力を脳によって説明するときに、いつも決まって持ち出されるたとえです。外界の対象からもたらされた印象が、ちょうど感光板や、録音盤に残っているように、脳のなかに残っているというのです。この点をよく考えてみますと、このようなたとえが、どれほど疑わしいものか、おわかりになるでしょう。たとえば、ある物体の視覚の思い出が、ほんとうに、この物体がわたしの脳に残した印象だとすると、わたしは決して、ひとつの物体の思い出を持つのではなく、何千もの物体の思い出、何百万もの物体の思い出を持つはずです。というのは、どれほど単純で安定した物体でも、わたしがこの物体をどこから見るかによって、形も、大きさも、色合いも変わるからです。したがって、わたしがまったく不動の状態でこの物体を見て、眼球も眼窩《がんか》に固定されているのでないかぎり、決して重ねることのできない無数のイメージが、つぎつぎに網膜に描かれて脳に伝えられるでしょう。これがさらに、ある人物についての視覚イメージのように、表情も変わるし、身体もよく動くし、着ているものや、周囲の状況も、わたしがそのひとに会うたびに変わる場合はどうでしょうか？　それでも、明らかにわたしの意識は、その物体や人物についての、ただひとつのイメージ、あるいはひとつといって差しつかえないイメージ、事実上ほとんど変わらない思い出を示します。このことは、機械的な録画とはまったく別のものがここにあったことの明らかな証拠です。また聴覚の記憶についても、同じことがいえます。たとえば同じ単語でも、異なったひとが発音したり、あるいは同じひとでも、異なった時に、異なった文章のなかで発音されれば、記録された音形は、互いに異なります。どうして、単語の音の記憶という、比較的変わらないひとつのものが、レコード盤と比べることができるでしょうか？　このように考えただけでも、言葉の記憶力の障害の原因が、大脳皮質に自動的に記録された記憶そのものの変質や破壊にあるとする学説は、すでに疑わしいとするのに十分でしょう。

18　それでは、これらの障害では、どのようなことが生じているかを見てみましょう。脳の損傷が重度で、言葉の記憶力がひどく損なわれている場合でも、なんらかの強い刺激、たとえば強い感動があると、永久に失われたようにみえた記憶が、突然よみがえってくることがあります。このようなことは、もしその記憶が、大脳の変質したり破壊されたりした物質のなかにあったとしたなら、起こりうることでしょうか？　事実はむしろ、脳は記憶を呼び起こすのに役立っているのであって、記憶を保存する役割をするものではないようにみえます。失語症になったひとは、単語を、必要なときに思い出すことができなくなります。患者は、周囲を回っているだけで、当てるべき的《まと》を正確に見抜くのに必要な力を失っているようにみえます。実際、心理学の領域では、外部に現われる力の特徴は、つねに正確さです。しかし求める記憶は、まさしくそこにあるのだと思います。失語症患者はときどき、自分が思い出せないと思っている単語を、遠まわしな表現で置き換えながら、その遠まわしな表現のなかに、思い出せなかった単語そのものを入れていることがあります。この場合、弱まっているのは、状況に調整するはたらきであって、このはたらきを、脳の機構が確保しているにちがいありません。もっと詳しく申しますと、阻害されているのは、もしその記憶が意識されたなら、発語運動に受け継がれて行く運動変化を、あらかじめ脳に生じさせて、その記憶を意識に浮かび上がらせるはたらきです。わたしたちが固有名詞を忘れてしまったとき、わたしたちはどのようにしてそれを思い出そうとするでしょうか？　わたしたちはアルファベットのすべての文字を、ひとつひとつ試してみます。まず心のなかで発音してみます。それでも思い出せないときは、声に出して発音してみます。こうしてわたしたちは、選ぶべきさまざまな身体運動的な構えのすべてに、つぎつぎに身を置いてみるわけです。そしていったん必要な構えが見いだされると、探していた単語の音が、受け入れる準備のできた枠に入るように、この構えに入ってきます。この現実の模倣運動や、想像上の模倣運動、すなわち、実際に行なう運動や、その下書きをする運動を、脳の機構が確保しているにちがいありません。そしておそらく、病気が阻害するのは、このような模倣運動なのです。

19 こんどは、進行性の失語症、すなわち、言葉の忘れ方が、だんだんひどくなって行く場合に観察されることを考えてみましょう。このような場合、一般に、言葉は消えて行くのに、まるで病気が文法を知っているかのように、一定の順序に従います。固有名詞がまず姿を消し、つぎが普通名詞、そのつぎが形容詞、そして最後が動詞です。このことは一見、記憶が脳組織のなかに蓄積されているとする仮説が正しいことを、証明しているようにみえます。固有名詞、普通名詞、形容詞、動詞が、いわば順に重なった層になっていて、病変がこれらの層を、つぎつぎに破壊して行くとしたらどうでしょうか。なるほど。しかし病気は、きわめて異なった原因によって生じ、非常にさまざまなかたちをとりますし、関係する脳領域のどの点からも始まって、どんな方向にでも進行します。それでも、記憶が消えて行く順序は、いつも同じです。こんなことが、もし病気が、記憶そのものを破壊するとしたら、ありうることでしょうか？　したがってこの事実は、これとは別の仕方で説明されなければなりません。わたしはここで、とても簡単な説明を提案したいと思います。まず、固有名詞が普通名詞より前に消失し、普通名詞は形容詞より前に、形容詞は動詞より前に消えて行くのは、固有名詞は普通名詞より、思い出すのがむずかしいからであり、普通名詞は形容詞より、形容詞は動詞より、思い出すのがむずかしいからです。思い出すというはたらき、これには明らかに脳が協力していますから、脳の損傷が重くなるにつれて、この思い出すはたらきはどうしても、ますます簡単な場合に限られてくるでしょう。それでは、この思い出すのがむずかしいとか、簡単だとかいうのは、どこから来るのでしょうか？　そしてなぜ、動詞が、あらゆる言葉のうちで、思い出すのがいちばんやさしいのでしょうか？　それはまったく簡単なことでして、動詞というものが、いずれも動作を表現し、そして動作は、身振りでまねをして現わせるからです。動詞が、身振りで直接まねをして現わしうるのに対して、形容詞は、この形容詞がかかわる動詞を仲立ちにしてしか、身振りでまねをして現わせません。普通名詞は、この名詞が示すもろもろの特性のひとつを表現する形容詞と、この形容詞にかかわる動詞の、二重の仲立ちによらなければ、身振りで現わせませんし、固有名詞はさらに、普通名詞、形容詞、動詞の、三重の仲立ちによらなければ、身振りで現わせません。したがって、動詞から固有名詞へと行くにつれて、身体で直接まねができて、演じることのできる動作から、ますます遠ざかるので、わたしたちはますます複雑な技巧をこらさなければ、探している言葉が表わす観念を、運動で表現することはできなくなります。そして、このような運動を準備することが、脳の仕事であり、これに関与する脳領域が深く傷つけられれば、その分だけ、この点での脳のはたらきは弱まり、減少し、簡素化するわけですから、脳組織の変質や破壊が、固有名詞や普通名詞を想起できなくしたからといって、動詞の想起まで阻害することはないというのは、少しも驚くべきことではありません。ここでもまた、他の場合と同様、諸事実が示唆するのは、脳の活動には、心の活動の模倣された概略があるということであって、心の活動と同等のものがあるのではないということです。

20　しかしながら、記憶が、脳に蓄えられているのではないとすると、記憶はいったい、どこに保存されているのでしょうか？　——じつをいうとわたしは、《どこに？》という質問が、もはや物体を問題にしているのではないのに、それでもなお、なにか意味をもつかどうかわかりません。写真のネガは、箱のなかに保存されています。レコード盤は、キャビネットのなかに保存されています。しかし、見える物でも、触れることのできる物でもない記憶に、なぜ入れ物が必要なのでしょうか？　また、どうして入れ物をもつことができるのでしょうか？　それでもしかし、もしどうしてもとおっしゃるなら、まったく比喩的な意味においてですが、記憶が蓄えられている入れ物という考えを、わたしも受け入れましょう。そしてわたしは率直に、記憶は精神のなかにあると申しましょう。わたしは仮説を立てているのではありません。神秘的な存在を持ち出しているのでもありません。ただ観察だけに基づいていっています。というのは、意識以上に直接与えられているもの、意識以上に明らかな実在はなにもありませんし、人間の精神とは、意識そのものだからです。ところで、意識とは、なによりもまず、記憶力を意味します。わたしはいま、みなさんにお話しをしています。わたしは《causerie（はなし）》という単語を発音します。わたしの意識が、この単語を一挙にとらえていることは明らかです。そうでなければ、わたしの意識が、これにただひとつの単語を認めるということはできないでしょうし、この単語に、ひとつの意味を与えるということもできないでしょう。それでもしかし、わたしがこの《cau《コ》-se《ズ》-rie《リ》》という単語の、最後のシラブル（音節）を発音するとき、はじめの二つのシラブルは、すでに発音されています。はじめの二つのシラブルは、最後のシラブルに対しては、過去であり、したがって、この最後のシラブルが、現在と呼ばれるべきでしょう。しかし、この最後のシラブル《rie》も、わたしはこれを瞬間的に発音したわけではありません。この最後のシラブルを発音した時間は、たとえどんなに短くても、いくつかの部分に分けることができますし、それらの部分は、この最後の部分に対しては、過去であり、この最後の部分が、これがもしも分割できないとすれば、決定的な現在ということになるでしょう。したがって、どんなにあれこれ努力してみても、過去と現在のあいだに、したがって、記憶力と意識のあいだに、境界線を引くことはできないでしょう。じつをいえば、わたしが《causerie》という単語を発音しているとき、わたしはたんに、この単語の、最初と、真ん中と、最後のシラブルを精神でとらえているだけではなく、これに先立つ単語も、すでに文章のなかでわたしが発音したすべての言葉も、わたしは精神でとらえています。そうでなければ、わたしは話しのつながりを失ってしまったことでしょう。ところで、いまかりに、わたしの話しの切り方が違っていたとしたら、わたしのこの文章は、もっと早くから始まっていたかもしれません。たとえばこの文章は、その前の文章を包み込んで、わたしの《現在》は、さらに過去へといっそう膨《ふく》らんでいたかもしれません。この推論を、最後まで押し進めてみましょう。すなわち、わたしのこの話しが、何年も何年も前から、わたしの意識が最初に目覚めたときから、ずっと続いているものと想定してみましょう。そしてこの話しが、ただひとつの文章で続けられており、わたしの意識が、未来から十分に切り離され、行動に無関心になって、ただひたすら、この文章の意味をとらえることだけに没頭しているものと想定してみましょう。この場合にはもう、この文章全体の保存方法について、わたしは説明を求めることはしないでしょう。ちょうど、《causerie》という単語の、最後のシラブルを発音するとき、はじめの二つのシラブルが残っていることについて説明を求めないのと同様に。ところで、わたしたちの精神生活の全体は、ちょうどこのように、意識が最初に目覚めたときから始められたひとつの文章、ヴィルギュル（,）はあるけれど、どこもポアン（.）で切り離されてはいない、ひとつの文章のようなものだとわたしは思います。したがってまた、わたしたちの過去の全体は、意識下に存在している――つまり、わたしたちのうちに生き続けている、したがって、わたしたちの意識が、この過去全体を明瞭に見るためには、意識は自分の外に出て行く必要はないし、自分に無縁のなにものかを付け加える必要もありません。わたしたちの意識が、自己の所有するものすべてを、というよりむしろ、自分自身であるものすべてを明瞭に見るためには、ただ障害を退けるだけ、ヴェールを持ち上げるだけでよいのです。しかしこれは、すばらしい障害です！　非常にありがたいヴェールです！　わたしたちの注意力を、生活に集中させる役割をしているのは脳です。そして生活というものは、未来に目を向けています。生活が後ろをふり返るのは、ただ過去が未来を照らして、未来を準備するのに役立つかぎりにおいてです。精神にとって、生活するとは、なによりもまず、行なうべき行動に、自己を集中することです。つまり、脳という機構を介して、目前の状況に参入することであって、この脳が、行動のために利用できるものすべてを、意識から抜き出し、残りの大部分を、暗闇に閉じ込めているのです。以上が、記憶力のはたらきにおける、脳の役割です。すなわち脳は、過去を保存する役割をするものではなくて、まず過去を覆い隠し、ついでこの過去のうちから、行動に有用なものを透かして見せる役割をしているのです。そしてこれがまた、精神全般に対する、脳の役割でもあります。脳は、精神から、運動として表に現わしうるものを輪郭で示し、輪郭で示したこの運動の枠に精神をはめ込むことによって、多くの場合、精神の視野を限定しますが、しかしまた、こうすることによって、精神の活動を、実効のあるものにしているのです。つまり、精神は、いたるところで脳をはみ出ているのであって、脳の活動は、精神の活動の、ほんのわずかな部分にしか対応してはいないことになります。

21†

しかしこのことはまた、精神活動は、身体活動の結果ではありえないということ、むしろ逆に、身体はたんに、あたかも精神によって利用されているにすぎないかのようであること、したがって、身体と精神が、相互に不可分に結ばれていると想定する、いかなる理由もない、ということにもなります。わたしがいま、残されているわずかな時間で、人類が自分に課す諸問題のうちでもっとも重大な問題を、準備もなしに一挙に解決しようとしているのでないことは、わかっていただけると思います。しかし、この問題を避けてしまうのも、残念なことです。わたしたちはどこから来たのか？　わたしたちはこの世で何を創るのか？　わたしたちはどこへ行くのか？（D'où venons-nous ? Que faisons-nous ici-bas ? Où allons-nous ?)。もし哲学が、ほんとうにこのようなきわめて重大な問題に、なにも答えられないとすれば、あるいは、もし哲学が、ちょうど生物学や歴史学の問題が解明されるように、この問題を徐々に解明して行くことができないとするならば、つまり、ますます深められる経験や、現実についてのますます研《と》ぎすまされた洞察力を、この問題の解明に役立てることができずに、哲学がただ、心や身体について想定した不確かな本質から、さまざまな論拠を引き出して、不死を肯定するひとと否定するひととを際限なく争わせることしかできないとするならば、そのときは、パスカルの言葉を転用して、「いっさいの哲学は、一時間の労働にも価しない」といっても差しつかえないでしょう。たしかに、不死そのものは、実験的には証明されません。経験の対象はすべて、持続時間が限られているからです。そして宗教が不死を話題にするときに、宗教が訴えるのは啓示です。しかし、経験の領域で、心が死後、ある時間 x のあいだ生き残りうること、そしてさらに生き残るらしいことが確立できれば、これは相当なもの、いや大きな成果でしょう。死後の時間が無限であるか否かという問題は、哲学の領域の外に置かれることになるでしょう。ところでわたしは、このようなつつましい範囲に限定するなら、心の運命についての哲学的問題は、決して解決できない問題ではないと思います。ここに、現に活動している脳があります。他方、感じたり、考えたり、欲したりしている意識があります。もし脳の活動が、意識の全体に対応していて、脳と心が等しいものであるならば、意識は、脳の運命に従って、死はいっさいの終わりということになるかもしれません。少なくとも経験は、これに反することは語らないでしょうし、それでもなお、心は死後も生き残ると主張する哲学者は、自己の主張を、なんらかの——たいていはもろくて壊れやすい——形而上学的構築に基づかせざるをえなくなるでしょう。しかし、わたしたちが示そうとしたように、心の活動は、脳の活動をはみ出ており、脳はただ、意識に生じていることのうち、そのわずかな部分を運動に変換しているだけだとすると、心が死後も生き残ることは、きわめて確からしいことになりますから、証明する義務は、これを肯定するひとではなく、むしろはるかに、これを否定するひとに課せられることになるでしょう。というのは、死んだら意識は消滅すると信じる、たったひとつの根拠は、身体が崩壊するのが見られるということですが、この根拠は、意識のほとんど全部が、身体からは独立であることも、やはり確認されている事実である場合、もはや根拠としての価値がないからです。死後の存続の問題を、わたしたちはこのように扱い、この問題を、伝統的な形而上学が位置づけた高みから引き下ろして、経験の領域に移すことによって、わたしたちはたしかに、この問題の根本的な解決を、一度でただちに得ることはあきらめています。しかしみなさんは、何をお望みでしょうか？　哲学においては、決定的な結論を目指す推論、すなわち、完璧だとみなされているので、それ以上改良する余地のない結論を目指す純粋な推論と、おおよその結論しか与えないけれども、限りなく修正することができて、補って完全なものにできる忍耐強い観察の、どちらかを選ばなければなりません。第一の方法は、ただちに確実なものをもたらそうとしたために、いつも、たんにありそうなこと、というよりむしろ、たんにありうることにとどまらざるをえません。なぜならこの方法は、同じように筋が通っていて、同じようにもっともらしい二つの正反対の主張を証明するのに、役立たないことはまれだからです。第二の方法は、はじめから確からしさしか目指しません。しかしこの方法は、確からしさが果てしなく高まって行く領域で適用されますから、わたしたちを徐々に、事実上、確実さに等しい状態にまで導いてくれます。哲学研究のこの二つの方法のうち、わたしが選んだのは後者です。みなさんがお選びになるとき、わたしの話しが少しでもお役に立つことができれば幸いです。

物質と記憶力

—精神と身体の関係について—

第七版序文

1 本書は、精神の実在と、物質の実在を認めて、両者の関係を、記憶力という特定の例に基づいて明確にしようとする。したがって本書は、明らかに二元論である。しかし他方本書は、二元論がつねに引き起こしてきた理論上の困難を、除去はできないまでも、非常に軽減できそうな仕方で、身体と精神を考察する。二元論は、直接的意識によって示唆されるし、常識によっても受け入れられているが、理論上さまざまな困難があるために、哲学者のあいだでは、きわめて評価が低いのである。

2 これらの困難は、その大部分が、わたしたちが物質に対していだく、あるときは実在論的、またあるときは観念論的な考え方から来ている。本書の第I章の目的は、観念論も実在論も、どちらも行き過ぎた主張であること、すなわち、物質を、わたしたちがそれについてもつ心像に帰するのも間違いだし、また、わたしたちのうちにもろもろの心像を生み出しはするが、これらの心像とは本性の異なる「物」とするのも間違いであることを示すことにある。わたしたちにとって、物質とは《イマージュ》の集合体である。そして《イマージュ》という言葉でわたしたちが示したいのは、観念論者が心像と呼ぶもの以上ではあるが、しかし実在論者が「物」と呼ぶもの以下のある存在——《物》と《心像》の中間に位置づけられる存在である。物質のこのとらえ方は、まったく常識のとらえ方である。哲学的議論に無縁なひとに向かって、あなたの目の前にある対象、あなたが見たり触れたりしている対象は、あなたの精神のなかに、それもあなたの精神にとってしか存在しない、あるいはこれを、さらに一般化して、ひとつの精神にとってしか存在しないなどと、もしもバークレーがいったように主張するとしたら、そのひとは非常に驚くであろう。そのひとはきっと、対象は、それを知覚する意識とは独立に存在する、とあくまでも主張するであろう。しかし他方、この対象は、わたしたちがこれに認めるものとはまったく別だ、この対象には、目に見える色もなければ、手で感じられる抵抗もないなどといえば、彼はやはりとても驚くであろう。彼にとっては、この色や抵抗は対象にある。これらはわたしたちの精神の状態ではなく、わたしたちの存在とは独立した存在の成分である。したがって、常識にとっては、対象はそれ自身の場所に存在し、しかも対象はそれ自身、わたしたちが認めるとおりに生彩のあるものである。これはイマージュであるが、しかし、それ自体として存在しているイマージュなのである。

3　まさにこのような意味で、わたしたちは《イマージュ》という言葉を第Ⅰ章で用いる。わたしたちは、哲学者間の論争は知らないというひとの観点に身を置く。このようなひとなら当然、物質は、自分が知覚しているとおりに存在すると考えるであろう。そして彼は物質をイマージュとして知覚しているのであるから、物質はそれ自体がイマージュだとするであろう。要するにわたしたちは、観念論と実在論が、物質を、その存在と現象に分けた、それ以前の物質を考察するわけである。たしかに、哲学者たちがこの分離をしてしまってからは、これを避けて通ることは困難になった。しかし読者は、それを忘れてほしい。もし第Ⅰ章のなかで、わたしたちの主張のどれかに対して、読者の心に異論が生じたなら、それらの異論はいつも、観念論と実在論という二つの観点のどちらかに戻ることから生じていないかどうかを、検討していただきたい。そしてこの二つの観点を、乗り越えていただきたい。

4　バークレーが、《機械論者 mechanical philosophers》に反対して、物質の第一性質は、少なくとも第一性質と同じくらい実在性をもつことを明らかにしたとき、哲学は大きな進歩をとげた。彼の誤りは、そのためには物質を、精神の内部に移し、物質を、純粋な観念にしなければならないと考えた点である。たしかに、デカルトが、物質を、幾何学的延長と同一視したとき、彼は物質を、わたしたちからあまりにも遠ざけてしまった。しかし、この物質を、再びわたしたちに近づけるのに、物質を、わたしたちの精神そのものと一致させるとこ

（3）

ろまで行く必要はない。バークレーはそこまで行ってしまったために、物理学の成功を説明することができず、デカルトが、もろもろの現象間の数学的関係を、これら現象の本質そのものだとしたのに対して、宇宙の数学的秩序を、まったくの偶然の出来事とみなさざるをえなくなったのである。そこで、この数学的秩序を説明して、わたしたちの物理学に確固たる基礎を取り戻すために、カントの批判が必要になった――もっとも、このことに、カントの批判哲学は、わたしたちの感覚と知性（理知）の有効範囲を限定することによってしか成功しなかったが――。もしわたしたちが、物質を、デカルトが押しやった地点と、バークレーが引き寄せた地点の中間に、ということはつまり、常識が物質を見るところに置いておく決心をしていたなら、カントの批判哲学は、少なくともいま問題の点に関しては必要なかったし、人間の精神も、少なくともいま述べた方向に自己の有効範囲を限定されることもなかったし、形而上学《けいじじょうがく》が、物理学の犠牲にされることもなかったであろう。わたしたち自身、このような常識の立場で、物質を見ようとするものである。本書の第Ⅰ章は、物質のこのような見方を確立し、第Ⅳ章は、ここからもろもろの帰結を引き出す。

5　しかし、はじめに述べたように、わたしたちが物質の問題を論じるのは、ただこの問題が、本書の第Ⅱ章Ⅲ章で取り組む問題、まさにこの研究の中心テーマである問題、すなわち、精神と身体の関係の問題にかかわるかぎりにおいてなのである。

6 この関係は、哲学の歴史を通じて、絶えず問題にされてはきたが、実際には、ほとんど研究されなかった。《心と身体の結びつき》を、解明することも説明することもできない事実として認めるだけの説や、身体を、心の道具のように漠然と述べる説は除外すると、残る精神生理学的関係の考え方には、《意識＝副現象》仮説か《心身平行》仮説くらいしかないが、この二つの仮説はどちらも、実際には――つまり、個々の事実を解釈する場合には――同じ結論に達する。実際、思考は、脳の一機能にすぎず、意識の状態は、脳の状態の副現象とみなすにせよ、思考の諸状態と脳の諸状態は、同一原文の、異なった二言語への翻訳とみなすにせよ、どちらの場合も、つぎの前提に立っているのである。すなわち、現に活動している脳内に入り込み、大脳皮質を構成しているもろもろの原子の配列の変化をじかに見ることができて、他方、精神生理学の鍵を手にしているなら、わたしたちは対応する意識のなかで生じていることのすべての細部を知るであろう。

7 じつをいうと、これが、哲学者にも科学者にも、もっともひろく受け入れられていることなのである。しかしながら、先入観なしに諸事実を検討したとき、ほんとうにこの種の仮説が示唆されるか否かは、検討する必要があるであろう。意識状態と脳に、関連があるということ、このことに疑問の余地はない。しかし、上着と、それが掛けられている釘にも、関連はある。釘を抜けば、上着は落ちるからである。だからといって、釘のかたちが、上着のかたちを示しているとか、どんな仕方にせよ、釘が上着のかたちを予想させるというひとがいるだろうか？　これと同じで、心理的な事柄が、脳の状態と関連しているということから、心理と生理の二系列の《平行関係》を結論することはできない。哲学が、この心身平行説は、科学のデータに基づいていると主張するなら、それは文字どおり循環論の誤りを犯すことになる。というのは、科学が、関連があるというひとつの事実を、平行関係という仮説（それも、いささか理屈に合わない仮説[1]）の意味に解するのは、意識的にせよ、無意識的にせよ、哲学上の理由に基づいているからである。すなわち科学は、ある哲学によって、これほどもっともらしく、これほど実証科学の利益にかなった仮説はないと、信じ込まされているからである。

8　ところで、この問題を解く確かな手がかりを事実に求めると、わたしたちはただちに、記憶力の領域に身を移すことになる。これは、当然予想できたことである。というのは、記憶が——本書で示そうとするように——ちょうど、精神と物質の交点になるからである。し

1　この最後の点については、つぎの論文で特別に詳しく述べた。Le paralogisme psycho-physiologique (*Revue de Métaphysique et de Morale*, novembre 1904).（この論文は『精神的エネルギー』に「脳と思考——ひとつの哲学的錯覚」と改題して収録）。

かし理由はともかく、心理と生理の関係になんらかの光を投げかけうる事実全体のなかで、記憶力に関する諸事実が、正常状態にせよ、病的状態にせよ、特別な地位を占めている点については、だれも異論がないと思う。ここでは、たんに資料が膨大なだけではない（さまざまな失語症について集められた、おびただしい量の観察例を考えていただきたい！）、ここほど、解剖学、生理学、心理学が、互いに支持し合って成功したところはどこにもない。先入観をもたずに、心と身体の関係という古くからの問題を、事実の領域で探究する者には、この問題が、ただちに記憶力の問題、それもとくに、言葉の記憶力の問題のまわりに集中してくることがわかる。ここからきっと、この問題のきわめて不明瞭な側面を照らすことのできる光がさしてくるにちがいない。

9　この問題を、わたしたちがどのように解決しようとするかは、やがて見られるとおりである。いまそれを大まかに示すなら、わたしたちの見るところ、精神状態は、ほとんどの場合、脳の状態をとほうもなく超えている。という意味は、脳の状態が示すのは、精神状態のうちの、ほんのわずかな部分、身体の運動として現われうる部分にすぎない、ということである。複雑な思考が、一連の抽象的推論に展開する場合を考えてみよう。この思考のはたらきは、意識に現われたイマージュ、少なくとも意識に現われ始めたもろもろのイマージュを伴っている。そして、これらのイマージュ自身が意識に現われるとき、かならず素描とか傾向の状態で、これらのイマージュそのものが、空間内で演じられうる運動――いいかえると、これらのイマージュそのものが、身体になんらかの態度を刻印して、これらのイマージュが潜在的に含んでいた空間運動的なものすべてを浮き出させる運動変化が現われる。で、わたしたちの意見では、展開して行くこの複雑な思考のうち、脳の状態が時々刻々示すのは、まさしくここである。脳のなかに入り込むことができて、そこで生じていることを観察できるひとは、おそらく、これらの素描される運動、あるいは準備される運動については知らされるであろう。しかしそれ以外のことが知らされるという証拠はなにもない。そのひとが超人的な知性に恵まれて、精神生理学の鍵を握っているとしても、対応する意識のなかで起こっていることについては、ちょうどわたしたちが、舞台の上の役者の行き来によって芝居がわかる程度にしかわからないであろう。

10　つまり、精神生活と脳の関係は、一定不変の関係でもないし、また単純な関係でもない。演じられる芝居の性格に応じて、役者の動きが多くを語る場合もあるし、少なく語る場合もある。パントマイムだったら、ほとんどすべてを語り、繊細な演劇であれば、ほとんどなにも語らない。同様に、わたしたちの脳の状態が精神状態を含む度合いも、わたしたちが自分の精神生活を外に向けて行動化しようとするか、内に向けて純粋な認識にしようとするかに応じて異なる。

11　したがって結局、精神生活には、さまざまに異なった音程があって、わたしたちの精神生活は、わたしたちの実生活への注意力の度合いに応じて、あるときは行動により近づき、またあるときは行動からより遠ざかりながら、さまざまに異なった高さで演じられうるのである。これは、本書の指導理念のひとつであり、わたしたちの研究の出発点ともなった考えである。一般に精神状態の複雑化とみなされているものは、わたしたちの観点からすると、わたしたち各自の人格全体の膨張であって、通常この全体は、行動の力によって圧縮されているが、圧縮しているこの力がゆるむと、その分だけより広大な意識面上に、未分割のまま分散されて現われるのである。一般に精神生活そのものの障害、精神の変調、人格の病とみなされているものも、わたしたちの観点からすると、この精神生活と、これに伴う運動との連帯関係の弛緩《しかん》あるいは異常、外界の生活に対する注意力の悪化あるいは減退であると思われる。この主張は、他方で言葉の記憶の脳局在を否定して、もろもろの失語症を、脳局在説とはまったく別の仕方で説明する主張と同様、本書をはじめて出版したとき（一八九六年）には、逆説と受け取られたものである。今日では、この主張の逆説性は、はるかにやわらいでいるように思われる。当時、古典として一般に広く承認され、不動のものと思われていた失語症のとらえ方は、ここ数年来、はげしい攻撃にさらされているが、それはおもに解剖学上の理由によっているけれども、部分的にはしかし、わたしたちが当時から表明していたのと同じ種類の心理学上の理由にもよっている。[1] また、ピエル・ジャネ氏が神経症について行なった非常に深く独創的な研究は、彼を近年、まったく別の道筋、すなわちこの病気の《精神衰弱的》諸形態の検討を介して、心理的《緊張度》や《現実への注意力》という、当初は形而上学的見解と呼ばれた考えを用いるにいたらせている。[2]

12　じつをいえば、これらの見解を形而上学的と呼ぶことが、まったく間違っていたわけではない。わたしたちは心理学にも、形而上学にも、独立の学問として自立する権利を認めるとともに、この二つの学問は、それぞれが他方に問題を提出すべきであり、またある程度、問題の解決に協力し合うことができると信じている。心理学が、実際の行為に役立つようにはたらくかぎりでの人間精神を研究対象とし、また形而上学が、有用な行動の諸条件から解放されて、純粋な創造エネルギーとしての自己を取り戻そうと努力する、この同じ人間精神にほかならないとすれば、どうしてそうでないことがあろう？　これら二つの学問が問題提

1　Pierre Marie の諸論文、および、F. Moutier の著書：*L'aphasie de Broca*, Paris, 1908（とくに、chap. VII）参照。わたしたちはこの問題に関する研究や論争の詳細に立ち入ることはできない。しかし、J. Dagnan-Bouveret の最近の論文：L'aphasie motrice sous-corticale (*Jounal de psychologie normale et pathologique*, janvier-février 1911) は、ぜひ挙げておきたい。

2　P. Janet, *Les obsessions et la psychasthénie*, Paris, F. Alcan, 1903（とくに、p.474-502）。

起する用語の文字面にかかわっているかぎり、相互に無縁とみえる多くの問題も、こうして用語の内面的意味を掘り下げて行くと、きわめて近い関係にあり、相互に解決し合えることがわかる。わたしたちもこの研究の出発点では、記憶を分析することが、実在論者と観念論者、あるいは機械論者と力動論者が、物質の存在や本質について論争している諸問題と、なにか関連がありうるとは考えていなかった。しかし、この関連は現実に存在するし、親密でさえある。そして、この点を考慮するなら、ひとつの主要な形而上学的問題が、観察の領域に移されて、ここで徐々に解決されうるわけで、純粋な論理で討論する閉ざされた場所で、諸学派が際限なく論争を続けることはなくなるであろう。本書のある部分が複雑であるのは、哲学をこの角度から取り上げるとき、もろもろの問題が、どうしても入り組んでくるからである。しかし、現実の複雑さそのものに由来する、この複雑さを通り抜ける道を見いだすことは、わたしたち自身にも、この研究において導きの糸として役立った二つの原則を手放さなければ、容易であろう。その第一は、心理学的分析は、もともとは行動に向けられている わたしたちの精神機能の実用的性格に即して、絶えず方向を決めなければならないこと。第二は、行動において染《し》みついた習性が、純粋認識の領域にまで遡及《そきゅう》して、ここで作りものの諸問題を生み出していること、したがって形而上学は、まずこれらの人為的不明瞭を一掃しなければならないこと。

第Ⅰ章　知覚するためにイマージュを分離すること
——身体の役割——

1　しばらくわたしたちは、物質についての学説も、精神についての学説も、また外界の実在性あるいは観念性についての議論も、いっさい知らないことにしておこう。そうするとわたしの目の前には、言葉のもっとも漠然とした意味でのイマージュ、感覚器官を開けば知覚されるし、閉じれば知覚されないイマージュがある。これらのイマージュは、そのすべての要素的部分にいたるまで、自然法則と呼ばれる一定不変の法則に従って、互いに作用反作用し合っている。したがって、この法則の完全な知識があれば、これらのイマージュのおのおのに生じることは、おそらく計算し、予見できるわけであるから、イマージュの未来は、イマージュの現在に含まれており、イマージュの現在に、なにも新しいものを付け加えないはずである。しかしながら、ただひとつ、たんに、わたしが知覚によって外から知るだけではなく、もろもろの感情によって、内側からも知っているという点で、他のすべてのイマージュとは区別されるイマージュがある。それは、わたしの身体である。そこで、これらの感情が生じる状況を調べてみると、これらの感情はいつも、わたしが外界から受ける刺激と、わたしが実行しようとしている運動との中間に介入してきて、最後の行動の仕方に、あたかも非決定の影響をおよぼすかのようであることがわかる。わたしのさまざまな感情を吟味してみると、これらの感情のおのおのが、それぞれの仕方で行動への誘因を含んでいるが、それと同時に、待ってもよいし、なにもしなくてよいと認める場合さえあるように思われる。さらに詳しく見てみると、開始された運動、しかし実際には行なわれていない運動、多少とも有用な決断を示唆するものは認められる。しかし、選択を許さない強制は認められない。もろもろの記憶を呼び起こして、あれこれ比較検討してみると、この同じ感受性が、生物界のいたるところに現われたのは、空間を移動する能力を生物に授けた自然が、生物種には、これをおびやかす一般的危険を、感覚によって知らせ、そのような危険を逃《のが》れるための用心は、個々の生物にまかせた、ちょうどその時だったことが思い出される。最後にわたしは、自分自身の意識に向かって、どのような役割を感情に与えているかと、みずからにたずねてみると、意識はつぎのように答える。すなわち、たしかに意識は、感情あるいは感覚というかたちで、わたしが自発的に行なっていると思っている行動のすべてに現われているが、これに対して、わたしの行動が自動的になって、もはや意識の必要はないというと、これはすぐに消えてなくなる、と。したがって、これらの現象が、すべて錯覚であるならともかく、感情的状態を経た行為というものは、たんなる運動から運動を導く場合のように、以前の現象から厳密に導き出せるものではなく、それゆえ、このような行為は、宇宙にも、自己の歴史にも、真に新しいなにものかを付け加えていることになる。ここでは、このように思われるということで満足し、わたしは自分が感じていること、自分が見ていることを、率直につぎのように要約しておきたいと思う。わたしが宇宙と呼ぶこのイマージュの集合体において、真に新しいものが生じうるのは、ただわたしの身体を典型とする特殊なイマージュを介した場合だけである。

2　こんどは、わたしの身体と似た生物体によって、わたしが自分の身体と呼んでいる、この特殊なイマージュの構造を調べてみよう。ここには、刺激を神経中枢に伝える求心神経と、この中枢から発して、刺激を末梢に伝え、身体の一部、あるいは全体を運動させる遠心神経が認められる。生理学者と心理学者に、この二種類の神経の役割をたずねてみると、彼らはつぎのように答える。すなわち、神経系の遠心的な刺激伝導が、身体の運動、あるいは身体の一部の運動を引き起こしうるのに対して、求心的な刺激伝導、少なくともその一部分は、外界の知覚イマージュを生じさせる、と。これについてはどう考えるべきであろうか？

3　求心神経はイマージュである。脳もイマージュである。感覚神経を通って脳に伝導される振動刺激もやはりイマージュである。この脳内の伝導刺激とわたしが呼ぶイマージュが、外界のもろもろのイマージュを生み出すためには、なんらかのかたちで、この刺激のイマージュは、外界のイマージュを含んでいなければならず、物質宇宙全体のイマージュが、この脳内の分子運動のイマージュに含まれていなければならない。ところで、このような命題は、これを述べるだけで、その不合理は明らかであろう。脳が、物質界の一部なのであって、物質界が、脳の一部なのではない。物質界と呼ばれるイマージュを消滅させれば、その一部分である脳も、脳に伝導される刺激も、同時に消滅する。逆に、この脳と、脳に伝導される刺激という、二つのイマージュを消滅させたとしてみよう。消滅するのは当然、この二つのイマージュだけ、すなわち、きわめてわずかなもの、広大な絵画の、ほんの微小部分にすぎない。絵画の全体、すなわち宇宙は、ことごとく存続している。脳を、イマージュ全体が存在するための条件だとすることは、まさに自己矛盾を犯すことである。というのは、脳はもともと、このイマージュ全体のなかの一部なのだから。したがって、神経も神経中枢も、宇宙というイマージュがあるための条件とはなりえない。

4　この最後の点について、さらに考えてみよう。ここに外界のもろもろのイマージュがあり、ついでわたしの身体があり、そして最後に、わたしの身体によって周囲のイマージュにもたらされる、さまざまな変化がある。外界のイマージュが、わたしの身体というイマージュに、どのように作用をおよぼしているかは、よくわかる。外界のイマージュは、わたしの身体に運動を伝えている。また、わたしの身体が、外界のもろもろのイマージュに、どのように作用をおよぼしているかも、理解できる。この身体は、それらに運動を返している。したがってわたしの身体は、物質界全体のなかで、他のもろもろのイマージュと同じように、運動を受けては返す、ひとつのイマージュである。ただひとつの違いは、おそらく、わたしの身体は、受けたものの返し方を、ある程度選んでいるようにみえる点である。しかしそれにしても、このわたしの身体というもの、とくにわたしの神経組織が、どうして、わたしがもつ宇宙のイマージュの全体、またはその一部を生み出すことができるのであろうか？　わたしの身体は、物質であるといっても、イマージュであるといっても、言葉はあまり重要ではない。わたしの身体が物質だとすれば、この身体は物質界の一部であり、したがって物質界は、この身体の周囲に、身体の外部に存在する。わたしの身体がイマージュだとすれば、このイマージュは、このイマージュに認められているもの以外のものを生み出すことはできないし、もともとこのイマージュは、わたしの身体だけのイマージュなのであるから、ここから、宇宙全体のイマージュを引き出そうというのは、理屈に合わないであろう。したがって、もろもろの対象を動かすことに向けられているわたしの身体は、行動の中心であって、これはイマージュを生み出すことはできない。

5 しかしながら、わたしの身体は、周囲の対象に、真に新しい作用をおよぼしうるものだとすると、わたしの身体は、それらの対象に対して、特異な地位を占めているはずである。一般に、ある任意のイマージュは、他のもろもろのイマージュに対して、いわゆる自然法則に従って、一定の、計算さえできる仕方で作用をおよぼしている。このイマージュは、選ぶ必要がないので、周囲の領域を調べたり、たんに可能性をもつだけのいくつもの作用を、あらかじめ試してみる必要もない。その時がくれば、必然的な作用が、ひとりでに行なわれる。しかしわたしは、わたしの身体と呼ぶイマージュの役割は、他のイマージュに対して、真の意味での影響をおよぼすこと、したがって、事実上可能ないくつもの行動の仕方のうちから、ひとつを選ぶことだと想定した。それにこれらの行動の仕方は、おそらく、わたしの身体が、周囲のイマージュから引き出しうる利益の大小によって示唆されるのであるから、周囲のイマージュのほうでは、わたしの身体に向かう面上に、わたしの身体がこれらのイマージュから引き出しうる利益を、なんらかの仕方で描き出していなければならない。実際、外界の諸対象の大きさ、形、色彩さえも、わたしの身体がそれらに近づくか遠ざかるかに応じて変わるし、香りの強さ、音の強度も、距離によって増減し、最後にこの距離そのものが、周囲の諸物体が、わたしの身体の直接的作用から、いわば保護されている度合いをおもに示している。わたしの視界が拡大するにつれて、わたしを取り巻くイマージュは、ますます一様な背景上に描き出されて、わたしにはどうでもよいものになって行くようにみえる。わたしがこの視界を狭《せば》めれば狭めるほど、視界内の諸対象は、わたしの身体が、それらに触れたり動かしたりしやすい順に、はっきりと段階的に並ぶようになる。したがって、周囲の諸対象は、わたしの身体に向かって、ちょうど鏡のように、わたしの身体が、場合によってはそれらにはたらきかけうる影響力を反射しており、わたしの身体の支配力がおよびやすい順に配列されている。わたしの身体を取り巻く諸対象は、わたしの身体がそれらにはたらきかけうる行動を反射している。

6†　こんどは、他のイマージュには触れずに、わたしの身体と呼んでいるイマージュに、微小な変化を加えてみよう。すなわち、このイマージュの脳脊髄系の求心神経を、すべて切断したと想定してみよう。なにが起きるだろうか？　メスが切断したのは、いくつかの神経線維束であって、宇宙の残りの部分も、わたしの身体の残りの部分も、以前のままとどまるであろう。したがって、加えられた変化は、取るに足りないものである。しかし実際には、《わたしの知覚》は、すべて完全に消失する。そこで、いま起こったことを、さらに詳しく調べてみよう。まず宇宙一般を構成するイマージュがあり、ついでわたしの身体周辺のイマージュがあり、最後にわたしの身体そのものがある。この最後の身体というイマージュにおいて、その求心神経の通常の役割は、運動を脳や脊髄に伝えることであり、遠心神経は、この運動を末梢に送り返す。したがって、求心神経の切断は、真に理解できるたったひとつの結果しか生じえない。それは、末梢から中枢を通って末梢に行く流れを遮断すること、したがって、わたしの身体が、これを取り巻くもろもろの事物のなかから、これらの事物にはたらきかけるために必要な、運動の性質と分量を、汲《く》み出せなくすることである。これは、行動にかかわること、それも、ただ行動だけにかかわることである。しかし、消失するのは、わたしの知覚である。ということは、わたしの知覚は、まさにもろもろのイマージュ全体のうちに、わたしの身体の潜在的な行動、すなわち、場合によっては行ないうる行動を、ちょうど影か反映のように、描き出しているということではないであろうか？　ところで、メスがほんのわずかな変化を加えたイマージュの体系は、一般に物質の世界と呼ばれているものであり、他方、いま消失したのは、物質についての《わたしの知覚》である。ここからとりあえず、つぎの二つの規定が出てくる。もろもろのイマージュの集合体を、わたしは〈物質〉と呼び、同じこれらのイマージュが、わたしの身体というある特定のイマージュの、行動の可能性と関係づけられたとき、わたしはこれを〈物質の知覚〉と呼ぶ。

7　この最後の関係を、さらに深く検討してみよう。わたしの身体、その求心神経と遠心神経、それに神経中枢を調べてみよう。外界の対象は、求心神経に振動刺激を伝え、この刺激は神経中枢に伝導されること、神経中枢は、きわめて多様な分子運動の場であること、これらの分子運動は、外界の対象の性質や位置に左右されることがわかる。対象を取り替えて、対象とわたしの身体の関係を変えると、わたしの知覚中枢の内部運動もすべてが変わる。しかしまた、《わたしの知覚》内でも、やはりすべてが変わる。したがって、わたしの知覚は、これらの分子運動の関数であり、これらの分子運動に依存している。しかし、どのように依存しているのであろうか？　これについてはおそらく、つぎのようにいわれるであろう。すなわち、わたしの知覚は、これらの分子運動を翻訳しており、結局わたしは、脳組織の分子運動以外のなにものも知覚してはいない、と。しかし、このような主張に、多少とも意味があるだろうか？　というのは、神経組織と、その内部のさまざまな運動変化のイマージュは、もともとある一部の物質対象のイマージュにすぎないのに、わたしは物質宇宙を、その全体において知覚しているからである。おそらく、ひとはここで、困難を回避しようとするであろう。すなわち、本質的には物質宇宙の他の部分と同類である脳、したがって、宇宙がイマージュであれば、同じくイマージュである脳をわたしたちに示す。つぎに、この脳の内部運動が、物質界全体のイマージュという、脳内の振動運動のイマージュを無限に超えているイマージュを生み出す、あるいは引き起こすといいたいので、もはや脳内の分子運動にも、また一般に運動というものにも、他のイマージュのようなイマージュを認めようとはせず、イマージュ以上か以下であるなにものか、いずれにせよイマージュとは本性の異なるなにものかを見ているふりをする。そしてここから、知覚像がまるで奇跡のように出てくることになる。物質はこうして、知覚像とは根本的に異なったもの、したがって、わたしたちがいかなるイマージュも持てないものとなるし、他方、このような物質に対応して、イマージュを欠いた意識、わたしたちがいかなる観念もいだけないような意識が想定される。そして結局、この意識を満たすために、いかなる様相も示さない素材から、素材を欠いた思考に向かう、不可解なはたらきが考え出される。しかしじつは、物質のさまざまな運動は、ただイマージュだとしておけば、きわめて明瞭であって、運動に、運動に認められているものと別のものを探す必要はない。ただひとつの困難は、脳内の振動運動というきわめて特殊なイマージュから、知覚像のもつ無限の多様性を生み出させることだ、といわれるかもしれない。しかし、なぜそのように考えるのだろうか？　脳内の振動運動は、物質界の一部であり、したがって、この振動運動のイマージュは、知覚世界のほんのわずかな場所を占めるにすぎないことは、すべてのひとが認めていることではないだろうか？　――それでは結局、脳内のこれらの運動変化とはなにか？　そして、これらの特殊なイマージュは、全体の知覚世界のなかで、いかなる役割を果たしているのだろうか？　――これについては、疑問の余地はないであろう。

これらの運動は、外界の対象の作用に対するわたしの身体の対応を、開始しつつ準備する運動である。これらの運動は、それ自身がイマージュであるから、もろもろのイマージュを生み出すことはできない。しかしこれらの運動は、ちょうど移動される羅針盤《コンパス》のように、周囲のもろもろのイマージュに対する、わたしの身体というある特定のイマージュの位置を、時々刻々示している。イマージュ全体のなかでは、これらの運動は取るに足りないものである。しかし、このイマージュの一部であるわたしの身体にとっては、きわめて重要である。というのは、脳内のこれらの運動は、わたしの身体が行ないうる行動の概略を、時々刻々示しているからである。したがって、脳の知覚機能といわれているものと、脊髄の反射機能には、程度の違いがあるだけで、本性の違いはありえない。脊髄は、受けた刺激を、実際の身体運動に変換し、脳は、受けた刺激を、たんに発生状態の身体的反応に受け継ぐだけである。しかしどちらの場合にも、神経物質の役割は、運動を伝えること、運動を相互に組み合わせること、あるいは運動を阻止することである。それでは、《宇宙についてのわたしの知覚》は、なぜ、脳組織の内部運動に依存するようにみえ、これらの運動が変われば、わたしの知覚も変化し、これらの運動がやめば、わたしの知覚も消え失せるようにみえるのだろうか？

8†　この問題が困難であるのは、おもに、大脳の灰白質と、そのさまざまな変化を、それ自身で存在する「物」、宇宙の他の部分から切り離しうる「物」と考えるところから来ている。

唯物論者も、二元論者も、結局この点では一致している。彼らは、脳物質の一部の分子運動を、切り離して考えている。そして一方の唯物論者は、わたしたちの意識された知覚に、この分子運動にそって、この運動の跡を照らす燐光をみているし、他方の二元論者は、わたしたちの知覚を、大脳皮質の分子運動を絶えず独自の仕方で表現している意識に展開させる。つまりどちらの立場においても、知覚が描き出したり、翻訳するとみなされているのは、わたしたちの神経組織の状態である。しかしながら、神経組織というものは、これを養う身体なしに、身体が呼吸している大気なしに、この大気が浸《ひた》している地球や、地球がそのまわりを回る太陽なしに、生きていると考えられるだろうか？　より一般化していうなら、孤立した物質対象を想定することは、一種の自己矛盾を含むのではないだろうか？　というのは、この対象は、そのさまざまな物理的特性を、この対象と他のすべての対象との関係から得ており、この対象を規定しているもののおのおのが、したがってこの対象の存在そのものも、宇宙全体において占めるこの対象の位置に依存しているからである。したがって、わたしたちの知覚は、たんに、脳内物質の分子運動に依存しているといってはならない。わたしたちの知覚は、この分子運動とともに変化するが、しかしこの分子運動そのものが、物質界の他の部分と不可分に結ばれているといわなければならない。したがってもはや、わたしたちの知覚が、大脳の灰白質の運動変化と、どのように関係するかということだけが、問題なのではない。この問題は拡大され、はるかに明瞭な言葉で提示されることになる。ここに、宇宙についてのわたしの知覚と呼ばれるイマージュの領域があり、この領域のイマージュは、わたしの身体という、ある特別なイマージュのわずかな変化で、ことごとく変化する。この身体のイマージュが、中心にあって、他のすべてのイマージュは、このイマージュの動きに即して配列される。この身体のイマージュが動くたびに、まるで万華鏡を回転させたように、すべてが変わる。他方、同じもろもろのイマージュではあるが、各イマージュが（わたしの身体との関係を離れて）それ自身に戻されたイマージュがある。これらのイマージュも、相互に作用し合ってはいるが、しかしここでは、結果はつねに原因に比例している。わたしが宇宙と呼んでいるものが、これである。この二つの領域が、同時に存在し、同じもろもろのイマージュが、宇宙においては、相互に不変の関係を保ち、知覚においては、限りなく変化することを、どのように説明したらよいであろうか？　こうして、実在論と観念論が争っている問題、おそらくまた唯物論と唯心論が争っている問題は、わたしたちの考えでは、つぎのような言葉で提示されることになる。同一のもろもろのイマージュが、同時に、二つの異なった領域に入りうるのはなぜか？　そして一方では、各イマージュは、それ自身、周囲のイマージュから現実の作用を受けて、一定の決まった割合で変化するのに、なぜ他方では、すべてのイマージュが、ただひとつのイマージュのために、それもこの特別なイマージュの行動の可能性を反映して、さまざまな割合で変化するのか?

9　イマージュというものは、いずれも、あるイマージュの内部にあるとともに、他のイマージュの外部にある。しかし、イマージュ全体については、これが、わたしたちの内部にあるともいえないし、外部にあるともいえない。というのは、内と外というのは、イマージュ相互の関係にすぎないからである。したがって、宇宙は、わたしたちの思考の内部にのみ存在するのか、あるいは、思考の外部に存在するのかと問うことは、それぞれの言葉の意味はわかるにしても、解決できない言葉で問題を述べることになる。これは、どうしても不毛な論争にならざるをえず、ここでは、思考、存在、宇宙などの言葉は、双方でまったく異なった意味に取らざるをえない。論争に決着をつけるためには、まず闘いに入るための共通の土俵を見いださなければならないし、いずれの立場に立つにしても、わたしたちはもろもろの事物を、イマージュのかたちでとらえているのであるから、問題を、イマージュとの関係で、それもただイマージュのみとの関係で、提出しなければならない。ところで、いかなる哲学説も、同一のもろもろのイマージュが、二つの異なった領域に、同時に入りうることに異論はない。すなわち、ひとつは、科学に属する領域で、ここでは、各イマージュは、それ自身に戻り、それ自身の固有の性質をもっている。他方は、意識の世界で、ここでは、すべてのイマージュが、わたしたちの身体という、ひとつの中心のイマージュに即して配列され、このイマージュの動きに従って、さまざまに変化している。こうして、実在論と観念論の間に提起されている問題は、きわめて明瞭になる。すなわち、この二つのイマージュの領域は、互いにいかなる関係にあるのか？　そして主観的観念論が、意識の領域から科学の領域を導き出そうとし、唯物論的実在論が、科学の領域から意識の領域を導き出そうとするものであることも、明瞭であろう。

10　実際、実在論者は、宇宙から、すなわち、相互関係が不変の法則によって支配されている、もろもろのイマージュの集合体から出発する。ここでは、結果はつねに原因に比例している。そして中心のないことが特徴で、すべてのイマージュは、限りなく広がる同一面上で展開されている。しかし、実在論者といえども、この領域とは別に、知覚の世界があるということ、すなわち、同じこれらのイマージュが、そのうちのただひとつのイマージュに関係づけられて、このイマージュの周囲に、さまざまに異なった面上で並び、この中心のイマージュのわずかな変化で、イマージュ全体が変様する領域があることは、認めざるをえない。観念論者が出発するのは、この知覚からである。そして前提されるこのイマージュの領域には、自分の身体という特別なイマージュがあって、他のすべてのイマージュは、このイマージュの動きに応じて配列される。しかしながら、観念論者も、現在を過去に結びつけて、未来を予見しようとすると、たちまちこの中心の位置を放棄して、すべてのイマージュを同一面上に置き換えて、これらすべてのイマージュは、もはや自分に対してではなく、それら自身で変化し、各変化が原因によって正確に計算できる領域に属するものであるかのようにみなして、それらを取り扱わざるをえない。このような条件でのみ、宇宙の科学は可能になるし、また、この科学は現に存在し、未来の予見に成功しているのであるから、科学を基礎づけているこの前提は、気まぐれな前提ではない。第一の知覚の領域は、現在の経験に与えられている唯一のものである。しかし、わたしたちが過去、現在、未来の連続性を肯定するならば、もうそれだけで第二の領域の存在を信じていることになる。こうして、観念論も実在論も、二つの領域の一方を前提して、他方を導き出そうとしているのである。

11　しかし、実在論も観念論も、この演繹はできない。なぜなら、この二つのイマージュの領域は、どちらも他方に含まれてはいないし、それぞれが自足しているからである。中心をもたず、各要素が、それ自身の固有の大きさや性質をもっているイマージュの領域を前提するなら、どうしてこの領域に第二の領域が付け加わるのか、そしてなぜこの第二の領域では、中心となるひとつのイマージュのあらゆる変化に従って、各イマージュが不確定な性質を帯びるのか、理解できない。したがって、知覚像を生じさせるためには、唯物論的な意識＝副現象説のような、なんらかの救いの神（*deus ex machina*）にたよらざるをえない。はじめに前提していた、絶対的変化をするすべてのイマージュのなかから、わたしたちの脳と呼ばれるイマージュが選び出される。そしてなぜか理由はわからないが、このイマージュの内部状態に、他のすべてのイマージュの、こんどは相対的で不安定な複写が伴うという、奇妙な特性を与える。たしかにそのあとで、この知覚像には、なんらの重要性も付与してはいない、ただそこに、脳内の振動運動が背後に残す燐光をみているだけだというふりをするであろう。あたかも、脳組織や脳内の振動運動は、この知覚世界を構成しているイマージュのなかにはめ込まれてはいるが、これらのイマージュとは、本性の異なるものでありうるかのように！こうしてあらゆる実在論は、知覚を偶然的なもの、したがってまた神秘的なものにしているのである。しかし、これとは逆に、ある特別な中心のまわりに配列され、この中心のごくわずかな変化で激しく変わる不安定なイマージュの領域を前提するなら、ひとが身を置いている地点や、原点の取り方にかかわらない自然の法則性を、はじめから排除することになる。そこでこの法則性を取り戻すために、またしても救いの神（*deus ex machina*）にたより、独断的な仮説に基づいて、事物と精神のあいだに、あるいは少なくとも、カントのようにいうなら、感覚と知性（理知）のあいだに、不可解な予定調和を想定しなければならないであろう。こんどは科学のほうが偶然になってしまい、科学の成功は神秘だということになる。——したがって、科学の領域から、知覚の領域を導き出すことも、知覚の領域から、科学の領域を導き出すこともできず、実在論と観念論という、二つの対立した学説は、両者を同じ土俵に置いてみると、結局、反対方向から、同じ障害（*deus ex machina*）に突き当たってしまうのである。

12　ところで、この二つの学説を掘り下げてみると、両者に共通の暗黙の前提が見いだされるであろう。その共通の前提をわたしたちは、つぎのように表現したいと思う。知覚は、純粋認識としての意義をもつ。いいかえると、知覚は、純粋な知識である。論争はすべて、科学的知識に対して、この知識に、いかなる地位を与えるかにかかっている。実在論者は、科学が要求する法則性を前提にして、知覚には、混乱した仮の科学しか認めない。観念論者は、まず知覚を前提し、これを絶対化して、科学というものは、実在の記号的表現だとみる。しかし、両者のいずれにとっても、知覚するとは、なによりもまず、認識することを意味する。

13　ところで、この暗黙の前提こそ、わたしたちが受け入れることのできないものなのである。このような前提は、動物の系列で、神経組織の構造を、ごく表面的に調べただけでも否定される。そして、もしもこの前提を受け入れるならば、物質、意識、および両者の関係という三重の問題は、決定的に不明瞭にならざるをえないであろう。

14　実際に、外界の知覚の発展を、単細胞生物から高等な脊椎動物まで、一歩一歩たどってみよう。たんなる原形質のかたまりの状態で、すでに生物には被刺激性と収縮性があり、外界の刺激物の影響を受けて、これに機械的、物理的、化学的反作用で応答していることがわかる。生物の系列を昇るにつれて、生理的機能が分化して行くのがみられる。神経細胞が現われ、多様化し、組織として統合されて行く。これと同時に動物は、外界の刺激に対して、ますます多様な運動で反応するようになる。しかし、受けた刺激が、ただちに実際の運動に受け継がれない場合でも、それはただ、運動の機会《チャンス》を待っているだけのようにみえる。したがって、生物に周囲の変化を伝える同じ刺激でも、その生物の対応を決定する場合もあるし、変化に対応する準備をさせる場合もあるわけである。高等な脊椎動物になると、この区別、すなわち、おもに脊髄に座をおく純粋な自動運動と、脳の介在を要求する意志的行動との区別は、おそらく決定的になる。ひとはここで、受けた刺激が、さらに運動へと展開されるのではなく、脳で精神化されて、知識になると想像されるかもしれない。しかし、脳の構造と、脊髄の構造を比較してみれば、脳の諸機能と、脊髄系の反射活動には、たんに複雑さの違いがあるだけで、本性の違いはないことが十分納得できるであろう。実際、反射活動では、どんなことが生じているだろうか？　刺激によって伝導された求心運動は、脊髄の神経細胞を介してただちに遠心運動へと反射され、筋肉の収縮作用を引き起こす。他方、脳組織のはたらきとはなにか？　末梢からの刺激は、脊髄の運動細胞に直接伝導されて筋肉に必然的な収縮運動を引き起こすことはしないで、まず脳に上昇して行き、それから、反射運動で介在していたのと同じ脊髄の運動細胞に再び降りてくる。いったい、この迂回によって、刺激は何を得たのだろうか？　何を探しに、大脳皮質の、いわゆる感覚細胞に行ったのであろうか？刺激がここで、諸事物の知覚像に転じるという、驚くべき力を引き出すとは、わたしには理解できないし、永久に理解できそうもない。それに、まもなく見られるように、そもそもわたしは、この種の仮説は不要だと思っている。しかし、わたしにきわめて明瞭に理解できること、それは、大脳皮質のいわゆる感覚野と呼ばれているさまざまな領域の細胞、求心線維の終末分枝とロランド帯の運動細胞とのあいだにある細胞は、受け取られた刺激が、脊髄の任意の運動機構に自由に達して、こうしてその結果を選べるようにしていることである。これらの介在細胞の数がますますふえて、おそらく相互にさまざまに接近できるアメーバ状突起を多く出せば出すほど、それだけまた、末梢からきた同じひとつの刺激に対して、開かれうる進路の数もふえ、多種多様になり、その結果、同じひとつの刺激が選択できる運動の仕方も多くなる。したがって脳は、わたしたちの考えでは、一種の中央電話交換局以外のものではありえない。その役割は、《通信を伝えること》、あるいは、通信を待機させることである。脳は受け取るものに、なにも付け加えない。しかし、すべての感覚器官が、その末端の神経を脳にまで伸ばしているし、また、脊髄と延髄のすべての運動機構も、脳に専属の代表を置いているのであるから、脳はまさしく中心であり、末梢からの刺激は、この中心で、もはや強制されたのではなく、選択された、任意の運動機構と連絡することになる。他方、末梢からきた同じひとつの刺激に対して、莫大な数の運動路が脳内で一度に全部開かれうるから、この刺激は、無限に分割され、したがって、非常に多くの運動的反応へと、たんに発生状態のまま消失する可能性もある。このように、脳の役割は、ある時は、受けた運動を、選ばれた反応器官に伝えることであり、またある時は、受けた運動に、この運動の進路のすべてを開き、受けた運動が含んでいる、行ないうるすべての反応の仕方をそこに示して、受けた運動そのものは、分解消散させることである。いいかえると、脳は、受け取られた運動に対しては、分解の道具であり、実行される運動に対しては、選択の道具であると思われる。しかし、いずれの場合にも、脳の役割は、運動を伝えることと、運動を分けることに限られる。したがって、脊髄においてと同様、大脳皮質の上位中枢においても、神経の諸要素は、知識を目指してはたらいているのではない。神経の諸要素はたんに、多くの行ないうる行動の概略をいっぺんに示すか、そのうちのひとつを組織するにすぎない。

15†　要するに、神経組織には、知覚像を作り出したり、その下ごしらえに役立つような装置は、なにもない。神経組織の役割は、刺激を受け入れ、運動機構を整備して、もたらされた刺激に対して、できるだけ多くの運動機構を差し向けることである。神経組織が発達すればするほど、これは絶えず複雑になる運動機構を、ますます多くの、そしてますます遠くの空間地点に関係づけるようになる。こうして、神経組織がわたしたちの行動力にゆだねる自由度は増して行くが、神経組織が完成度を高めて行くとは、まさにこのことを指す。ところで、神経組織は、動物の系列の初めから終わりにいたるまで、ますます必然的でなくなる行動を目指して作られているとすれば、神経組織の発達に合わせて発達する知覚もやはり、まったく行動に向けられているのであって、純粋な知識に向けられているのではないと考えるべきではないだろうか？　したがって、この知覚そのものが豊かになって行くとは、たんに、もろもろの事物に対する行動において、生物が選択できる非決定の領域が増大することを表わしているはずではないだろうか？　それゆえわたしたちは、この非決定性を真の原理原則として、ここから出発することにしよう。一度この非決定性を前提に置けば、ここから、意識された知覚がありうること、さらには意識された知覚がなければならないことをも導き出せないかどうか、探ってみよう。いいかえると、物質の世界と呼ばれる互いに緊密な関係を保っているイマージュの領域を認めて、この領域のところどころに、生物体で代表されるもろもろの現実の行動の中心を想定してみよう。そうすれば、これらの中心のおのおののまわりには、この中心の位置に応じて、さまざまに変化するイマージュが配列されなければならないし、したがって、意識された知覚が生じるはずであり、それにいかにしてこの知覚が生じるかも、理解できるにちがいない。

16　まず、意識された知覚がおよぶ範囲と、生物がもっている行動力の強さには、密接な関係を示す法則がある点に注意しよう。わたしたちの前提が正しいとすると、この知覚は、物質によって受け取られた刺激が、必然的な反作用へと受け継がれなくなる、ちょうどその瞬間に現われる。未発達な生物の場合、おそらく利害ある対象との直接的接触がなければ、刺激は発生しないであろうし、ここでは反作用を引きのばすことは、ほとんど不可能であろう。したがって、下等な生物種では、触覚は、受動的であると同時に、能動的である。触覚は餌を認めて、これを捕えるのにも、危険を感じて、これを避けようと努めるのにも役立っている。原生動物が出すさまざまな仮足や、棘皮《きょくひ》動物の管足《かんそく》は、触覚の器官であると同時に、運動の器官であり、腔腸《こうちょう》動物の刺胞《しほう》は、知覚の道具であると同時に、防衛の手段である。要するに、反応が直接的であればあるほど、知覚はますますたんなる接触と似たものにならざるをえなくなって、知覚と反応の全過程はこの場合、必然的運動に従う機械的衝突と、ほとんど区別できなくなる。しかし、反応がしだいに不確定になって、ためらいの余地が出てくるにつれて、動物が自分と利害ある対象の作用を感じ取る距離も、しだいに長くなる。視覚や聴覚によって、動物はますます多くの事物と関係し、ますます遠くからの影響を受けるようになる。そして、これらの対象が、動物に利益を約束するにせよ、危険でおびやかすにせよ、実際に期待や恐れが現実のものになる時間は、先に延ばされることになる。したがって、生物がもっている自主性の部分、いいかえると、わたしたちのいう、生物の行動力を取り巻く非決定の領域は、この生物が関係する事物の数と距離のア・プリオリな（直接的な）推測を可能にしている。この関係がいかなるものであれ、したがって、知覚の本性がいかなるものであれ、知覚の射程は、知覚に続く行動の非決定度を正確に示すといえるのであって、ここからして、つぎの法則を述べることができる。知覚作用がおよぶ空間と、行動が自由にできる時間は、正確に対応している。

17 しかし、生物と、遠近さまざまな対象との関係が、なぜ、意識された知覚という、特殊なかたちを取るのだろうか？　わたしたちは身体に生じていることを調べて、運動が伝導され、あるいは抑制されて、実際の行動に変換されたり、発生状態の行動に分散されるのを見た。これらの運動は、行動にかかわるもの、それもただ行動だけにかかわるものと思われた。これらの運動は、知覚が心像化される過程とは、まったく無関係なままである。そこでわたしたちは、行動そのものと、この行動を取り巻く非決定性、神経組織の構造から当然予想される非決定性を考察したが、神経組織は、知覚心像を生み出すためではなく、むしろ、この非決定性を目指して作られているように思われた。この非決定性を事実として認めて、ここから、知覚、すなわち、生物と、生物に利害ある対象からおよぼされる、遠近さまざまな影響との多様な関係がなければならないことが結論できた。この知覚が、どうして意識であるのだろうか？　そしてなぜ、この意識は、あたかも、脳組織の内部運動から生じるかのようにみえるのだろうか？

18　この問題に答えるために、わたしたちはまず、意識された知覚が生じる条件を、非常に単純化しておきたいと思う。実際には、もろもろの記憶に浸透されていない知覚はない。わたしたちは感覚器官に現在直接与えられているものに、わたしたちの過去の経験から、無数の記憶の細部を混入させている。多くの場合、これらの記憶が、現実の知覚に取って代わっており、ここでわたしたちが現実の知覚から受け取っているのは、ただ過去のイマージュを呼び出すためのいくつかの手がかり、たんなる《合図》にすぎないのである。この過去のイマージュのおかげで、知覚は容易で素早くなる。しかしここからまた、あらゆる種類の錯覚も生じているのである。そこで、わたしたちの過去にすっかり浸透されているこの知覚の代わりに、成熟した大人の意識がもつ知覚ではあるが、現在に閉じこもって、外界の対象と一体化することだけに没頭し、それ以外のはたらきをいっさい排除している意識がもつような知覚を考えてみよう。おそらくひとは、これはわたしたちが勝手な仮説を立てているのであって、個人的な出来事をすべて排除して得られたこの観念的な知覚は、もはやまったく現実に合致してはいない、といわれるかもしれない。しかし、わたしたちが明らかにしたいことはまさに、個人的なもろもろの出来事は、この非個人的な知覚に付け加えられるものであること、この非個人的な知覚が、諸事物についてのわたしたちの知識の基盤そのものにあること、そして、この非個人的知覚を見落とし、この知覚に記憶力が付加したり除去したりするものから、この知覚を区別しなかったために、知覚全体を、一種の内的で主観的な心像だとしてしまい、知覚はただ、より強度だというだけで、記憶と異なるとされている点なのである。以上が、わたしたちの第一の仮説である。しかし、この仮説からの当然の帰結として、もうひとつ別の仮説が導き出される。実際、知覚をかりにどれほど短時間のものと想定するにせよ、知覚はつねに、ある持続時間を占めている。したがって知覚には、必然的に記憶力のはたらきが介入しているのであり、この記憶力のはたらきが、多数の瞬間を相互に浸入させているのである。それにまた、後に示そうとするように、感覚的諸性質のもつ《主観性》も、主として、わたしたちの記憶力のはたらきによる、実在の一種の濃縮からきているのである。要するに、記憶力のこの二つのかたちのはたらき、すなわち、土台にある直接的知覚を、もろもろの記憶の布で覆うはたらきと、多数の瞬間を濃縮するはたらきが、知覚における個人的意識の主要な参入要素であり、わたしたちが諸事物についてもつ知識の主観的側面をなしているのである。しかしいまは、この参入要素を無視して、わたしたちの考えをより明確にするために、いま入った道を、行き過ぎるくらい先に進むことにしよう。あとでこの道を引き返して、おもに記憶力のはたらきをもとどおり組み入れることによって、行き過ぎたかもしれないわたしたちの結論は、修正しなければならなくなるけれども。したがって、以下に述べることは、たんなる図式的な説明と見ていただき、しばらくは、知覚という言葉によって、具体的で多様な要素を含んだわたしの知覚、すなわち、わたしの個人的な記憶で膨《ふく》らみ、つねにある程度持続の厚みを帯びている知覚ではなくて、純粋知覚、実際にあるというより、むしろ理論上存在する知覚、すなわち、わたしと同じ場所にいて、わたしと同じように生きているひと、しかし現在に没入して、あらゆるかたちの記憶力を排除し、物質から、直接的で、瞬間的なヴィジョンを得られるひとがもつであろう知覚を考えていただきたい。このような仮説に身を置いたとき、意識された知覚が、どのように説明されるかを考えてみよう。

19　意識を導き出すことは、たしかに大胆な試みではあるだろうが、しかし、ここではその必要はまったくない。なぜなら、物質の世界を前提することによって、イマージュの集合体が前提されたからであり、それに、イマージュ以外のものを前提することはできないからである。いかなる物質理論も、この必然性はまぬがれない。物質を、運動しているもろもろの原子に帰するにせよ、これらの原子は、具体的な（実感される）性質はもっていないにしても、それでもやはり、可能性としての視覚や触覚、すなわち、明るさのない視覚や、物体感のない触覚との関係でしか規定できないのである。また原子を、力の中心に凝縮するにせよ、連続的流体のなかで旋回する渦巻に分散させるにせよ、この流体、運動、力の中心そのものは、実感のない触覚、実効のない衝撃、色彩のない光との関係によってしか規定できないが、これらもやはりイマージュなのである。たしかにイマージュは、知覚されなくても存在しうる、意識されなくても現存しうる。そしてこの両者、すなわち現存と、意識によるその把握との隔《へだ》たりが、ちょうど物質そのものと、物質についてわたしたちがもつ意識された知覚との隔たりを示していると思われる。しかし、このことをさらに詳しく調べて、この違いは、結局どこにあるかを見てみよう。もしかりに、物質そのものより、意識された知覚に、より多くのものがあるとすれば、すなわち、現存から意識による把握へ移行するのに、なにかを付け加えなければならないとすれば、この隔たりは越えられないし、物質から知覚への移行は、不可解な神秘につつまれたままであろう。しかし、物質から知覚へ、減少によって移行しうるなら、すなわち、イマージュの純然たる現存より、イマージュの知覚は、より少ないものであるなら、事情は異なる。というのは、この場合、現存するイマージュは、ただそれ自身のなにものかを放棄させられるだけで、イマージュのたんなる現存が、みずからを知覚に転じるのに十分だからである。ところで、ここに、わたしがひとつの物体と呼ぶイマージュがあり、わたしは、このイマージュを知覚しているとしよう。このイマージュは、なぜ、わたしにとって存在しているとおりに、それ自体で存在しているとは思えないのだろうか？そのわけは、このイマージュは、他のすべてのイマージュと連帯関係にあって、このイマージュに先立つもろもろのイマージュと連続していたように、後続するもろもろのイマージュにも連続的に受け継がれて行くからである。このイマージュの純然たる存在を、知覚に転じるには、このイマージュに後続するものと先立つもの、および、このイマージュの内側に含んでいるものを一挙に消し去り、ただこの純然たるイマージュの表皮、表面の皮膜を残すだけで十分であろう。現存するイマージュ、客観的実在としてのイマージュを、知覚されたイマージュから区別しているもの、それは、前者のイマージュが、必然的に、そのいずれの点も、他のもろもろのイマージュのあらゆる点に作用をおよぼしていること、この実在のイマージュは、受けたものの全体を伝え、それぞれの作用に、逆方向の等しい反作用を向き合わせていること、要するに、この実在のイマージュは、広大な宇宙で、あらゆる方向に伝導される運動変化の通路にすぎないという点にある。この客観的実在のイマージュを、他から切り離せるなら、とくにその表皮を切り離せるならば、わたしはこのイマージュを、知覚心像に変えることができるであろう。知覚されるイマージュは、まさに目の前にある。しかしこのイマージュは、知覚として現実化しようとする瞬間までは、どうしても他のものに連続し、埋没せざるをえないという必然性のために、つねに潜在的で中和化されているのである。この客観的イマージュを知覚心像に変えるのに必要なこと、それは、対象を照らすことではなく、むしろ逆に、対象のいくつかの側面を暗くして、対象そのものの大部分を消し去り、残りを、事物として周囲にはめ込まれたままにしておかないで、絵のように周囲から浮かび出るようにすることなのである。ところで、もろもろの生物は、それぞれが宇宙における《非決定の中心》であり、また、この非決定の度合いは、それぞれの生物がもつ機能の数と高さで測られるとすれば、このような生物が存在するということだけで、これらの生物の機能にかかわりのない対象の部分はすべて、対象から排除されるに等しいことが理解できるであろう。生物は、外からの作用のうち、自分に利害のない作用は、いわば通過させ、分離された残りの作用は、この分離そのものによって《知覚》になるであろう。したがってわたしたちには、対象の表面から発して、どこまでも伝導されるだけで決して現われなかった光を、あたかもわたしたちが、対象の表面に反射しているようにみえるであろう。わたしたちを取り巻くイマージュは、わたしたちの身体に、これと利害ある面を向けて現われるであろうが、いまやこれらは明るく照らされて現われるであろう。これらのイマージュは、これら本体のうち、わたしたちが途中で進行をさえぎった側面、つまりわたしたちが影響力をおよぼしうる側面を浮かび上がらせるであろう。これらのイマージュは、これらを結びつける徹底した機械的法則のため互いに関心をもつことなどないから、あらゆる側面を互いに同時に向かい合わせている。要するにこれらのイマージュは、そのあらゆる要素間で、互いに作用反作用し合っており、したがっていずれのイマージュも、意識的に知覚されることも知覚することもない。これに対して、もしこれらのイマージュが、どこかで、なんらかの自発的な反作用に突き当たると、イマージュの作用は、この反作用の分だけ減少するが、イマージュの作用のこの減少分が、まさにわたしたちがそれらのイマージュについてもつ知覚である。したがって、諸事物についてのわたしたちの知覚心像は、結局、これらの事物が、わたしたちの自由に突き当たって、反射することから生まれるのである。

20　光線が、ある媒質から、他の媒質に入ると、ふつうは方向を変えて通過する。しかし二つの媒質おのおのの密度によっては、ある入射角に対して、もはや屈折できない場合がある。この場合は、全反射が起こる。光源の虚像が生じるが、この虚像はいわば、光線が進路をそのまま進めないことを象徴している。知覚は、これと同じ種類の現象である。いま与えられているのは、物質界のイマージュ全体と、これらイマージュの内部の要素全体である。しかしここに真の、すなわち自発的な、もろもろの行動力の中心を想定してみると、これらの中心に到達して、その行動力に関係しうる光線は、これらの中心を通過しないで、光線を発した対象に戻って、対象の輪郭を浮き上がらせるようにみえるであろう。ここには積極的なもの、イマージュに付け加わるもの、新しいものはなにもない。対象はただ、その現実の作用のいくらかを捨てて、これによって対象の潜在的な作用、すなわちじつは、生物が対象におよぼしうる影響力を浮き出させているにすぎない。したがって知覚は、屈折が妨げられて生じる反射現象に、とてもよく似ている。知覚は、まるで鏡面反射のような現象なのである。

21　このことは結局、イマージュにとって、これがあることと、これが意識的に知覚されていることには、ただ程度の違いがあるだけで、本性の違いはないということになる。物質の実在は、物質の諸要素全体と、これら要素のあらゆる種類の作用で成り立っている。わたしたちがもつ物質の知覚は、もろもろの物体におよぼしうる、わたしたちの影響力を示すものであり、この知覚は、わたしたちのもろもろの欲求、より一般的にいえば、わたしたちのもろもろの機能にかかわりのないものを、排除することによって生じる。ある意味では、意識しない任意の物質点が、瞬間的にもつ知覚は、わたしたちの知覚より無限に広大で、完全であるともいえる。というのは、この物質点は、物質界のあらゆる点からの作用を受けて伝えているのに、わたしたちの意識は、そのうちのある部分の、ある側面にしか達しないからである。意識とは――外界の知覚の場合――まさにこの選択にほかならない。しかしながら、わたしたちの意識された知覚がもつ、この必然的な貧しさのうちには、積極的ななにものか、すでに精神を予告するなにものかがある。それは、語源的な意味における discernement（分離するはたらき）である。

22　ここで扱っている問題が困難になるのは、すべて、知覚を、事物の写真映像のように考えて、この写真は、感覚器官のような特殊なカメラで、特定の場所から撮られ、ついで脳組織のなかで、なにやら不可解な化学的・心理的仕上げ過程を経て現像されると考えるところからきている。しかし、写真があるとするなら、この写真は、事物のまさしく内部で、空間のあらゆる場所に向けて、すでに撮られ、すでに現像されていることを、どうして認めないのであろうか？　いかなる形而上学も、また、いかなる物理学といえども、この結論を回避することはできない。宇宙が、もろもろの原子で構成されているとしてみよう。これらの原子のおのおのの内部では、物質のすべての原子からおよぼされる作用が、距離に応じてさまざまな性質と分量で感じ取られている。宇宙は、もろもろの力の中心で構成されているとしたらどうであろうか？　これらすべての中心からすべての方向に発せられる力線は、おのおのの中心に物質界全体の影響をおよぼしている。最後に、宇宙は、もろもろのモナドで構成されているとしたらどうであろうか？　それぞれのモナドは、ライプニッツが主張するように、宇宙の鏡である。したがって、すべてのひとが、この点では一致している。ただし、宇宙の任意の場所を考えてみると、物質全体の作用は、この場所を抵抗も損失もなしに通過して、全体の写真は、この場所では半透明であるといえる。感光板の裏面に、像《イマージュ》を浮かび上がらせる黒いフィルターが欠けているのである。わたしたちのいう《非決定の領域》は、いわばこのフィルターの役割をしている。この領域は、存在するものになにも付け加えない。ただ現実の作用は通過させて、場合によっては起こりうる作用をとどめるだけである。

23　これは仮説ではない。わたしたちはただ、いかなる知覚理論といえども無視することのできない、事実を述べているにすぎない。実際、いかなる心理学者も、少なくとも、物質の世界がありうることを前提しなければ、すなわちじつは、あらゆる事物の潜在的な知覚を前提しなければ、外界の知覚の研究に取り組むことはできない。この、たんなる可能性としての物質全体のなかで、わたしの身体と呼ばれる特別な対象が切り離され、さらにこの身体のなかに、知覚中枢が切り離されるであろう。そして空間の任意の点からきた振動が、神経にそって伝わり、中枢に達することが示される。ところが、ここで舞台が一転してしまう。身体を取り囲んでいたこの物質の世界、脳を収めているこの身体、もろもろの中枢を区別していたこの脳、これらを突然追放して、まるで魔法の杖をふって、まったく新しいものを持ち出すように、最初に前提していたものの知覚像を出現させる。この知覚像は、空間の外に押し出されるのであるから、最初に出発した物質とは、もはや共通のものは何も持ってはいない。ではこの物質そのものはどうかといえば、できればこれは、もう無いことにして済ませたいところであろうが、そうはいかない。なぜなら、物質が示す諸現象には、相互に非常に厳格で、原点の選び方にかかわらない規則性があって、この厳格な規則性と、この規則性が原点の選び方にかかわらないことが、まさに物質が、ひとつの独立した存在であることを示しているからである。したがって不本意でも、物質から、その抜け殻だけでも残しておかなければならないであろう。しかし少なくとも、物質に生気を与えている性質はすべて、物質からはぎ取られてしまうであろう。生彩のない空間内で運動しているさまざまな形態が切り取られる。あるいはまた（結局、ほとんど同じことであるが）相互間で構成される量的諸関係や、これらの関係の内容を展開しつつ変化する関数が想定される。こうなったらもう、物質から奪ったもので一杯になった知覚像のほうは、広がりのない意識の中で、自由に展開されることになるであろう。しかし、分断するだけでは十分ではない。つなぎ合わせなければならない。物質的基体から切り離されたこれらの性質が、こんどは物質的基体と、どのように結びつくかを説明しなければならない。物質から性質を取り去るごとに、知覚像と、知覚対象との隔たりは大きくなる。この物質を、広がりのないものにしてしまうなら、物質はどのようにして広がりを受け取るのだろうか？　この物質が、結局は等質的な運動に帰着するとするなら、いったい性質はどこから生まれるのだろうか？　とくに、事物とイマージュ、物質と思考の関係を、どのように考えたらよいのか？　というのは、これら二つの項のおのおのは、この立場からして当然、互いに他方に無いものしか持ってはいないからである。こうして先へ進むにつれて、難問がつぎからつぎに生まれてきて、そのひとつを解決しようと努力するたびに、それは他の多くの難問にかたちを変えるだけであろう。それでは、どうしたらよいだろうか？　ただ、魔法の杖をふるのをやめて、最初に踏み込んだ道を、続けて進むことである。外界のもろもろのイマージュは、感覚器官に作用し、神経に変化を生じさせて、これらの影響は脳内に伝わることが示された。このまま、最後まで行ってみよう。運動は脳組織に伝わって行って、ここでしばらくとどまり、それから意志的な行動へと展開されるであろう。以上が、知覚機構のすべてである。知覚像そのものはどうかといえば、これはイマージュであるかぎり、その起源をたどるにはおよばない。もともとイマージュとしての知覚は、最初に前提したものであり、それにこの知覚は、前提せざるをえなかったものだからである。脳を認め、物質のほんのわずかな部分を認めたということは、もろもろのイマージュの全体を認めたことにならないであろうか？　したがって、説明しなければならないのは、どのように知覚が生じるかということではなく、どうして知覚は限定されるかということである。というのは、知覚は、理論上は、全体のイマージュであってよいのに、実際には、わたしと利害のあるものに限定されているのだから。しかし、知覚のイマージュが、純然たるイマージュから区別されるのは、まさに、知覚の諸部分が、ある変位する中心に対して配列される点にほかならないとすれば、知覚が限定されることは、容易に理解できる。理論上は、際限のない知覚は、実際には、わたしが自分の身体と呼ぶ、この特殊なイマージュの行動にゆだねられた、非決定の領域を浮かび上がらせることに限定されるのである。したがってまた逆に、身体の運動の非決定度、脳の灰白質の構造から生じる非決定度は、わたしの知覚が届く範囲を、正確に示している。したがってわたしの知覚が、あたかも、脳の内部運動から生じて、いわば大脳皮質の中枢から出現するかのようにみえても、驚くにはおよばない。わたしの知覚が、大脳皮質から出てくることはありえない。というのは、脳は、他のもろもろのイマージュと同じひとつのイマージュであり、他のイマージュの全体に包まれているからであって、容器が、その中身から出てくるというのは、理屈に合わないからである。しかし、脳の構造は、わたしが選ぶことができる運動の詳細な見取り図を示しているし、他方、外界のイマージュの一部で、それ自身に戻って知覚を構成している部分は、まさにわたしの運動がはたらきかけうる、宇宙におけるすべての場所を浮かび上がらせているのであるから、意識された知覚と、脳内の運動変化とは、厳密に対応している。したがって、この二項相互の依存関係は、たんにこの両者が、いずれも意志の非決定という、第三項の関数であることからきているにすぎない。

24　たとえば光源Pがあって、その光線が、網膜の異なった点a、b、cに作用をおよぼしているとしよう。光源Pに、科学は、ある振幅と持続時間をもった振動があるという。この同じ光源Pに、意識は、光を知覚している。わたしたちはこの研究のなかで、科学と意識は、どちらも正しいということ、この光と、これらの運動には、本質的な違いはないことを示すつもりである。ただしその場合、運動には、抽象力学が認めない統一性、不可分性、異質性を回復させ、また、感覚的諸性質のいずれにも、わたしたちの記憶力のはたらきによる多くの濃縮を認めなければならないが。これによって、科学と意識は、一時的には一致する。しかし、さしあたってここでは、言葉の意味をあまり深く追求しないで、光源Pは、網膜に光の振動を伝える、とだけいっておこう。なにが起こるだろうか？　かりに、あらかじめ光源Pの視覚イマージュが与えられていないとすると、このイマージュが、どのように形成されるかと問わなければならなくなって、たちまち解決できない問題の前に立たされることになるであろう。しかし、どんなやり方で取りかかるにせよ、まず光源Pの視覚イマージュは、最初に前提せざるをえない。したがって、唯一の問題は、なぜ、またどのように、このイマージュが選ばれて、わたしの知覚に属し、他の無限に多くのイマージュは、わたしの知覚から締め出されたままであるかということである。ところで、光源Pから、網膜のさまざまな細胞に伝えられた振動刺激は、大脳の皮質下や、皮質の視覚中枢へ、また多くの場合、他の中枢へも伝導されること、そしてこれらの中枢は、受けた刺激を、ある時はもろもろの運動機構へ伝達し、またある時は一時的に押しとどめることがわかっている。したがって、ここで関与している神経の諸要素は、受け取られた伝導刺激に対して、これが有用にはたらくための効力を与えるものにほかならない。これらの神経要素は、意志の非決定を象徴し、この意志の非決定度は、これらの神経要素の完全さに支えられているのである。これゆえ、これらの神経要素の損傷はすべて、わたしたちの行ないうる行動力を減少させるとともに、同程度に、知覚も減少させることになるのである。いいかえると、物質の世界には、受けた振動刺激が、機械的には伝導されない場所、すなわち、わたしたちのいう非決定の領域が存在するとすれば、この領域は、まさに感覚-運動過程と呼ばれる経路にあるにちがいない。だからあたかも光線Pa、Pb、Pcが、この経路にそって知覚され、それから光源Pに投影されるかのようにみえてくるのである。しかもこの非決定は、実験や計量によってとらえられないものであるのに対して、印象を受けて伝える神経の諸要素はそうではない。だからこれらの神経要素を、生理学者や心理学者は研究対象とせざるをえないし、外界の知覚のすべての細部が、これらの神経要素に基づいて処理され、これらの神経要素によって説明されることになるであろう。そしてつぎのようにいわれるであろう。すなわち、刺激はこれらの神経要素にそって進み、中枢に達してから、ここで意識されたイマージュへと変換され、ついで、この意識されたイマージュが光源Pに投影される、と。しかしながら、このように説明することは、ただ科学的方法の要求に屈しているだけで、決して現実の知覚過程を説明したことにはならない。実際には、意識のなかで形成されてから光源Pに投影されるような、広がりのないイマージュなどは存在しない。実際には、光源Pや、これが発する光線、網膜、ここに関与しているもろもろの神経要素は、互いに緊密に結ばれた全体をなしており、光源Pは、この全体に属している。そして光源Pのイマージュが形成され、知覚されるのは、まさしく光源Pにおいてであって、ほかの場所においてではない。

25† 事実をこのようにとらえることによって、わたしたちはただ、常識の素朴な確信に帰っているにすぎない。わたしたちは、はじめはだれでも、自分が対象そのものに身を置いて、対象においてこれを知覚しているのであって、自分の内部で知覚しているのではないと信じていたのである。心理学者は、これほど単純で、また現実に即したとらえ方を軽蔑するけれど、それは大脳の内部過程という、知覚のはたらきのほんのわずかな一部分が、心理学者には、知覚全体に等しいように思われるからなのである。大脳の内部過程はそのままにして、知覚対象を取り除いても、心理学者には、対象のイマージュはそのまま残るように思われる。それに心理学者がこのように思い込む理由は、容易に説明できる。幻覚や、夢のような状態がたくさんあって、ここでは、あらゆる点で外界の知覚とそっくりのイマージュが浮かび上がってくるからである。このような場合、対象は消えているのに、脳は依然として残っている。ここから、大脳現象だけで、イマージュを生み出すのに十分だと決めつけているのである。しかし、忘れてならないことは、すべてこの種の心理状態には、記憶力が主役を演じている点である。ところで、後ほど明らかにしようと思うが、知覚をいったんわたしたちが理解するようなものとして認めるなら、かならず記憶力が介入してくるはずであり、また、この記憶力も、知覚作用そのものと同様、その真に十分な条件を、脳内の状態にもってはいない。この二点の検討にはまだ入らないで、ここでは非常に単純な、べつに新しくもない観察事実を示すにとどめたい。多くの生まれつきの盲人は、視覚中枢に損傷はない。しかし一生、視覚イマージュを一度も形成することなく終わる。したがって、このようなイマージュが出現するためには、外界の対象が、少なくとも一度は介入していなければならない。つまり、外界の対象が、少なくとも一度は、実際にイマージュとして意識されていなければならない。ところで、さしあたってわたしたちには、この事実だけで十分である。というのは、わたしたちがここで問題にしているのは、純粋知覚であって、記憶力が介入している知覚ではないからである。記憶力の介入を排除して、知覚を純粋な状態で考察するなら、対象がなければ、イマージュは決してないことを認めざるをえないであろう。ところで、大脳の内部過程に加えて、この内部過程の原因である外界の対象を認めるなら、どうしてこの対象のイマージュが、この対象とともに、この対象において与えられるかということは、よく理解できる。しかし、どうしてこの対象のイマージュが、脳内の運動変化から生まれるのかということは、わたしにはまったく理解できないことなのである。

26　神経あるいは中枢の損傷が、神経刺激の進路を遮断すると、その分だけ知覚は減少する。これは驚くべきことであろうか？　神経組織の役割は、この神経刺激を活用して、この刺激を実際の行動、あるいは行ないうる行動に変換することである。もしなんらかの理由で、刺激がもはや伝わらないのに、それでもなお、刺激に対応する知覚が生じるというのは、奇妙であろう。というのは、このような知覚は、わたしたちの身体を、もはや身体に選択することを直接には呼びかけない空間内の場所と関係づける、ということになるのだから。ある動物の視神経を切断してみよう。光源から発した振動は、もはや脳に伝達されなくなるし、脳から運動神経へも伝達されない。外界の対象を、視神経を介して、この動物の運動機構に結びつけていた糸が切られ、こうして、視覚は無力になった。そしてこの無力が、まさに無意識なのである。物質が、神経組織の介入も感覚器官もなしに知覚されうるということ、これは理論上、考えられないことではない。しかし、実際にはありえないことである。なぜなら、この種の知覚は何の役にも立たないであろうから。このような知覚は、亡霊にはふさわしいかもしれないが、生物、すなわち、行動するものにとっては、ふさわしいとはいえない。ひとは身体を、帝国内にある帝国のように独立の存在と考え、また神経組織を、他から切り離された存在とみて、そのはたらきは、まず知覚像を作り出し、ついでもろもろの運動を生み出すことだと考えている。しかしじつは、わたしの神経組織は、わたしの身体に振動を伝える対象と、わたしが影響をおよぼしうる対象との中間にあって、たんなる伝導体の役割をしているにすぎず、この伝導体は、運動を伝達し、分配し、あるいは抑制しているにすぎない。この伝導体は、末梢から中枢へ、また中枢から末梢へと張りめぐらされた、莫大な数の線維で構成されている。末梢から中枢への線維が多ければ、その分だけ、空間の多くの場所が、わたしの意志を誘発し、わたしの行動力に、いわば要素的な問いかけを提示できるようになる。提示される問いかけのおのおのが、まさしく知覚と呼ばれるものにほかならない。したがって、いわゆる感覚線維が、ひとつ切断されるたびに、外界の対象のある部分が、行動を誘発できなくなるので、知覚の構成要素のひとつが減少するし、また、確固とした習慣が身につくごとに、こんどはすっかり準備のできている応答が、問いかけを無用にするので、やはり知覚の構成要素は減少する。いずれの場合にも、消失するのは、振動の振動自身への見かけ上の反射、光源のイマージュへの光の回帰、あるいはむしろ、イマージュから知覚を浮き出させる分離作用であり、区分するはたらきである。したがって、知覚の細部は、いわゆる感覚神経の細部に、ぴったり合致しているとはいえるが、しかし、そもそも知覚というものがある真の理由は、運動しようとする身体の傾向にあるということができるのである。

27　この点について一般に錯覚を生じさせているのは、わたしたちの運動が、一見、この運動を引き起こす刺激とは無関係にみえるところにある。わたしの身体がある対象に到達して、これを変化させる運動は、この対象の存在が、聴覚によってわたしに告げられても、視覚あるいは触覚によって知らされても、いつも同じであるようにみえる。こうして、わたしの運動能力は、ひとつの独立の存在、一種の貯水池のようなものとなって、ここから、ひとつの同じ行動に対しては、いつも同じ運動が、この運動を誘発したイマージュの種類にかかわらず、意のままに出てくるように思われてくる。しかしじつは、外からは同じにみえる運動の性格は、内側では、この運動が視覚印象に応じているか、触覚あるいは聴覚の印象に応じているかによって、変化しているのである。わたしがいま、空間内に多くの対象を見ているとしよう。これらの対象のおのおのは、視覚像として、わたしの行動力を誘発している。ここで突然、わたしは視覚を失ったとしよう。たしかに、わたしはまだ同じ量と同じ質をもった運動を、空間内で行なう能力はもっている。しかし、この運動はもはや、視覚の印象によっては調整されない。この運動はいまでは、たとえば触覚の印象に従わざるをえないし、おそらく脳内には新しい配列が現われているであろう。運動神経細胞の樹状突起は、大脳皮質においては、こんどははるかに少数の感覚的と呼ばれる神経細胞と関係することになるであろう。したがって、わたしの行動力は、以前と同じさまざまな運動をする能力はあっても、もろもろの対象が、わたしに運動のきっかけを以前ほどは与えないという意味で、確実に減少する。したがって、視覚伝導路を突然遮断したことの決定的に重要な結果とは、わたしの行動力を誘発しているものの一部を、完全に消滅させたことにある。ところで、この行動力を誘発しているものが、すでに見られたように、知覚そのものなのである。ここでわたしたちは、知覚像を、いわゆる感覚刺激から生じさせようとして、わたしたちの運動能力に対して発せられる、一種の問いかけとは認めないひとたちの誤りを明確にすることができる。彼らは、この運動能力を、知覚の過程から切り離して、知覚が消滅した後でも、この運動能力は存続するようにみえるところから、知覚は、いわゆる感覚神経細胞のなかに位置づけられると結論しているのである。しかしじつは、知覚は、運動中枢内にないのと同様、感覚中枢内にもない。知覚は、これら両中枢の関係の複雑さの度合いを示してはいるが、しかし、知覚像が存在するのは、まさにそれが現われている場所においてなのである。

28　幼年期の研究をした心理学者なら、よく知っていることであるが、わたしたちの知覚像は、はじめは、非個人的なものである。徐々に、そしてもろもろの類推によって、わたしたちの知覚像は、自分の身体を中心とするようになり、こうしてわたしの知覚心像となる。それにこの移行のプロセスは、容易に理解できる。わたしの身体が空間を移動するにつれて、身体以外のイマージュは、すべて変化する。これに対して、自分の身体のイマージュは、変わらないままである。したがってわたしは、どうしても自分の身体のイマージュを中心とせざるをえないし、他のイマージュをすべて、この中心に関係づけるようになる。外界の世界が存在するというわたしの信念は、わたしが広がりのないもろもろの感覚を、自分の外部に投影することから来るのではないし、来ることもできない。これらの広がりのない感覚が、どのように広がりを獲得し、また、わたしはどこから外という観念を引き出せるのだろうか？　しかし経験が示すように、はじめにもろもろのイマージュの集合体が与えられていることを認めるなら、わたしの身体が、どうしてこのイマージュの集合体のなかで特異な地位を占めるにいたるかは、きわめてよく理解できる。またこのとき、どうして内と外の観念が生じるかも納得できる。この内と外の観念は、もともとは、わたしの身体と、身体以外のもろもろの物体との、区別にほかならないのである。実際、一般に考えられているように、自分自身の身体から出発してみよう。わたしの身体の表面で受け取られ、わたしの身体だけに関係している印象が、どうして、わたしとは独立の対象を構成して、外部の世界を形成するようになるかは、決して理解できないであろう。これに対して、もろもろのイマージュ一般から出発するなら、わたしの身体は、どうしてもこれらのイマージュの中心に、他から区別されたものとして現われざるをえないであろう。身体以外のもろもろのイマージュは、たえず変化しているのに、わたしの身体のほうは、変わらないままだからである。したがって内と外の区別も、結局は部分と全体の区別に帰着するのである。まず、もろもろのイマージュの集合体がある。このもろもろのイマージュのなかに《行動の中心》があって、この行動の中心に利害あるイマージュは、この中心に突き当たって、反射されるようにみえる。こうして知覚が生まれ、行動が準備される。わたしの身体は、これらの知覚の中心に現われるものであり、わたしという人間は、これらの行動の原因とみなすべき存在である。こうして、子供がするように、また直接的な経験と、常識が示唆するように、知覚像の周辺から、中心へと向かうなら、事態は明らかになる。反対に、理論家たちのように、無理をして中心から周辺へと向かおうとするなら、すべてが不明瞭になるし、問題は増すばかりである。いったい広がりのない諸感覚で、少しずつ人為的に構成された外界という観念は、どこから出てくることになるのだろうか？　このような広がりのない諸感覚が、どのように広がりをもつ面を形成し、ついでわたしの身体の外に投影されるというのだろうか？　なぜひとは、目に見えたとおりで納得しないで、自分の意識的自我から自分の身体へと進み、ついで自分の身体からそれ以外の物体へと進もうとするのだろうか？　わたしたちは実際には、まず物質の世界全体に一気に身を置いて、ここからわたしの身体と呼ばれることになる行動の中心を徐々に限定してきて、こうしてこの身体を、他のすべての物体から区別するようになるのではないだろうか？　わたしたちの外界の知覚の特性が、もともとは広がりがないという思い込みのなかには、非常に多くの錯覚が結びついているし、また、わたしたちは純粋に内的な諸状態を、自分の外部に投影しているというこの考えのなかには、多くの誤解や、間違った問題提起に対する、多くの一貫性のない解答が認められるので、これらをすべて一挙に解明しようとしても、それはできない。この解明は後に、これらの間違った見解の背後にある、未分割の広がりと等質空間との形而上学的混同、《純粋知覚》と記憶力との心理学的混同をさらに明るみに出すにつれて、徐々になされることになるであろう。しかし、これらの間違った見解は、さらにいくつかの実際の事実にもかかわっているので、わたしたちはこれからそれらの事実を指摘して、その解釈を正しておきたいと思う。

29† これらの事実の第一は、わたしたちのもろもろの感覚機能が、訓練を必要とするという事実である。視覚も、触覚も、それらの印象の場所を、すぐに位置づけることはできない。一連の関連づけと類推が必要であって、この関連づけと類推によってわたしたちは、さまざまな印象を、相互に徐々に調整できるようになる。ここからひとは、もろもろの感覚は本来広がりがないが、これらの感覚が並置されると広がりを構成するという考えに、一気に移行してしまう。しかし、わたしたちが立脚している仮説そのものにおいても、もろもろの感覚機能はやはり――諸事物と一致させるためではなく、さまざまな感覚を相互に合致させるために――訓練が必要になることは明白であろう。いま、すべてのイマージュの真ん中に、わたしの身体と呼ばれるイマージュがあって、この身体が場合によっては行ないうる行動は、周囲のもろもろのイマージュの、それら自身への見かけ上の反射によって現われている。わたしの身体に、行ないうる行動の種類が多ければ、それと同じ数だけ、身体外の物体に対する異なった反射の仕方があることになる。この反射の仕方のおのおのが、わたしの感覚機能のうちのひとつに対応するであろう。したがってわたしの身体は、他のイマージュにおよぼすさまざまな行動という観点から、それらのイマージュを分離して反射するひとつのイマージュとしてはたらいている。それゆえ、わたしの異なった感覚機能が同一対象に知覚している性質のおのおのは、わたしの行動力がもつある方向性、ある欲求を示していることになる。では、わたしの異なった感覚機能による、ひとつの物体についてのこれらさまざまな知覚は、これをすべて寄せ集めれば、この物体の完全なイマージュを示すことになるであろうか？おそらく、そうではあるまい。これらの知覚は、全体のなかから、摘《つ》み取られたものだからである。あらゆる物体のあらゆる点からの影響をすべて感じ取るということは、物体の状態に身を落とすことであろう。意識的に知覚するとは、選択することであり、意識とは、なによりもまず、行動のためのこの分離作用にある。したがって、わたしの異なった感覚機能による、同一対象についての異なった知覚は、これらが寄せ集められても、この対象の完全なイマージュを再構成することにはならない。これらの異なった知覚は、いわば、わたしのもろもろの欲求間のすき間を示す隔たりによって、相互に分離されたままであろう。感覚機能の訓練が必要であるのは、これらの隔たりを埋めるためなのである。この訓練の目的は、わたしのさまざまな感覚機能を相互に調整して、わたしの身体のもろもろの欲求の非連続そのものによって分断された連続性を、これらの感覚に与えられているものの間に回復させること、要するに、その物質対象の全体を近似的に再構成することにある。わたしたちの仮説では、感覚機能の訓練の必要性は、以上のように説明される。この説明を、さきほどの仮説による説明と比較してみよう。この第一の仮説によると、視覚による広がりのない諸感覚は、触覚その他による広がりのないもろもろの感覚と合成され、これらの感覚の総合によって、ある物質対象の観念が生じるという。しかしまず、これらの広がりのない感覚が、どのようにして広がりを獲得するのかがわからないし、またとくに、いったん理論上は広がりが得られたとしても、これらの感覚のあるものが、実際に空間のある場所を特別に選ぶことは、どのように説明されるのかもわからない。それにまた、どんな幸運な一致によって、どんな予定調和によって、種類の異なったこれらの感覚が、いっしょに組み合わされると、こんどは安定した堅固な対象を形成して、この対象はわたしにも他のすべてのひとにも共通に経験され、また他のもろもろの対象に対して、自然法則と呼ばれる厳格な規則に従うことになるのか理解できない。これに対して、第二のわたしたちの仮説では、《わたしたちの異なった諸感覚に与えられているもの》は、わたしたちのうちにおいてではなく、むしろまず事物そのものにおいて知覚される事物の諸性質である。したがってこれらの性質は、ただ抽出作用によって分離されたものにすぎないから、これらが再び結ばれても、驚くにはおよばないであろう。――第一の仮説では、物質対象は、わたしたちが知覚しているものとは、まったく異なる。一方に感覚的諸性質をもつ意識という原理が置かれ、他方には、いかなる規定もできない物質、物質が示すすべてを最初にはぎ取ったので、もろもろの否定によって規定される物質が置かれているからである。第二の仮説では、物質についての知識を、ますます深めることができる。知覚されているなにものかを物質から取り去るのではなく、わたしたちは逆に、感覚的諸性質をすべて関連づけて、それらの親近性を回復し、わたしたちのもろもろの欲求が分断した、それら相互の連続性を取り戻すはずである。したがって、わたしたちがもつ物質の知覚は、少なくとも原則的には、そして後ほど検討する感情と、とくに記憶力を考慮に入れなければ、もはや相対的でもないし主観的でもない。わたしたちがもつ物質の知覚は、ただわたしたちの多くの欲求によって分断されているだけなのである。――第一の仮説では、精神も、物質と同じく、知ることのできないものである。というのは、この仮説では、精神は、どこかわからないところからもろもろの感覚を呼び出して、理由はわからないが、これらの感覚を空間のなかに投影して、ここで諸感覚が物体を形成するという不可解な能力を与えられているからである。第二の仮説では、意識の役割は、明確に規定される。すなわち意識とは、行ないうる行動を意味する。そして精神がもつとされる既成の諸形態は、わたしたちに精神の本質を見えないようにしてしまうものであるから、これは第二の原則に照らして取り除かれなければならないであろう。このように、わたしたちの仮説では、精神と物質をより明確に区別するとともに、両者を相互に接近させる可能性もかいま見えてくる。しかし第一の事実はここまでにして、第二の事実に移ることにしよう。

30　援用される第二の事実は、長いあいだ《神経の固有エネルギー（l'énergie spécifique des nerfs）》と呼ばれてきたものである。外からの衝撃あるいは電流による視覚神経の刺激は、ある視覚を生じさせるし、この同じ電流が、聴覚神経や舌咽《ぜついん》神経に加えられると、音が聞こえたり、味が感じられたりすることが知られている。これらのきわめて特殊な事実から、一部のひとは、異なった原因でも、同一の神経に作用すれば、同一の感覚を生じるし、また、同一の原因でも、異なった神経に作用すれば、異なった感覚を生じるという、二つのきわめて一般的な法則を導き出す。そしてこれらの法則そのものから、わたしたちがもつ諸感覚とは、たんなる信号であって、おのおのの感覚器官の役割は、空間で行なわれている等質的で機械的な運動を、その感覚器官に固有の言語に翻訳することだと結論する。ここから結局、わたしたちの知覚を、もはや結合不可能となる二つの異なった部分、すなわち一方に、空間における等質的運動、他方に、意識における広がりのない感覚に分ける考え方が出てくる。わたしたちは、この二つの法則の解釈が引き起こす、生理学的問題の検討に入ろうとは思わない。これらの法則をどのようにとらえるにせよ、つまり、固有エネルギーを、神経に認めるにせよ、中枢にあるとするにせよ、越えがたい難問に突き当たることになるであろう。むしろますます疑わしいと思われてくるのは、これらの法則そのものなのである。すでにロッ

(51)

ツェは、これらの法則は間違いではないかと疑っていた。これらの法則を信じるためには、《音波が、目に光の感覚を生じさせるか、光の振動が、耳に音を聞こえさせる》[1] 必要がある、と彼は考えた。実際、援用されている諸事実は、すべてただひとつのタイプに帰着するように思われる。すなわち、異なった感覚を生じさせる同一の刺激も、同一の感覚を生じさせるさまざまな刺激も、電流であるか、器官内の電気的平衡の変化を引き起こしうる機械的原因である。ところで、電気的刺激は、異なったさまざまな成分を含んでいて、これらの成分は、客観的に異なった種類の感覚に対応しているのではないだろうか。そしておのおのの感覚器官の役割は、ただ自分に関係のある成分を、全体から抽出するだけではないだろうか。そうだとすると、同じ感覚を生じさせるのは、まさに同じ刺激であり、異なった感覚を引き起こすのは、異なった刺激だということになるであろう。より正確にいうなら、たとえば舌を帯電させると、これは化学変化を引き起こすことは、認めざるをえないであろう。ところで、わたしたちがいつも味と呼んでいるのは、これらの化学変化なのである。他方、物理学者が、光を電磁波と同一視できたとすると、逆に、物理学者がここで電磁波と呼んでいるものは、光であるといえるのであり、したがって、視覚神経が帯電したとき客観的に知覚しているの

1 Lotze, *Métaphysique*, p. 526 et suiv.

は、まさに光だということになるであろう。固有エネルギー説は、他のいかなる感覚よりも、耳について、もっとも確実に証明されているようにみえる。また知覚されているものの実在が、ここほど確からしくなったところもない。これらの事実については、最近の書物で報告されているし、深い議論もされているので、ここで詳しく述べようとは思わない。いまはただ、ここでいわれている諸感覚は、わたしたちが自分の身体の外部に知覚するイマージュではなくて、むしろわたしたちの身体そのものに位置づけられる、もろもろの感情であるということを指摘するにとどめたい。ところで、後ほど見られるように、わたしたちの身体の本性と役割からして、身体のいわゆる感覚神経要素のおのおのには、おのおのに固有の現実の作用があって、この作用は、通常は知覚する外界の対象に対する場合に生じる作用と、同種のものであるにちがいない。したがって、感覚神経のおのおのが、なぜ、感覚によって特定の仕方で振動するようにみえるかが、理解できるであろう。しかし、この点を明らかにするためには、感情の本性を究明しなければならない。こうしてわたしたちは、検討しようとしていた第三の、そして最後の議論に導かれることになる。

31† この第三の議論の根拠は、空間を占める知覚像の状態から、気づかれないうちに、広がりがないようにみえる感情的状態に移行することにある。ここからひとは、すべての感覚は、本来必然的に広がりはなく、この感覚に広がりが付け加わるのであって、知覚の過程とは、内的状態の外在化であると結論する。実際、心理学者は自分の身体から出発する。そして、この身体の表面で受けた印象だけで、物質宇宙の全体を再構成するのに十分だと思えるところから、心理学者はまず、宇宙を自分の身体まで縮小する。しかし、この最初の立場を維持することはできない。彼の身体は、他のすべての物体以上の実在性も、以下の実在性ももってはいないし、もちえないからである。それゆえ、さらに歩を進めて、この原則の適用を最後までたどり、宇宙を身体の表面にまで縮小させたら、こんどはこの身体そのものを、ついには広がりがないと考えられるひとつの中心にまで収縮させなければならない。そしてこの中心から、広がりのない諸感覚を放出させ、これらの感覚がいわば膨らんで、広がりへと増大し、まず広がりのあるわたしたちの身体を生み出し、ついで身体以外のすべての物質対象を生み出すにいたることになる。しかし、この奇妙な想定は、もし、広がりのあるイマージュと、広がりのない観念とのまさしく中間に、多少とも漠然と場所を位置づけられる一連の中間の状態、すなわち、感情的状態がなければ不可能であろう。わたしたちの知性は、習慣となった錯覚に屈して、ある事物は、広がりがあるかないかのどちらかだという、二者択一を置く。そして感情的状態は、広がりが漠然としていて、完全には位置づけられないところ

1　SCHWARZ, *Das Wahrnehmungsproblem*, Leipzig, 1892, p. 313 et suiv.

から、知性は、この感情的状態はまったく広がりをもたないと結論する。しかしそうだとすると、広がりへの相次ぐ段階や、また広がりそのものも、広がりのない状態がもっている、なにか不可解な既得の特性で説明されることになり、知覚の形成過程とは、内的で広がりのない状態が、広がりつつ外界に投影されることによる形成だということになる。この議論を、別のかたちでいいかえてみよう。わたしたちの身体に対する知覚対象の作用の増大によって、この知覚が感情、とくに痛みに変わらないことはほとんどない。たとえばピンの接触が、いつのまにか、ちくりと刺す痛みに変わる。反対に、痛みが減少して行くと、痛みは徐々に、痛みの原因となっているものの知覚と一致し、いわばイマージュとして外在化される。したがって、感情と知覚には、度合いの違いはあるが、本性の違いはないようにみえる。ところで、感情のほうは、わたしという個人の存在と、親密に結ばれている。実際、痛みを痛切に感じている主体から切り離された痛みとは何であろうか？　したがって、知覚についても事情は同じでなければならず、外界の知覚というものは、無害になった感情が、空間に投影されて構成されるはずだ、と思われてくる。実在論者も観念論者も、このように推論する点では一致している。観念論者は、物質の世界に、主観的で広がりのない諸状態の総合以外のものをなにも見ないし、実在論者のほうは、この総合の背後に、この総合と対応する独立の実在がある、と付け加える。しかし、観念論者も実在論者も、感情がしだいに知覚像に移行するところから、物質の世界の知覚は相対的・主観的で、いわばこの知覚は、わたしたちから出てきたのであると結論し、わたしたちのほうが、まずこの外界の知覚から自分自身を区別してきたとは認めないのである。

32　確かな事実についての、この疑わしい解釈を批判するまえに、この解釈では、痛みの本性も、知覚の本性も説明できないし、明らかにすることさえできないことを示しておきたい。わたしという個人に本質的に結ばれていて、わたしが死ねば消え失せることになる感情的状態が、ただ強度を減少しただけで広がりを獲得し、空間で特定の場所を占めて、わたし個人にも、また他のひとびとの経験にも、つねに一致する安定した経験になるということ、このようなことをわたしたちに納得させることはむずかしい。どんなやり方をしても結局、もろもろの感覚に、まずなんらかのかたちで広がりを与え、つぎに、できれば認めたくなかった独立性を与えざるをえなくなるであろう。しかし他方、この仮説では、感情のほうも、ほとんど知覚像と同様に、明らかとはならない。というのは、もろもろの感情が、強度を減少することによって、どうして知覚になるかがわからなければ、まず知覚として与えられた同じ現象が、どうして強度の増大によって感情になるかも、やはりわからないからである。痛みには、積極的で能動的ななにものかがあって、これは一部の哲学者のいうように、痛みは不明瞭な知覚であるといっても、十分に説明したことにはならない。しかし、この点はまだ主要な困難ではない。刺激が徐々に増して行くと、知覚が、ついには痛みに変わるということ、このことに疑問の余地はない。しかしまた、この変化が、ある特定の瞬間から現われることも、確かである。なぜ、この瞬間であって、他の瞬間ではないのか？　そしてまた、わたしがはじめは平然とした傍観者にすぎなかった現象が、突然、わたしにとって切実な関心事となる特別な理由はなにか？　このように、この仮説では、なぜ、ある特定の瞬間に、同一現象の強度の減少が、この現象に広がりと明白な独立性を与えることになるのかも、またどうして、強度の増大が、他ならぬある瞬間に、痛みと呼ばれる新しい特性、積極的な行動の源泉を生み出すのかも、理解できないのである。

33† それでは、わたしたちの仮説に帰って、感情が、どうしてある特定の瞬間に、イマージュから生じなければならないかを示すことにしよう。わたしたちはまた、広がりをもつ知覚から、広がりがないと思われている感情に、どのように移行するかも、理解できるであろう。しかし痛み本来の意味について、いくつかの予備的考察をしておかなければならない。

34 アメーバの突起のどれかに異物が触れると、この突起は収縮する。したがって、この原形質のかたまりは、そのどの部分も、同じように刺激をキャッチして、これに反応することができ、知覚と運動は、ここでは収縮性という、ただひとつの特性のなかに混じり合っている。しかし、生物が複雑になるにつれて、分業が生じ、もろもろの機能が分化してくる。こうして形成される解剖学的要素は、その独立性を失って行く。わたしたち人間のような生物体では、いわゆる感覚線維は、もっぱら刺激を中枢部に伝える任務を負わされており、刺激はこの中枢部から、運動性の諸要素に伝えられることになる。したがって感覚神経線維は、自分の運動は放棄して、先端の見張り役として、身体全体の運動に協力しているようにみえる。しかし、これらの感覚神経線維は、孤立しながらも、身体全体を破壊する恐れのある原因と、同じ原因にさらされていることに変わりはない。そして身体のほうは、危険を逃れたり、損傷を修復するための運動の能力をもつのに対して、感覚神経要素のほうは、分業の結果、やむをえず相対的不動を保たざるをえない。ここから痛みが生じる。この痛みは、わたしたちの見るところ、損傷を受けた要素が、事態を回復しようとする努力——感覚神経における一種の運動衝動——にほかならない。したがって痛みはすべて、ある種の努力、それも、むなしい努力であるにちがいない。痛みはすべて、局部的な努力であり、努力のこの孤立そのものが、この努力の空しいことの原因である。なぜなら、生物体は、その諸部分が相互依存関係にあるために、もはや全体の動作にしか向かなくなっているからである。また、まさに努力が局部的であるから、痛みは、生物がさらされている危険に、まったく釣り合わないのである。危険が致命的であるのに、痛みが軽いこともあるし、痛みが（歯痛の場合のように）耐えがたくても、危険は取るに足りない場合もある。したがって、痛みが生じる特定の瞬間があるし、また、なければならない。それは、身体の問題の部分が、刺激を受け入れないで、刺激を突き返すときである。したがってまた、知覚と感情を区別するのは、たんなる度合いの違いではなく、本性の違いなのである。

35　ところで、わたしたちは身体を、一種の中心とみなして、周囲のもろもろの対象が、この身体におよぼす作用は、この中心から、これら周囲の対象に反射される、そしてこの反射が、すなわち外界の知覚であると考えてきた。しかしこの中心は、数学的な点ではない。この中心は身体（すなわち物体）であって、自然界のすべての物体と同様、自分を解体する恐れのある外部のもろもろの原因からの作用に、さらされている。わたしたちはいま、身体が、これらの原因からの作用に、抵抗するのを見た。身体は、外からの作用を、たんに反射するだけではない。身体は闘い、こうしてこの作用のあるものを吸収する。ここに感情の起源がある。したがって、比喩的には、知覚が、身体の反射力の強さを示すとすれば、感情は、身体の吸収力の強さを示すといえるであろう。

36　しかし、これは比喩にすぎない。事態をさらによく見て、感情がなければならないことが、知覚そのものの存在から出てくることを、よく理解しなければならない。知覚は、わたしたちの理解するところでは、事物におよぼしうるわたしたちの行動、したがってまた逆に、わたしたちにおよぼしうる事物の作用を示している。身体の行動能力（神経組織のより高度な複雑化によって象徴される行動能力）が増大すればするほど、知覚がおよぶ領域もますます拡大して行く。したがって、わたしたちの身体と知覚される対象を隔てている距離が、まさしく、なんらかの危険の切迫度の大小や、なんらかの期待の実現時期の遠近を示している。したがってまた、わたしたちの身体以外の対象の知覚、身体からある間隔で隔てられている対象の知覚は、場合によっては起こりうる作用以外のものを決して表わしてはいない。しかし、この対象とわたしたちの身体との距離が減少するにつれて、いいかえると、危険が切迫したり、あるいは期待が間近になるにつれて、この起こりうる作用は、ますます現実の作用に変わろうとする。いま、極限に達して、この距離が0《ゼロ》になったとしよう。すなわち、知覚対象とわたしたちの身体とが合致して、ついには、わたしたち自身の身体が知覚対象になった場合を想定してみよう。この場合、このまったく特殊な知覚が表わしているのは、もはや起こりうる作用ではなくて、現実の作用であろう。感情とは、まさしくこれである。したがって、わたしたちの感情的感覚と、わたしたちの知覚の関係は、わたしたちの身体の現実の行動と、この身体に場合によっては起こりうる行動の関係に等しい。身体に起こりうる行動は、身体以外の諸対象にかかわり、身体以外の諸対象において現われる。身体の現実の行動は、身体そのものにかかわり、したがって身体そのものに現われる。要するに、すべてはあたかも、現実の作用と、潜在的作用が、その作用点や、その出発点に、文字どおり実際に戻ることで、外界のイマージュは、わたしたちの身体によって、周辺の空間のなかへ反射され、また現実の作用は、この身体によって、身体そのものの内部にとどめられるようにみえるであろう。これゆえ、わたしたちの身体の表面、すなわち、外部と内部の共通の境界は、知覚されると同時に、感じられもする、空間の唯一の部分なのである。

37 要するに、わたしの知覚が、わたしの身体の外部にあるのに対して、わたしの感情は、わたしの身体の内部にある。わたしが外界のもろもろの対象を知覚するのは、それらの対象が存在する場所で、それらの対象においてであって、わたしの内部においてではないのと同様、わたしのもろもろの感情的状態は、これらの状態が生じる場所で、すなわち、わたしの身体の特定の場所で感じられるのである。物質の世界と呼ばれる、もろもろのイマージュの体系を考えてみよう。わたしの身体は、これらのイマージュのうちのひとつである。この身体のイマージュのまわりに、知覚像、すなわち、この身体のイマージュが状況しだいで他のイマージュにおよぼしうる影響力が配列されている。このイマージュの内部には、感情、すなわち、このイマージュ自身における現実の努力が生じる。まさにこのような区別が、実際にわたしたち各自が、イマージュと感覚のあいだに、きわめて自然に設けている区別なのである。イマージュが、わたしたちの外部にあるというとき、わたしたちがいいたいのは、そのイマージュが、わたしたちの身体の外部にあるという意味である。感覚を内部状態として語るとき、わたしたちがいいたいのは、この感覚は、わたしたちの身体の内部で生じるという意味である。それゆえわたしたちは、知覚されているイマージュの全体は、わたしたちの身体が消滅しても、存続するのに対して、わたしたちの身体を消滅させれば、わたしたちのもろもろの感覚も消滅せざるをえない、と断言できるのである。

38†　ここからしてわたしたちは、わたしたちの純粋知覚の理論に、第一の修正を加えなければならないことに気づく。わたしたちはこれまで、わたしたちの知覚は、もろもろのイマージュ自体から分離したままのこれらイマージュの一部であり、わたしたちの身体におよぼしうる対象の作用、あるいは、対象におよぼしうるわたしたちの身体の作用を表わすこの知覚は、対象全体から、わたしたちに利害のある側面を分離しただけのものであるかのように論を進めてきた。しかしながら、わたしたちの身体は、空間における数学的な点ではないこと、身体が行ないうる作用には、現実の作用が混じってしみ込んでいること、いいかえると、感情を伴わない知覚はないことを考慮しなければならない。感情はしたがって、わたしたちが自分の身体の内部から、外界のもろもろの物体のイマージュに混入させているものなのである。したがって感情は、イマージュの純粋さを取り戻すためには、知覚から、まず取り除かなければならなかったわけである。しかし、心理学者は、知覚と感覚——作用の可能性にすぎないものと、現実の作用を含むもの——に、本性の違い、機能上の違いを認めないから、もはや知覚と感覚に、ただ度合いの違いしか見いだすことができない。感覚は（漠然とした努力感を含んでいるので）漠然としか位置づけられない。このことからただちに心理学者は、感覚は広がりがないものだと言明し、つぎに感覚というもの一般を単純な要素にして、この単純な要素を組み合わせることによって、わたしたちは外界のイマージュを得ると主張する。しかしじつは、感情的感覚は、知覚像が構成される素材などではなく、むしろ知覚に混入される混ざり物なのである。

39　わたしたちはこの点で、感覚は広がりのないもの、知覚はもろもろの感覚を寄せ集めたもの、と交互に心理学者に思わせるように導く誤りを、その発端においてとらえることができるのである。この誤りはさらに、後に見られるように、空間の役割や、広がりの本性についての、間違った考え方からくる議論でますます強化される。しかしそれ以外にも、この誤りは、いくつかの事実の間違った解釈とも結びついているので、これからその事実を検討することにしたい。

40　その第一は、感情的感覚を身体のある場所に特定できるようになるには、実際の練習が必要だと思われる点である。子供がちくりと刺された皮膚の正確な点を指でさせるようになるには、ある程度の時間が必要である。この事実には、異論の余地はない。しかし、この事実から結論できることは、刺された皮膚の痛みの印象を、腕や手の運動をコントロールする筋肉感覚の印象と結びつけるには、試行錯誤が必要だということだけである。わたしたちのもろもろの内部感情は、わたしたちの外部の知覚と同じように、異なった種類に分かれている。これらの種類も、知覚の種類と同じように不連続で、間隙《かんげき》によって隔てられている。そしてこの間隙を、練習が埋めて行く。だからといって、おのおのの種類の感情に、一種の直接的位置づけ、その感情に固有の場所的色合いがないということには、決してならない。さらにいうなら、感情が、このような場所的色合いをはじめから持っていないなら、あとでそれを獲得するということは、決してないであろう。というのは、練習でできることといえば、それは現在の感情的感覚に、これと関係しうるある視覚や触覚の観念を結びつけて、こうしてある特定の感情が、同じく特定の視覚あるいは触覚のイマージュを呼び起こすことだけだからである。したがって、この感情そのもののうちに、この感情を、同一種類の他のもろもろの感情から区別し、この感情を他ならぬ、とくに関係しうる視覚や触覚に与えられているものと結びつけさせる、なにものかがあるはずなのである。ところで、このことは結局、感情が最初から、ある空間的位置づけをもっているということではないだろうか？

41　さらに引き合いに出されるのは、間違った位置づけ、手や足を切断されたひとの錯覚である（もっとも、これはあらためて検討する必要があるであろう）。しかし、この事実から結論できることは、いったん習熟したことは残っているということ、そして記憶力からくるもののほうが、実生活においては、直接意識されているものより有用であるから、これに取って代わるということ以外ではないであろう。わたしたちは行動のために、感情として経験しているものを、これに応じうる視覚、触覚、筋肉感覚に翻訳することがどうしても必要である。そしていったんこの翻訳が出来上がると、原文のほうは色あせてしまう。しかし、はじめに原文が置かれていなかったならば、そして感情的感覚が、最初からそれ自身の能力だけで、それ自身独自の仕方で位置づけられていなかったならば、翻訳は決してなされなかったであろう。

42 しかしながら、心理学者は、このような常識の見解を、なかなか受け入れようとはしない。心理学者の見方によれば、知覚が、知覚される事物のなかに存在しうるのは、事物が知覚する場合だけであるのと同様、感覚が、神経のなかに存在しうるのは、神経が感覚する場合だけである。ところで、神経は、明らかに感覚しない。そこで感覚を、常識がこれを位置づける場所から取り上げ、引き離して、神経よりもっと関係のありそうな脳へと近づけて行き、こうして当然の帰結として、ついには脳に感覚を置くことになる。しかし、すぐに気がつくように、感覚が、それが生じると思われる場所にないなら、それ以外の場所にはなおさらありえない。神経のなかにないなら、脳のなかにもやはりないであろう。というのは、脳から末梢への感覚の投射を説明するためには、なんらかの力が必要であり、この力を、多少とも能動的な意識に付与しなければならなくなるからである。そこでさらに先へ進み、もろもろの感覚を脳中枢にまで集結させたら、これらの感覚を脳の外へ、同時に空間の外へ押し出してしまわなければならないであろう。こうしてまったく広がりのない諸感覚と、他方、これらの感覚と無関係な虚空間が想定され、これらの感覚は、この虚空間に投影されるという。つぎにこの広がりのない諸感覚が、どのようにして広がりを獲得するか、空間的位置づけをもつために、他のいずれでもない特定の空間点を、どのようにして特別に選ぶかをわたしたちに理解させようとして、懸命にあらゆる種類の努力を傾けるであろう。しかし、この学説はたんに、広がりのないものがどのように広がって行くかを、わたしたちに明示できないだけではない。この学説はまた、感情も、広がりも、知覚像も、説明できないものにしてしまう。この学説は、もろもろの感情的状態を、それぞれ絶対的なものとして前提せざるをえないであろうが、わたしたちには、このようなものがなぜ、ある特定の瞬間に意識のなかに現われたり消えたりするのか、理解できない。感情から知覚像への移行ということも、やはり不可解な神秘に覆われたまま残るであろう。なぜなら、くり返しになるが、単純で広がりのない内的諸状態のなかには、これらが空間内で、整然としたある特定の規則性をとくに取り入れる理由が、まったく見いだせないからである。こうして結局、知覚像そのものも、ある絶対的なものとして置かれざるをえないことになるので、わたしたちには、その起源も目的も、わからないのである。

43† これとは逆に、知覚像そのものから、すなわち、知覚されているイマージュの全体から出発するなら、事態は明瞭になる。純粋状態におけるわたしの知覚、記憶力のはたらきから切り離したわたしの知覚は、わたしの身体から、他のもろもろの物体へと進むのではない。わたしの知覚は、まずもろもろの物体全体のなかにあり、ついで徐々に限定されてきて、わたしの身体を中心として取り入れるようになる。それにまた、わたしの知覚が、自分の身体を中心とするにいたるのは、まさに行動を行ない、感情を感じるという、この身体がもつ二重の能力の経験、要するに、すべてのイマージュのなかで特別なあるイマージュがもつ、感覚-運動能力の経験からにほかならない。実際、一方でこのイマージュは、つねに知覚像の中心を占めており、他のもろもろのイマージュは、このイマージュのまわりに、このイマージュの作用を受けやすい順序で配列される。他方わたしは、このイマージュの内部、内側を、わたしが感情的と呼ぶもろもろの感覚によって感じ取っており、他のイマージュに対する場合のように、たんにその表面の皮膜を知るだけではない。したがって、イマージュ全体のなかには、たんにその表面だけではなく、その深い内面からも感知される特別なイマージュ、感情の座であると同時に、行動の源泉でもあるイマージュがある。わたしはこの特殊なイマージュを、わたしの宇宙の中心とし、また、わたしという人間の物質的基盤にしているのである。

44 しかし、さらに先に進んで、個人と、個人が身を置いている、もろもろのイマージュとの正確な関係を明確にするまえに、これまで《純粋知覚》について素描してきた理論を、通常の心理学の分析と対比しながら、簡単にまとめておくことにしよう。

45 説明を簡単にするために、これまでも例として選んだ視覚に立ち帰ってみよう。一般に前提されるのは、網膜の錐体と桿体が受けた印象に対応する、もろもろの要素的感覚である。これらの感覚によって、視覚像を再構成しようというわけである。しかし第一に、網膜は、ひとつではなく、二つ存在する。したがって、別々のものと考えられる二つの感覚が、どのようにしてただひとつの知覚像に融合して、わたしたちが空間の一点と呼ぶものに対応することになるのか、説明しなければならないであろう。

46 この問題は、解決されたとしよう。ここで諸感覚とされているのは、広がりのないものである。広がりがないとされるこれらの感覚が、どのようにして、広がりを受け入れるのだろうか？　空間の広がりというものは、もろもろの感覚を受け入れる準備がすっかりできた枠組みだとするにせよ、意識内では相融合することなく共存している諸感覚が、ただ同時に並置されて存在する結果だとするにせよ、いずれの場合も、広がりとともに、なにか説明のできない新しいものが導入されることになる。そして、感覚が広がりに行き着く過程も、各要素的感覚による空間の特定点の選択ということも、説明されないまま残ることになるであろう。

47　この難点は黙認し、視覚の広がりが構成されたとしよう。この視覚の広がりが、こんどは触覚の広がりと、どのように結びつくのだろうか？　空間内で、わたしの視覚が認めるものはすべて、わたしの触覚でも確かめられる。あるいはひとは、もろもろの対象は、まさに視覚と触覚の共同によって構成されるのであり、知覚においてこの二つの感覚が合致することは、知覚される対象が、この二つの感覚の共同作品だという事実によって説明される、といわれるだろうか？　しかし、要素的な視覚と触覚との間に、性質という観点からみて、共通のものはなにも認められないであろう。この両者は、二つのまったく異なる種類に属しているのであるから。したがって、視覚の広がりと、触覚の広がりとの一致は、ただ、視覚の諸感覚の領域と、触覚の諸感覚の領域との平行関係によってしか、説明することができない。こうしてわたしたちは、視覚の諸感覚のほかに、また触覚の諸感覚のほかに、この両者に共通で、したがって両者と独立でなければならない、ある領域を想定せざるをえなくなる。さらに先に進んでみよう。この領域は、わたしたち個人の知覚とも独立である。というのは、この領域は、すべてのひとに同じように現われて、結果は原因に結ばれ、もろもろの現象が法則に従う物質の世界を構成するからである。こうして結局わたしたちは、わたしたちとは独立の客観的領域、すなわち、感覚とは区別された物質の世界、という仮説に導かれたわけである。

48　こうして先へ進むにつれて、説明できない事柄を増加させ、出発点にあった単純な仮説を肥大させてしまった。しかしこれによって、なにか得るところがあっただろうか？　わたしたちがいま到達した物質が、諸感覚相互の驚くべき一致を、わたしたちに理解させるのに不可欠だとしても、わたしたちはこの物質については、なにひとつ知ることができないのである。というのは、この物質には、知覚されるすべての性質とすべての感覚を認めてはならないわけだし、この物質はただたんに、これら性質相互、感覚相互の一致を説明するためだけのものだからである。したがってこの物質は、わたしたちが知っているいかなるものでもないし、わたしたちが想像しているいかなるものでもなく、またそのようなものではありえないのである。この物質は、どこまでも神秘的存在の状態のまま残ることになる。

49　しかしまた、わたしたち自身の本性、わたしたち個人の役割と目的も、やはりたいへんな神秘に覆われたままである。いったい、広がりのない要素的諸感覚が、どこから来て、どのようにして生まれ、何の役に立つために、空間に展開して行くのだろうか？　これらの要素的感覚は、そのそれぞれを絶対的なものとして想定せざるをえないが、わたしたちにはその起源も、目的も、理解できないのである。それにまた、わたしたちの各自に、精神と身体を区別しなければならないとしても、わたしたちは身体についても、精神についても、また両者が保っている相互関係についても、なにも知ることができないのである。

50† それでは、わたしたち自身の仮説はいかなるものであり、上述の仮説と、どの点ではっきり分かれることになるのであろうか？ わたしたちは、感情から出発することはしない。感情には、なぜこれが他ならぬ現にあるようなものでなければならないかという理由が、まったくないので、なにもいうことができないからである。わたしたちが出発するのは感情ではなく、行動、すなわちわたしたちのもつ、もろもろの事物に変化をもたらす能力、意識が証言し、生物体のあらゆる機能が集中しているとみられる能力からである。こうしてわたしたちは、広がりをもつもろもろのイマージュの集合体のなかに一挙に身を置き、この物質の世界のなかに、まさに生命の特質である非決定の中心を認める。これらの中心から行動が出てくるためには、他のイマージュからの運動あるいは影響が、一方で受け取られ、他方で利用されなければならない。生物は、もっとも単純な形態で均質未分化な状態でも、栄養を取って身体を回復させると同時に、すでにこのはたらきを行なっている。生物の進歩発展とは、この二重のはたらきを、二種類の器官に分配することである。そのひとつは、栄養摂取器官と呼ばれるもので、第二の器官を維持する役割を果たす。この第二の器官のほうは、行動するための器官で、これは単純なかたちでは、末端と末端を結ぶ神経要素の連鎖であり、その一方の末端で外界からの印象を受け取り、他方の末端で運動を行なう。したがって、再び視覚の例に帰ってみるなら、錐体と桿体の役割は、ただ振動刺激を受け入れるだけであり、この刺激がつぎに、実際の運動、あるいは発生状態の運動に組織される。いかなる知覚像も、ここから生じることはできないし、神経組織内のどこにも、意識の中枢は存在しない。知覚が生じるのは、この神経要素の連鎖やこれを維持する器官、そして生命一般を生み出したのと、同じ原因からなのである。知覚は、生物の行動力、すなわち、受けた振動刺激に続く運動あるいは行動の、非決定の度合いを表わしているのである。この非決定は、すでに述べたように、わたしたちの身体を取り巻くイマージュの、それらイマージュ自身への反射として、というよりむしろ、それらイマージュを区分するはたらきとして現われる。そしてまた、運動を受けたり、阻止したり、伝えたりしている神経要素の連鎖は、まさしくこの非決定の座であり、この非決定の度合いを示すものであるから、わたしたちの知覚は、これら神経要素そのもののすべての細部に従うであろうし、したがって、これら神経要素そのもののすべての変化を表現しているようにみえるであろう。かくて、わたしたちの知覚は、純粋状態においては、文字どおり事物に属しているのである。また、本来の意味での感覚も、意識の奥底からひとりでにわき出てきて、弱まりながら空間に広がって行くようなものではなく、わたしたち各自が自分の身体と呼んでいるこの特殊なイマージュが、これに影響をおよぼすもろ

(67)

もろのイマージュの真ん中で、どうしても受けざるをえない局所的変化と一致するのである。

51　以上が、わたしたちが外界の知覚について述べた理論の、図式的な要約である。これは、純粋知覚論と呼ぶことができるであろう。この見解が正しいとすると、知覚におけるわたしたちの意識の役割は、わたしたちにではなく、むしろもろもろの事物に属する絶え間ない一連の瞬間的ヴィジョンを、記憶力の連続的な糸で結びつけることに限られる。それに、わたしたちの意識が、外界の知覚において、おもにこの役割をもっていることは、生物体の定義そのものから、ア・プリオリに導き出すことができる。というのは、この生物体が、刺激を受け取って、この刺激を予見できない反作用に組織することを目的としてもっているとすると、この反作用の選択もやはり、でたらめになされるはずはないからである。この選択は、明らかに過去の経験からヒントを得ており、反作用が、類似の状況が残した記憶を呼び起こさないで行なわれることはない。したがって、実行すべき行動の非決定が、純粋な気まぐれと同一視されるべきでないとすれば、知覚されたイマージュの保存が必要なのである。わたしたちが未来にはたらきかけるためには、これと等しく対応する過去への視野をもたなければならず、わたしたちを前へ前へと突き動かす活動力は、その背後に空隙《くうげき》を生み、ここに、もろもろの記憶がなだれ込んでくる。したがって記憶力のはたらきとは、わたしたちの意志の非決定の、認識の領域への波及であるといえるであろう。――しかしながら、記憶力の活動は、この表面的な考察から推測されるよりも、はるかに遠く、また深くにおよんでいる。いまや知覚のうちに、記憶力のはたらきを回復させ、これによってわたしたちの結論が行き過ぎたかもしれない点を修正し、こうして意識と諸事物、精神と身体の接点を、いっそう明確に規定しなければならない。

52　最初に述べておきたいことは、記憶力のはたらき、すなわち、過去のもろもろのイマージュの残存を考慮に入れるなら、これらのイマージュは、絶えず現在のわたしたちの知覚に混入し、この知覚に取って代わることさえある点である。というのは、過去のイマージュが保存されるのは、ただ役に立つためだけだからである。過去のイマージュは、現在の経験を、既得の経験で絶えず補うことによってこれを豊かにする。そしてこの過去の経験は絶えず増大して行くので、ついには現在の経験をすっかり覆って、これを埋没させてしまう。わたしたちの外界の知覚が展開する基盤である現実の直観、基底にあるいわば瞬間的な直観は、わたしたちの記憶力がこれに付加するもの全体と比較すれば、わずかなものであることは疑いのないことである。過去の類似のもろもろの直観の思い出は、現実の直観そのものより有用であるというまさにその理由から、いいかえるとこの思い出は、わたしたちの記憶力のなかで、後続の出来事の系列全体と結びついていて、わたしたちがなすべき決断をよりよく照らすことができるから、この記憶が現実の直観に取って代わり、現実の直観の役割はもはや——後ほど証明するように——ただこの記憶を呼び起こし、これを具体化して、この記憶を活動的、すなわち現在的なものとするにすぎない。したがってわたしたちが、知覚像と知覚対象との一致は、事実上の一致というより、むしろ理論上の一致だといったのは、正しかったわけである。それゆえ考慮しなければならないことは、知覚するとは結局、過去のイマージュを想起するきっかけにすぎないということ、わたしたちは実在感の度合いを、実際には有用さの度合いで測っているということ、そして最後に、実在そのものと根本においては一致している直接的直観は、これを実在からのたんなる合図だとしておくほうが、わたしたちにはきわめて有用だという点である。ところで、わたしたちはここで、知覚というものは、わたしたち個人の奥底から引き出された広がりのない諸感覚が、外に投影されて空間で展開されたものだとするひとたちの誤りを見いだす。彼らは、わたしたちの完全な知覚が、わたしたち個人に属するイマージュ、外在化された（要するに思い出された）イマージュで満たされていることは、苦もなく証明する。ただ彼らは、この知覚には、非個人的な基盤があって、ここで知覚と知覚対象が一致していること、そしてこの基盤は、外界そのものだということを忘れているのである。

53† 心理学から形而上学にまで遡及して、ついには身体についても、精神についても、わたしたちの認識をとざしてしまう重大な誤り、それは、純粋知覚と記憶に、本性の違いを認めず、強度の違いしか認めないという誤りである。わたしたちの知覚は、たしかにもろもろの記憶に浸透されているが、逆に記憶のほうも、後ほど示すように、なんらかの知覚を手がかりにしてここに浸入しないかぎり、現在に再浮上することはない。したがって、知覚と記憶というこの二つのはたらきは、つねに相互に浸入し合い、一種の内部浸透現象によって、それぞれの内容の一部を交換している。心理学者のなすべきことは、この両者を区別して、そのおのおのに、本来の純粋さを回復させることである。これによって心理学や、またおそらく形而上学が引き起こしている多くの難問は、解明されるにちがいない。しかしこのことが、まったくなされていない。心理学者は、純粋知覚と純粋記憶が、いずれもさまざまな割合で混じっているこの混合状態を、単純な状態だと考えている。だから彼らは、純粋知覚と同様に純粋記憶も無視して、もはやただ一種類の現象しか認めることができず、この一種類の現象を、このなかで二つの側面のどちらが優勢であるかによって、あるときは記憶と呼び、またあるときは知覚と呼ぶ。したがって、知覚と記憶に、ただ度合いの違いだけを認めて、もはや本性の違いを認めることができなくなるのである。この誤解からくる第一の結果は、やがて詳細に見られるように、記憶力の理論を根本的に損なってしまうことである。というのは、記憶がより弱い知覚だとすると、過去を現在から区別する本質的な違いが見落とされてしまって、再認の諸現象や、より一般的に、無意識の構造が理解できなくなるからである。しかしまた、記憶をより弱い知覚だとしたのであるから、逆に知覚には、もはやより強い記憶しか認めることができなくなる。知覚はあたかも、記憶と同じように、ひとつの内的状態として、たんなるわたしたち個人の内面の変化として、わたしたちに与えられているかのように考えられている。知覚本来の基本的なはたらき、すなわち、純粋知覚を構成し、わたしたちが諸事物のうちに一挙に身を置くはたらきが、見落とされているのである。そしてこの同じ誤り、すなわち心理学において、記憶力の機構を説明するのに根本的な無力となって表われる同じ誤りが、形而上学に入り込み、物質についての観念論と実在論の考え方に、深く浸透しているのである。

54　実際、実在論の立場では、自然現象がもつ不変の秩序は、わたしたちの知覚そのものとは別の原因をもつと考える。そしてこの別の原因は、どこまでも認識不可能であるか、形而上学的構築の（程度の差はあれ、つねに独断的な）努力によって到達できるかの、いずれかである。これに対して、観念論者の立場では、この知覚が、実在のすべてであって、自然現象の不変の秩序は、現実の知覚とは別に、わたしたちが起こりうる知覚を表現する記号にすぎないと考える。しかし、実在論にとっても、観念論にとっても、知覚とは《真実と一致している幻覚》であり、主体の外に投影された主体の状態である。この二つの学説が異なるのはただ、観念論では、この主体の状態が、実在を構成するとしているのに対して、実在論では、この主体の状態は、実在と合流しに行くとしている点だけである。

55 しかしこの錯覚は、さらに認識論一般におよぶ、もうひとつ別の錯覚を含んでいる。すでに述べたように、物質の世界を構成しているのは、もろもろの物体、あるいは、こういってよければ、もろもろのイマージュであり、これらのすべての部分が、運動によって互いに作用反作用し合っている。そして、わたしたちの純粋知覚を構成するのは、これらのイマージュの真っただ中に浮かび上がっている、わたしたちの発生状態の行動である。したがって、わたしたちの知覚がもつ現実感は、この知覚のもつ発動性、すなわち、この知覚を受け継いで生じる運動にあるのであって、知覚のほうが記憶より強烈だということにあるのではない。過去は、観念にすぎないが、現在は、観念-運動的なのである。しかしこの点を、ひとはどうしても認めようとしない。その理由は、ひとびとは知覚を、一種の静観とみなしているからであり、知覚はつねに純粋に観察することを目的としているもの、なにか利害を離れた知識を目指すものと考えたいからである。あたかも、知覚を行動から切り離して、知覚と実生活とのつながりを断ち切っても、知覚が説明もできないし、無用なものともならないかのように！　しかしこれによって、知覚と記憶のすべての相違は消し去られてしまうことになる。というのは、過去は本質的にもはや現にはたらいているものではないのに、過去のこの特性を見落としてしまうと、これを現在、すなわち、現にはたらいているものと、まったく区別できなくなってしまうからである。こうなると、知覚作用と記憶力の間には、たんに度合いの違いしかありえないことになり、知覚作用においても記憶力においても、主体は自分自身の外に出ることはできないことになる。これに対してわたしたちは、知覚のもつ本来の性格を回復し、純粋知覚に発生状態における一連の行動を認め、これは現実の世界に深く根を下ろしているといいたい。この知覚は、記憶とは、根本的に異なる。もろもろの事物の実在性は、もはや構成されたり、再構成されたりするものではなく、触れられ、浸透され、体験されるものとなるであろう。こうして、観念論と実在論が争っている問題は、はてしない形而上学的論争を続ける代わりに、直観によって一挙に解決されなければならないであろう。

56　しかし、ここからまたわたしたちは、精神によって構成されたもの、あるいは再構成されたものしか物質に認めない観念論と実在論に対して、両者の中間の立場をとるべきだということを、はっきり知ることができる。実際、わたしたちの知覚がもつ主観性は、おもに記憶力のはたらきによるとする、わたしたちが置いた原則を最後までたどってみると、物質の感覚的諸性質そのものは、かりにこれらの性質を、わたしたちの意識に固有の持続がもつ特殊なリズムから引き離すことができるとすれば、物質自身において、もはや外からではなく、その内部から知ることができるといえるであろう。実際、わたしたちの純粋知覚は、これをどれほど素早いものと考えるにせよ、ある一定の持続の厚みをもっており、したがってわたしたちが相次いでつぎつぎにもつ知覚像は、これまで想定してきたように、事物の現実の諸瞬間では決してなく、むしろわたしたちの意識の諸瞬間なのである。外界の知覚における意識の理論上の役割は、現実の世界のもろもろの瞬間的ヴィジョンを、記憶力の連続的な糸で互いに結びつけることだ、とわたしたちはいった。しかし実際には、わたしたちに瞬間というものは決してない。わたしたちが瞬間と呼ぶもののなかには、すでにわたしたちの記憶力のはたらき、したがってわたしたちの意識のはたらきが入っており、このはたらきが、際限なく分割できる時間のできるだけ多くの瞬間を相互に浸入させ、これらの多くの瞬間を、比較的単純な直観内でとらえているのである。それでは、もっとも厳格な実在論が解するような物質と、わたしたちがもつ物質の知覚には、結局どこに違いがあるのだろうか？　わたしたちの知覚は、宇宙を、生彩ある一連の絵として示す。しかし、この絵は不連続であって、わたしたちの現在の知覚から、現在以後の知覚を導き出すことはできない。なぜなら、感覚的諸性質全体のうちには、これらがどのような新しい性質に変化して行くかを予見させるものが、なにもないからである。これに対して、実在論が一般に想定する物質は、ある瞬間からつぎの瞬間へ、数学的に導き出せるような仕方で変化する。たしかに、この物質と、その知覚像とのあいだに、科学的実在論は接点を見いだすことはできない。なぜなら、科学的実在論は、この物質を、等質的変化として空間に展開させ、他方、その知覚像のほうは、広がりのない諸感覚として意識に閉じ込めてしまうからである。しかし、わたしたちの仮説が正しいとすると、知覚と物質が、どのように区別され、どのように一致するかは、容易に理解できるであろう。宇宙についてわたしたちがつぎつぎにもつ知覚の異質性は、これらの知覚のおのおのが、それ自身、持続のある厚みをもって展開されていること、記憶力のはたらきがここで莫大な数の振動を濃縮しているので、これらの振動は継起的であるのに、わたしたちにはすべての振動がひとつにまとまって見えるところからきているのである。分割されていないこの時間の厚みを、理想的に分割し、このなかに必要なだけ多くの瞬間を区別すれば、要するに記憶力のはたらきをすべて排除すれば、知覚から物質に、主体から客体に移行できるであろう。このとき物質は、広がりをもつわたしたちの感覚が、より多くの瞬間に分けられて行くにつれて、ますます均質的になって、実在論のいう一連の等質的振動に、限りなく近づいて行くであろう。とはいえ、このような等質的振動と完全に一致することは、決してあるまい。一方に、知覚されない運動をもつ空間を置き、他方に、広がりのない感覚をもつ意識を置く必要は、まったくない。むしろ逆に、広がりのある知覚において、主体と客体が、まず結合している。そして知覚のもつ主観的側面は、記憶力のはたらきによる濃縮作用からくるし、また物質の客観的実在性は、この知覚が内部的に分割された多数の継起的振動と一致する。少なくともこれが、この研究の最後の部分で、わたしたちが引き出そうとしている結論である。いいかえると、主体と客体、および両者の区別と結合に関する諸問題は、空間との関係ではなく、時間との関係で提出されなければならない。

57† しかし、わたしたちが《純粋知覚》と《純粋記憶力》を区別することには、もうひとつ別の目的がある。純粋知覚は、物質の本性についての情報を与えるものであるから、これによってわたしたちは、実在論と観念論の中間の立場を取ることができるとすれば、他方、純粋記憶力のほうは、精神と呼ばれるものへの展望を開くことによって、唯物論と唯心論という、別の二つの学説の争いに決着をつけてくれるにちがいない。問題のまさにこの側面を、わたしたちはまず、つぎの第Ⅱ章Ⅲ章で考察しようと思う。なぜなら、この側面からすれば、わたしたちの仮説の、いわば実験的検証が可能だからである。

58 実際、純粋知覚についてのわたしたちの結論を要約すると、つぎのようにいうことができる。物質には、現に与えられている以上のなにものかがあるが、しかし、それと異なったものがあるのではない。たしかに、意識された知覚は、物質全体には達しない。意識されるかぎりでの知覚とは、この物質のなかで、わたしたちのさまざまな欲求に関係する部分を、分離あるいは《区分》することだからである。しかし、物質についてのこの知覚と、物質そのものには、程度の違いがあるだけで、本性の違いはない。純粋知覚と物質の関係は、部分と全体の関係だからである。つまり物質は、わたしたちが物質に認めている能力とは別の種類の能力をはたらかせることはできない。物質は神秘的な能力をもってはいないし、秘めておくこともできない。具体的な一例、しかもわたしたちにもっともかかわりのある例を取ってみるなら、神経組織という、ある特定の色、抵抗、凝集力等々の性質を示している物体は、おそらく未知の物理的特性をもつであろうが、しかしただ物理的特性をもつにすぎない。したがって神経組織の役割は、運動を受け取ること、阻止すること、あるいは伝達することでしかありえない。

59　ところが、あらゆる唯物論の本質は、この逆を主張することにある。というのは、唯物論は、意識と意識のはたらきのすべてを、ただもろもろの物質要素の運動のみから生じさせようとしているからである。ここからしてすでに唯物論は、知覚されている物質の諸性質そのもの、感覚されうる、したがって現に感覚されている諸性質を、それぞれ知覚活動における脳内現象の跡をたどる燐光とみなさざるをえないことになる。意識のこれらの基本的事実を生み出しうる物質は、さらに最高度の知的諸事実であっても、同様に生み出すことができるであろう。したがって、感覚的諸性質の完全な相対性を主張することが、唯物論の本質に属しているのであるから、デモクリトスが明確な表現を与えたこの主張は、唯物論と同様に古くから存在していることになる。

60　ところで、奇妙なことに唯心論も眩惑《げんわく》されて、いつも唯物論の後についてこの道をたどってきたのである。唯心論は、物質から奪ったすべてのもので精神を豊かにできると信じて、物質がわたしたちの知覚において示しているさまざまな性質を、まったくためらうことなく物質からはぎ取ってしまった。したがってこれらの性質は、いずれも主観のあらわれだということになるであろう。こうして唯心論は、物質を、ほとんどいつも不可解な観念的存在としてしまったが、わたしたちがこの存在について知るのは、もはやその空虚な仮象だけなのであるから、この存在は、思考の諸現象も、他の諸現象と同様に生み出すことができるということにもなるであろう。

61　じつは、唯物論を反駁する手段が、ひとつ、それも、ただひとつだけある。それは、物質は、まさしく現われているとおりに存在していることを明らかにすることである。これによって、物質から、すべての潜在的なもの、すべての隠れた能力は排除されるし、また精神の諸現象は、物質とは独立の実在となるであろう。しかしそのためには、唯心論者と唯物論者が、ともに物質から切り離してしまうもろもろの性質、すなわち、唯心論者が精神の産物だとしている諸性質、唯物論者が物質空間にたまたま現われた仮現象としてしか認めない諸性質を、物質に残したままにしておかなければならない。

62 これはまさに、物質に対する常識の態度であり、それゆえ常識は、精神の存在を信じているのである。哲学はここで、常識の態度を採用すべきである、とわたしたちは思う。ただし、ただ一点において、常識の見解は修正されなければならない。知覚は、実際には、記憶力のはたらきと不可分であって、この記憶力のはたらきが、過去を現在に浸入させ、また、持続の多数の瞬間をひとつの直観内に濃縮している。したがって、記憶力のこの二重のはたらきゆえに、わたしたちは物質を、理論上は、物質において知覚しているのに、事実上は、わたしたちのうちで知覚していることになるのである。

63† まさにここから、記憶力の問題の第一義的な重要性が生じる。知覚にその主観的性格を付加しているのはおもに記憶力だとすると、物質の哲学がまず目指すべきことは、この記憶力が付加しているものを知覚から排除することだ、とわたしたちはいった。いまはこれに、つぎのことを付け加えたい。純粋知覚がわたしたちに、物質のすべて、あるいは少なくとも、物質の本質的な部分を与え、残りは、記憶力からきて、物質に付加されるのであるから、記憶力は、原理上、物質から完全に独立の能力でなければならない。それゆえ、精神がひとつの実在であるとすると、まさにこの記憶力の現象において、わたしたちは精神と、実験的に接触できるにちがいない。そしてこれによって、純粋記憶を、脳の活動から導き出そうとするいかなる試みも、根本的な間違いであることが、分析によって明らかとなるにちがいない。

64　同じことがらを、さらにはっきりしたかたちで述べよう。わたしたちは、物質が、わたしたちが知ることのできないような神秘的な能力を、なにも持ってはいないこと、物質は、本質的な点で、純粋知覚に一致することを主張したい。ここからして、一般に生物体、とくに神経組織は、運動の通路にすぎず、刺激のかたちで受け取られたこの運動は、反射的あるいは意志的な行動のかたちで伝導される、と結論できる。つまり、心像を生み出すという特性を、脳物質に与えようとしても、むだだということになる。ところで、わたしたちが精神をもっとも具体的なかたちでとらえられると主張する記憶力の現象こそ、一部の浅薄な心理学が、とかくただ脳の活動のみから引き出そうとするものであるが、それはまさに、この記憶力の現象が、意識と物質の接点にあって、唯物論の反対者でさえ、脳を記憶の貯蔵庫のように考えて、なんらの不都合も感じていないからにほかならない。しかし、もしわたしたちが、脳内の過程は、記憶力の、ほんのわずかな部分にしか対応せず、この過程は、記憶力の原因というよりは、むしろ記憶力のはたらきの結果であり、物質は、他の場合と同様、ここでもやはり運動作用を伝達するもので、認識の座ではないことを実証的に確立できるなら、わたしたちが提唱する主張は、もっとも不利と思われている実例で証明されたことになり、精神は、どうしても、物質とは独立の実在だとしなければならなくなるであろう。さらにここからまた、精神と呼ばれるものの本性や、精神と物質の相互作用の可能性が、おそらく部分的には明らかになるであろう。というのは、この種の証明は、ただたんに否定的であってはならないからである。記憶力が、いかなるものでないかを示したら、こんどは、それがいかなるものであるかを追求しなければならない。身体にただひとつ、もろもろの行動を準備するはたらきを認めたら、こんどは、なぜ記憶力が、この身体と緊密に結びついているようにみえるのか、身体的損傷が、どのように記憶力に影響をおよぼすのか、いかなる意味で、記憶力は、脳組織の状態に左右されるのかを探究しなければならない。さらにこの研究は、記憶力、および記憶力に結ばれた精神のさまざまな活動の心理学的しくみについても、明らかにしてくれるにちがいない。また逆に、純粋心理学の諸問題が、わたしたちの仮説によっていくらかでも解明されるようであれば、それによってわたしたちの仮説そのものも、確実さと堅固さを増すことになるであろう。

65　しかし、この同じ考えを、さらに第三のかたちで述べて、記憶力の問題が、わたしたちにとって、どうしてそれほど特別な問題であるかを明確にしなければならない。純粋知覚についてのわたしたちの分析から出てくること、それは、いわば方向の異なる二つの結論であって、そのひとつは、心理学を、精神生理学の方向に超え、もうひとつは、形而上学の方向に超える。したがってどちらも、直接的な検証はできなかった。第一の結論は、知覚における脳の役割に関するものである。すなわち脳は、行動のための道具であって、知覚像のための道具ではないということである。わたしたちはこの命題の直接的な裏づけを、事実に求めることはできなかった。というのは、純粋知覚の対象は、当然のことながら現在の諸事物であり、これらはわたしたちの諸器官や神経中枢に現に作用をおよぼしているので、したがってあたかも、わたしたちの知覚がわたしたちの脳の状態から発して、つぎにこの知覚とはまったく異なる対象に投影されるかのようにいつもみえるからである。いいかえると、外界の知覚の場合、わたしたちが攻撃した主張と、その代わりにわたしたちが採用する主張は、まったく同じ結果に導くことになり、したがって、二つの主張のどちらがよりわかりやすいとはいえても、経験を根拠にして、どちらが正しいとはいえないのである。これに対して、記憶力の、経験に基づく研究は、二つの主張のどちらが正しいかを決定できるし、また決定するにちがいない。実際、純粋記憶は、もともと目前には存在しない対象の心像である。かりに脳内のある活動のなかに、知覚像を生み出すのに必要十分な原因があるなら、この同じ脳内活動が、対象が存在しないときにも多少とも完全に反復されれば、この知覚像を再現するのに十分である。したがって記憶力のはたらきは、脳によって完全に説明できることになるであろう。これとは反対に、脳の機構は、ある仕方で記憶に影響を与えるが、しかし記憶を残存させておくことは決してできないこと、思い出された知覚心像において、脳の機構は、心像より、むしろわたしたちの行動に関係していることが見いだされるなら、知覚作用そのもの場合にも、脳の機構は同様の役割を演じていたのであって、脳の機構のはたらきはただ、目前の対象に対して、わたしたちの有効な行動を確保していただけだ、と結論づけることができるであろう。わたしたちの第一の結論は、これによって証明されたことになるであろう。――残るは、第二のむしろ形而上学領域に属する結論、すなわち、純粋知覚においてわたしたちは、文字どおりわたしたちの外部に身を置いており、こうしてわたしたちは、直接的直観において対象の実在に接触していることである。ここでもやはり、経験に基づく証明は不可能であった。というのは、対象の実在が、（A）直観的に知覚されようと、（B）理知的に構成されようと、実際の結果はまったく同じだからである。しかしここでもやはり、記憶の研究によって、この二つの仮説のいずれかに、決着をつけることができるであろう。実際、第二の仮説（B）では、知覚と記憶は、どちらも心像化するという、ただそれだけで十分な現象であるから、知覚と記憶には、強度の差、より一般的にいえば、程度の差しかありえない。これに対して、記憶と知覚には、たんに程度の差があるのではなく、本性上、根本的な違いのあることが見いだされるなら、知覚のなかには、記憶のなかにはまったく存在しないなにものかが介入している、すなわち、知覚のなかには直観的にとらえられた実在が介入しているとする仮説のほうが正しい、と推定できるであろう。このように、記憶力の問題は、まことに特異な問題であって、これは検証できないようにみえる二つの命題（とくに第二のむしろ形而上学領域に属する命題は、心理学を無限に超えているようにみえるが)、この二つの命題を、心理学的検証へと導いてくれるはずである。

66　わたしたちの進むべき道は、これで完全に示された。わたしたちはまず、一般に記憶力の身体的説明を引き出すことができると思われている、正常あるいは異常心理学から借りた多様な種類の実例を検討しようと思う。この検討は、どうしても詳細なものとならざるをえないし、またそうしなければ、無用のものとなるであろう。わたしたちは可能なかぎり事実の輪郭に肉薄し、記憶力のはたらきにおいて、身体の役割が、どこで始まり、どこで終わるかを、探究しなければならない。この検討によって、わたしたちの仮説の確証を見いだせたら、わたしたちはためらわずさらに前進し、精神の基本的なはたらきを、それ自身において考察し、これによって、精神と物質の関係についてスケッチした理論を完成させたい。

第Ⅱ章 イマージュの再認について
―記憶力と脳―

1　それではさっそく、わたしたちの前提から、記憶力の理論に対して出てくる帰結を述べよう。すでに述べたように、身体は、自分に作用する諸対象と、自分がはたらきかける諸対象との間に介在する伝導体にすぎず、その役割は、運動を受け取ること、そしてこの運動を阻止しない場合、行動が反射的であれば、これを特定の運動機構に伝え、行動が意志的であれば、これを選択した運動機構に伝えることである。したがって、身体とは独立の記憶力が、時間の流れにそって現われるもろもろのイマージュを、これらが生じる順に拾い集めているはずであるし、わたしたちの身体は、この身体を取り囲んでいるものとともに、これらのイマージュのうちのあるイマージュ、最新・最終のイマージュ、わたしたちが生成全体の流れを時々刻々切断する断面のうち、つねに最後に得られる断面のイマージュにすぎないはずである。この切断面で、わたしの身体は中心を占めている。この身体を取り巻くもろもろの事物は、身体に作用をおよぼし、身体はそれらに作用を返す。この身体の反作用は、経験が身体組織の内部に組み込んだ器官の数や性質に応じて、多少とも複雑であり、多様である。それゆえ身体は、運動装置のかたちで、それもただ運動装置のかたちでのみ、過去の行動を蓄積できる。ここからして、いわゆる過去のイマージュは、これとは別の仕方で保存されることになり、したがってわたしたちは、第一の仮説をつぎのように述べなければならない。

2　Ⅰ　過去は、異なった二つの形態で存続する。1^0　身体の運動機構の状態で。2^0　これとは独立のイマージュの記憶の状態で。

3　しかしそうだとすると、記憶力の実際のはたらき、したがって通常のはたらき、現在の行動のために、過去の経験を利用すること、要するに再認することも、二つの仕方で行なわれるはずである。すなわちある場合には、再認は、行動そのもののなかで、状況に適応した運動機構が、まったく自動的に動き出すことで行なわれる。また他の場合には、精神の労働が必要であって、精神は、現在の状況にもっとも適合しうる記憶心像を求めて過去にさかのぼり、これらの心像を現在に差し向けることで行なわれる。ここから、わたしたちの第二の命題がでてくる。

4　Ⅱ　目前の対象の再認は、それが対象から生じる場合は、運動によって行なわれ、それが主体から発せられる場合は、記憶心像によって行なわれる。

5　たしかにここで、最後の問題が生じる。それは、これらの記憶心像は、どのように保存され、それらは運動機構と、どのような関係を保っているかという問題である。この問題は、つぎの第Ⅲ章で、無意識について考察し、過去と現在の区別が、結局どこにあるかを示したとき、はじめて深く究明されるであろう。しかしいまでもいえることは、身体は、絶えず前進する、過去と未来の間の境界線、わたしたちの過去が絶え間なく未来へと突き進める、移動する最先端だということである。わたしの身体は、これをあるひとつの瞬間面において見れば、身体に影響をおよぼす諸対象と、身体がはたらきかける諸対象とのあいだに介在する伝導体にすぎないが、他方、これを流れる時間に戻して見るなら、わたしの身体は、わたしの過去が流出してある行動へと展開される、ちょうどその点に、いつも置かれている。したがってまた、わたしが大脳機構と呼んでいる特殊なイマージュは、いつもわたしの過去のイマージュの系列の終点にあって、これら過去のイマージュが現在のなかに延ばしている最先端部分、これら過去のイマージュと現実の世界すなわち行動との接合部になっている。この接合部を切断しても、おそらく過去のイマージュが破壊されることはないが、しかし、過去のイマージュが現実の世界にはたらきかける手段、したがってまた、後ほど示すように、過去のイマージュが具体化する手段が、すべて奪われることになる。脳の損傷が、記憶力のなにものかを破壊しうるとすれば、それはこの意味において、それもただこの意味においてのみである。ここから、わたしたちの第三の、そして最後の命題がでてくる。

6　Ⅲ　時間の流れにそって配列されているもろもろの記憶から、これらが空間内で展開される行動の概略を示す運動変化へと、気づかれないうちに移行する。脳の損傷は、この概略の運動を阻害することはあるが、しかし、これらの記憶を破壊することはできない。

7　残る課題は、経験が、この三つの命題を実証するかどうかという点である。

8†　Ⅰ　記憶力の二つの形態。——いまわたしが、ある学課を学んでいて、これを暗記するため、まず一行ごとに区切りながら読み、その後これを何回もくり返すとしよう。音読のたびに、進歩がみられる。言葉と言葉はますますよく結びつき、ついには全体が組織化される。まさにこのとき、わたしはこの学課を暗唱できる。そしてひとは、この学課は記憶になった、これはわたしの記憶力に刻印されたという。

9　こんどはこの学課が、どのように学ばれたかを調べてみると、わたしがつぎつぎにたどった、さまざまな段階が思い浮かんでくる。つぎつぎに行なった音読はこのとき、それぞれ独自の個性を帯びて、心によみがえってくる。わたしはそれぞれの音読を、そのときの周囲の状況とともに、いまもその枠組みのまま思い浮かべる。おのおのの音読は、これが時間のなかで占めた位置そのものによって、先立つ音読とも、後続する音読とも、区別される。要するに、これらの音読のおのおのが、わたし個人の歴史の、ある特定の出来事として再び目の前に思い浮かんでくる。ひとはこの場合も、これらのイマージュは、記憶である、これらのイマージュは、わたしの記憶力に刻印されているという。二つの場合に、同じ言葉が使われている。しかしほんとうに、同じことが問題であろうか？

10　暗記されたかぎりでの学課の記憶は、習慣のもつあらゆる特徴をもっている。習慣と同じく、この記憶は、同じ努力の反復によって獲得される。習慣と同じく、この記憶は、まず行動全体の分解、ついでその再構成が必要である。最後にこの記憶は、身体のすべての習慣的運動と同じく、最初のきっかけで全体が動き出す機構のなかに、すなわち一連の自動運動という閉じた装置のなかに蓄えられており、この自動運動はいつも同じ順序で展開し、占める時間も同じである。

11　これに対して、たとえば2回目の音読とか、3回目の音読という、個々の特定の音読の記憶は、習慣の特徴を、まったく、もってはいない。この音読のイマージュは、一度で、記憶力に刻印されたのでなければならない。というのは、他のもろもろの音読は、当然のことながら、異なった記憶となっているからである。このイマージュは、わたしの人生における、ひとつの出来事としてある。これは本質上、ひとつの日付をもち、したがって二度とくり返されることはない。その後のもろもろの音読がイマージュに付加することのすべては、ただイマージュのもともとの本性を変えて行くことだけであろう。またこのイマージュを呼び起こそうとするわたしの努力は、これをたびたびくり返すにつれてますます容易になるとはいえ、このイマージュそのものを、それ自身において見るならば、これは必然的に、それ以後つねにあるとおりに、もともと最初からあったものなのである。

12　ひとはこの二つの記憶、すなわち音読の記憶と学課の記憶は、ただ多いか少ないかの違いがあるだけだ、といわれるだろうか？　そして音読のたびにつぎつぎに展開されたイマージュは、互いに重なり合っており、いったん暗記された学課というものは、他のすべてのイマージュと重なり合って生じる混合イマージュにすぎない、と。たしかに、相次いで行われた音読は、そのいずれも、それ以前の音読より、学課がよりよく覚え込まれているという点では、異なっている。しかしまた、おのおのの音読、すなわち、ますますよく覚え込まれた学課としてではなく、いつも新たに行なわれたものとしての音読は、完全に自足していることも確かであって、この音読は、生じたままの姿で残存し、そのときの周囲のすべての知覚とともに、わたし個人の歴史の交換不可能な一時期を構成しているのである。さらに一歩進めていうと、意識はわたしたちに対して、この二種類の記憶には、根本的な違い、本性の違いがあることを明かしているといえるであろう。ある特定の音読の記憶は心像であり、また心像以外のなにものでもない。この音読の記憶は精神の直観内に収められており、この直観をわたしは、好きなだけ長引かせたり、短縮したりできる。つまりわたしはこの記憶に、任意の持続時間ひたることができる。一枚の絵を見るように、この記憶を一挙にとらえることを妨げるものはなにもない。これに対して、暗記された学課の記憶は、これを心のうちで反復するだけの場合でも、一定の時間がなければならない。すなわちたんに想像上にすぎないにしても、必要な分節運動のすべてを、ひとつひとつ展開するために必要な時間がなければならない。したがって、これはもはや心像ではなく、行動である。また実際、いったん暗記された学課には、その出所を暴露して、これを過去に位置づけさせるような特徴は、なにもない。これは歩いたり書いたりする習慣と同じく、わたしの現在の一部である。この学課は、思い浮かべられるものではなく、体験され、《行動される》ものなのである――もしわたしが、これを暗記するためにつぎつぎに行なった音読を、それぞれ心像として、同時に想い起こそうとしなかったら、わたしはこの暗記された学課は、生まれつき、わたしに備わっていたと思い込むであろう。したがってこれらの心像は、暗記された学課とは独立であり、またこれらの心像は、覚え込まれ、暗唱される学課に先立つものであるから、いったん覚え込まれた学課のほうも、これらの心像なしに済ますことができるのである。

13　この根本的な区別を、最後まで突きつめてみると、理論上独立の、二つの記憶力を考えることができる。第一の記憶力は、イマージュの記憶のかたちで、わたしたちの日常生活のすべての出来事を、展開する順序で記録する。この記憶力は、いかなる細部もおろそかにせず、ひとつひとつの出来事や言動に、その場所と日付を残して行く。この記憶力は、有用性や行動に役立てようという下心なしに、ただ生まれつきの必然的なはたらきによって、過去を蓄積して行く。この記憶力によって、かつて経験した知覚像の知的な再認、というよりむしろ理知的な再認が可能になる。ある特定のイマージュを求めて、自分の過去の生活をさかのぼるとき、わたしたちはいつも、この記憶力にたよる。しかしながら、知覚というものはすべて、発生状態の行動に受け継がれるものである。いったん知覚されたイマージュが、この記憶力に定着して並べられて行くにつれて、知覚されたイマージュを受け継いだ運動は、身体組織を変え、行動に向かおうとする新しい配列を、身体内に生み出す。こうして、まったく別種の経験が形成され、身体内に蓄積されて行く。これはとてもよく整備された一連の機構であって、この機構によって、外界の刺激に対し、ますます多種多様な反応が可能になり、起こりうるますます多くの呼びかけに対して、よく準備された応答ができるようになる。わたしたちがこの機構を意識するのは、ちょうどこの機構が動き始めるときである。そして現在に蓄積されたもろもろの努力を示す、過去全体についてのこの意識は、なるほどひとつの記憶力ではあるが、しかし第一の記憶力とは、根本的に異なった記憶力である。これはつねに行動に向かい、現在に位置し、ただ未来だけを目指す。この記憶力が過去からとどめているものは、ただ蓄積された過去の努力を示す巧妙に調整された運動だけである。この記憶力が過去の努力を再び見いだすのは、過去の努力を思い出させるイマージュ記憶においてではなく、現在の運動が行なわれる厳格な順序と組織的な性格においてである。じつは、この記憶力は、もはやわたしたちに過去を想い起こさせているのではなく、わたしたちの過去を演じているのである。それでもなお、これが記憶力という名に値するとすれば、それはもはや過去のイマージュを保存しているからではなく、過去のイマージュの有用な結果を、現時点まで受け継いでいるからにほかならない。

14　この二つの記憶力、すなわち、一方の思い浮かべる記憶力と、他方の反復する記憶力のうち、第二の記憶力が第一の記憶力に取って代わって、しばしば過去を思い浮かべているような錯覚を与えることさえある。犬がうれしそうに吠えて、身をすりよせて主人を迎えるとき、この犬は、たしかに主人を再認している。しかしこの再認には、過去のイマージュの想起と、このイマージュと現在の知覚との関連づけがあるだろうか？　むしろこの再認の本質は、この動物が、自分の身体がとるある特殊な態度について、いまではただ主人を知覚しただけで、この動物に親しい関係が徐々にこの動物に組み込み、いまではただ主人を知覚しただけで、この動物に機械的に引き起こされる態度についてもつ意識にあるのではないだろうか？　しかし、行き過ぎないようにしよう！　この動物自身においても、過去の漠然としたイマージュは、おそらく現在の知覚をはみ出ており、彼の過去全体は、潜在的には、その意識に描き出されているとさえ考えることができるであろう。しかしこの過去は、この動物を魅了している現在から身を引き離させるほどには、彼の関心を引かないし、この動物の再認は、思考されるというより、むしろ体験されるものであるにちがいない。過去をイマージュのかたちで想い起こすためには、現在の行動からわが身を引き離すことができて、無用なものに価値を認めることができなければならないし、夢想しようとしなければならない。人間だけが、おそらく、この種の努力をすることができる。それでも、わたしたちがこうしてさかのぼって行く過去は、移ろいやすく、いつもわたしたちから逃れようとしていて、まるで過去にさかのぼるこの後ろ向きの記憶力は、もう一方のより自然な記憶力、行動して生活するように、わたしたちを前へ前へと向かわせる運動をもつ記憶力に、妨害されているようにさえみえる。

15　心理学者たちが、記憶は、縮んだ皺《しわ》だとか、反復されることでますます深く刻まれる印象だというとき、彼らが忘れているのは、莫大な数のわたしたちの記憶が、わたしたちの人生の出来事や微細な事柄にかかわっており、これらが本質的に日付をもつということ、したがって決してくり返されることはないという点である。反復によって意図的に獲得される記憶は、まれで、例外的なのである。これに対して、記憶力のはたらきによる、それぞれが独自の個性をもつ事実やイマージュの記録は、持続のあらゆる瞬間で絶えず続けられている。

しかし、習得された記憶のほうがはるかに役に立つので、それだけいっそう注目されることになるのである。それにこの記憶が、同じ努力の反復によって獲得される仕方は、すでに知られている習慣の獲得過程と似ているので、とかくこの種の記憶を前面に押し出し、これを記憶の典型に仕立て上げて、自発的なイマージュ記憶には、もはや発生状態にある同じ現象、暗記された学課の発端しか見ようとしない。しかしなぜ、反復しなければ構成されないものと、本質的に反復しえないものの違いが、根本的であることを認めないのだろうか？　自発的なイマージュ記憶は、最初から完璧である。時間はこのイマージュに、その本性を変えることなしには、なにものも付け加えることはできないであろう。このイマージュの記憶は、記憶力のはたらきによって、みずからの場所と日付を保持しつづけるであろう。これに対して、習得される記憶は、学課が覚え込まれて行くにつれて、時間から離れて行く。この習慣記憶はますます非個人的になり、ますますわたしたちの過去の生活とは無縁になる。したがって、反復したからといって、第一のイマージュ記憶が、第二の習慣記憶に変わるようなことは、まったくない。反復の役割は、たんに第一のイマージュの記憶を受け継ぐ運動をくり返しくり返し利用して、これらの運動を互いに組織化し、ひとつの機構として整備して、身体の習慣を作り出すことだけである。それにこの習慣が記憶だとされるのは、ただわたしが、この習慣を獲得したことを覚えているというだけの理由による。またわたしがこの習慣を獲得したことを覚えているのは、もろもろの出来事に日付をつけて、これらをたった一度で記録している、自発的なイマージュの記憶力に訴えるからにほかならない。したがって、わたしたちが区別してきた二つの記憶力のうち、第一のものこそ、まさに典型的な意味での記憶力である。第二の、一般に心理学者が研究する記憶力は、記憶力そのものというより、むしろイマージュの記憶力によって照らし出された習慣である。

16　たしかに暗記された学課というのは、かなり人為的・作為的な例ではある。しかしわたしたちの生活は、数の限られた対象のなかで行なわれており、これらの対象は、度合いの違いはあれ、たびたびわたしたちの前に姿を現わす。これらの対象のおのおのが、知覚されると同時に、それに対処する少なくとも発生状態の運動をわたしたちの側に生じさせる。この運動が反復されて、ひとつの機構が作られ、習慣の状態に移行して、事物の知覚を自動的に受け継ぐなんらかの態度を、わたしたちに引き起こす。すでに述べたように、わたしたちの神経組織は、これ以外の役割を担《にな》っているとは考えられない。求心神経は脳に刺激を伝え、この刺激は巧みに進路を選んでから、反復によって作り出された運動機構に伝達される。こうして適切な反応、環境との調和、要するに適応ができるわけで、生活することの一般的な目的はこれである。ただ生きることに満足している動物は、これ以外のものを必要としないであろう。しかし、この知覚と適応の過程が続けられて、過去が運動習慣のかたちで組み込まれて行くと同時に、意識は、やがて見られるように、自分がつぎつぎに通った状況のイマージュを保存し、これらを生じた順序で配列して行く。これらのイマージュ記憶は、何の役に立つのだろうか？　記憶力のなかに保存され、意識のなかで再生されることによって、これらのイマージュ記憶は、生命の実践的性格を損ない、現実に夢想を混入させることにならないだろうか？　たしかに、そうかもしれない。もし、わたしたちの現在の意識、すなわち、現在の状況にわたしたちの神経組織が正確に適合していることをまさに反映している意識が、現在の知覚と協調できず、これと有用な全体を組織できない過去のイマージュを、すべて排除しないならば。しかしせいぜい、現在の状況と無関係ないくつかの不明瞭なイマージュ記憶が、有用な連合をしているイマージュ記憶をはみ出して、そのまわりにやや暗い縁《ふち》を描いているにすぎず、この暗い縁は、広大な暗闇の領域に姿を消して行く。しかし、なんらかの出来事によって、脳によって保たれていた、外界からの刺激と運動的反応との間の均衡が狂わされたり、中枢を介して末梢から末梢に行く線維の緊張度が一時的にゆるめられたりすると、暗い領域に閉じ込められていたイマージュが、たちまち明るい光のなかに押し寄せてくる。この後者の状態が、おそらく睡眠中、夢を見ているときに生じることである。したがって、わたしたちが区別した二つの記憶力のうち、第二の行動的あるいは運動的記憶力は、絶えず第一の記憶力を抑制し、あるいはせいぜいここから、現在の状況を照らし、これを有効に補うことのできるものしか、受け入れないはずである。ここから観念連合（連想）の法則が導き出される（第Ⅲ章）。――しかし、現在の知覚と連合して果たす役割とは別に、この自発的なイマージュ記憶力のはたらきによって蓄えられたイマージュには、もうひとつの用途がある。たしかにこれらは夢のようなイマージュであって、通常わたしたちの意志とは無関係に、現われたり消えたりする。だからこそわたしたちは、ある事柄をほんとうに身につけて、これを自由に使えるようにするためには、これを暗記しなければならない、すなわち、ひとりでに記録されたイマージュの代わりに、その不足を補うことのできる運動機構を作らなければならない。とはいえわたしたちには、このイマージュそのものを、ある限られた時間、意識下に保持しておく一種独特のはたらきがある。そしてこの能力のおかげでわたしたちは、偶然に期待して同じ状況がたまたま反復するのを待たなくても、その状況に伴う運動を、習慣として組織できる。つまりわたしたちは、つかの間のイマージュを利用して、それに代わる、安定した機構を構成するわけである。――したがって、わたしたちが二つの独立の記憶力を区別したことに根拠がないならともかく、この区別が事実に一致しているとすれば、神経組織の感覚‐運動的均衡が乱されると、多くの場合、自発的なイマージュ記憶力の高揚が認められるはずであるし、反対に、正常な状態では、現在の均衡関係を有効に補強できない自発的なイマージュ記憶は、すべて抑制されるはずであるし、そして最後に、習慣記憶を身につける活動には、記憶イマージュの隠れた介入が認められるはずである。事実は、この仮説を証明するだろうか？

17　さしあたりわたしたちは、第一の点にも第二の点にも深くは立ち入らない。これらの点は後に、記憶力の障害と、観念連合の法則を研究するときに、十分に解明したいと思う。いまはただ、事柄を習得する際に、二つの記憶力がここで、どのように共存し、互いに支え合うかを示すにとどめたい。運動記憶力に組み込まれた学課が、自動的に反復されること、これは日常の経験が示すところである。しかし病的症例の観察によると、自動運動がここでは、わたしたちが考えるよりはるかに遠くにおよんでいることがわかる。精神病者は、自分でも理解していない一連の質問に、筋の通った返答をすることが観察されている。彼らにおいては、言語活動は一種の反射のように作動しているのである。[1]自発的には一語も発音できない失語患者も、自分が歌うときには、その曲の歌詞を正確に思い出す。[2]さらにまた彼らは、お祈りの言葉や、連続的な数、曜日、月の名を、すらすら唱えたりする。[3]このように、知性の活動だと思わせるほど微妙で、きわめて複雑な機構も、いったん組織化されていればそれ自身で作動し、したがって通常は、ただ意志の最初の衝動だけに従って活動できるのである。しかしながら、わたしたちがこれらの機構を作りつつあるときには、どんなことが起きているのだろうか？　たとえばある学課を習得しようとして練習するとき、わたしたちが運動で再構成しようとしている視覚あるいは聴覚イマージュは、すでにわたしたちの精神のうちに、見えないながらも現存しているのではないだろうか？　最初の暗唱のときからすでにわたしたちは、漠然とした不快感でもって、間違えたばかりの誤りに気づく。これはあたかも、意識の暗い深みから、一種の警告を受けているかのように感じられる。[4]そこで、いま感じられていることに、よく注意してみよう。そうすると、完全なイマージュがそこにあること、しかしこれは移ろいやすく、文字どおりの幻であって、わたしたちが運動を発動してその輪郭を固定しようとする、ちょうどその瞬間に消えてしまうことが感じとれるであろう。最近の実験中、とはいえ、まったく別の目的で試みられた実験ではあるが、[5]被験者たちは、ちょうどこの種の印象をいだいたことを証言している。被験者たちの目の前に、一連の文字を数秒

1　Robertson, Reflex Speech (*Journal of mental Science*, avril 1888).　また、Ch. Féré の論文：Le langage réflexe (*Revue philosophique*, janvier 1896) 参照。

2　Oppenheim, Ueber das Verhalten der musikalischen Ausdrucksbewegungen bei Aphatischen (*Charité Annalen*, XIII, 1888, p. 348 et suiv.).

3　*Ibid.*, p. 365.

4　この間違ったという感じについては、Müller et Schumann の論文：Experimentelle Beiträge zur Untersuchung des Gedächtnisses (*Zeitschr. f. Psych. u. Phys. der Sinnesorgane*, dés. 1893, p. 305) 参照。

5　W. G. Smith, The relation of attention to memory (*Mind*, janvier 1895).

間提示して、これを記憶にとどめるよう求めた。しかし見ているそれらの文字を、それに応じた発語運動で強調できないようにするために、被験者たちはイマージュを見ているあいだ、絶えずある音節（シラブル）を反復するよう求められていた。ここからある特殊な心理状態が生まれ、被験者たちは視覚イマージュを完全に把握したと感じていたにもかかわらず、《しかし再生を求められたとき、そのイマージュのほんの一部分も再生することができず、彼らが非常に驚いたことに、その文字列が消えていた》。被験者のひとりがいうには、《この現象の根底には、ひとつの全体的心像、全体を包括する一種の複合観念があって、そこでは諸部分が、表現しようのない感じのまとまりをもっていた》[1]。

18　この自発的なイマージュ記憶は、たしかに習得される記憶の背後に隠れてはいるが、突然はっきり姿を現わすこともある。しかしこのイマージュ記憶は、意図的記憶力のほんのわずかな動きで、姿を消してしまう。被験者が一連の文字のイマージュを記憶にとどめたと思っていたのに、それが消えてしまうのは、とくにそれらの文字を復唱しはじめるときである。《この努力が、残りのイマージュを、意識の外に押し出してしまうようにみえる》[2]。ところで、記憶術の創意のある方法を分析してみると、この技術が目的としているのはまさに、隠れている自発的なイマージュ記憶を前面に持ち出し、このイマージュ記憶を、ちょうど行動的記憶のように、わたしたちが自由に使えるようにすることだということがわかる。そのためには、まず行動的あるいは運動的記憶力のほんのわずかな意欲も、すべて抑制しなければならない。ある研究者によると、[3]心の撮影能力というものは、意識より、むしろ下意識に属し、この能力は、意志の呼びかけには、なかなか従わない。この能力を訓練するためには、たとえばいくつもの点の集まりを、ひとつひとつ数え上げようなどと考えずに、これらを一挙に把握することに慣れなければならない。[4]いわばこのイマージュ記憶力の瞬間性を手本にして、

---

1 《According to one observer, the basis was a *Gesammtvorstellung*, a sort of all embracing complex idea in which the parts have an indefinitely felt unity》(SMITH, *art. cit.*, p. 73).

2 これはドイツの研究者が *dyslexie*（読字障害あるいは難読）と呼んだ疾患に現われる症状と、なにか同種の現象ではないだろうか？　患者は文章の最初の数語を正確に読み、それから突然停止して、それ以上続けることができない。これはあたかも、発語運動が記憶の喚起を阻害したかのようにみえる。読字障害については、BERLIN, *Eine besondere Art der Wortblindheit (Dyslexie)*, Wiesbaden, 1887. および、SOMMER, Die Dyslexie als functionnelle Störung (*Arch. f. Psychiatrie*, 1893) を参照されたい。さらに言語聾のとても特異ないくつかの症例は、この現象に近いものとみられる。これらの症例では、患者は他人の話しは理解できるのに、自分自身が何をいっているかは、もはや理解できないのである（BATEMAN, *On Aphasia*, p200 ; BERNARD, *De l'aphasie*, Paris, 1889, p. 143 et 144; BROADBENT, A case of peculiar affection of speech, *Brain*, 1878-9, p.484 et suiv. 等に引用されている症例参照）。

3 Mortimer GRANVILLE, Ways of remembering (*Lancet*, 27 sept. 1879, p. 458).

4 KAY, *Memory and how to improve it*, New York, 1888.

この記憶力を支配できなければならないわけである。そうしてもなお、この記憶力が意識に出現させるものは気まぐれであるし、それにこの記憶力が意識にもたらすイマージュには、なにか夢のようなものがあるから、この記憶力が適度を超えて精神生活のなかに介入してくるようなことがあると、知的均衡を根底から乱さずにすむことはまれなのである。

19　この記憶力が何なのか、これがどこに由来し、どのようにはたらくかということは、つぎの章で示されるであろう。いまは概略の把握で十分だとしなければならない。そこで、これまで述べたことを要約すると、過去は、わたしたちが予想したように、たしかに二つの極端なかたちで蓄積されていると考えられる。そのひとつは、過去を有効に活用している運動機構。もうひとつは、すべての出来事を、それらの輪郭も、色彩も、場所も、時間のうちに描いている個人的なイマージュの記憶。この二つの記憶力のうち、第一の記憶力は、まさしく自然な方向に向かっている。第二の記憶力は、それ自身のままに放任しておくと、むしろ逆方向に向かって行くであろう。努力によって獲得される第一の記憶力は、いつもわたしたちの意志の支配下にある。まったくひとりでにイマージュを記録する第二の記憶力は、保存が忠実である分だけ、再生は気まぐれである。この第二のイマージュの記憶力が、第一の記憶力に役立つことができる、たったひとつの規則的で確実なはたらきは、現在の状況と似ている過去のもろもろの状況の前後に生じたことのイマージュを、第一の記憶力に提示して、その選択を照らしてやることである。ここに観念連合の本質がある。これ以外に、想起する記憶力が、反復する記憶力に、いつもかならず従うという例は、まったくない。これ以外はいつも、わたしたちは必要なときに、イマージュの輪郭を改めて描き出せる機構を構成しようとするが、それは、イマージュの再生が気まぐれで当てにできないことを、わたしたちがよく知っているからである。以上が、記憶力の二つの極端な形態を、それぞれ純粋な状態で考察したものである。

20　ここからただちにいえることは、ひとはこの中間の、いわば不純な形態でとどめてしまったために、記憶の真の本性を見落とした点である。まず、イマージュの記憶と、運動という、二つの要素を分離し、ついで、いかなる一連の活動を経て、この両者が、本来の純粋さを捨てて、相互に混入するにいたるかを探究しないで、ただ両者の合体の結果生じた、混合現象しか考察しない。この現象は、混合されているので、一面では、運動習慣の様相を示し、他面では、ある程度は意識に位置づけられるイマージュの様相を示す。しかしひとはこれを、単純不可分の現象だと主張する。したがって、運動習慣の基盤になっている脳や脊髄や延髄の機構が、同時に、意識されるイマージュの座でもあると想定せざるをえない。ここから、脳に蓄積された記憶が、文字どおり奇跡によって意識となり、神秘的な過程を経てわたしたちを過去に連れ戻すという、奇妙な仮説が出てくる。たしかに一部のひとは、この活動の意識面をより重視して、この意識面に、副現象とは別のものを見ようとはしている。しかしそのようなひとも、つぎつぎに反復した練習場面を、イマージュ記憶のかたちで記録し配列する記憶力を、まず分離しないで、この記憶力を、練習によって完成される習慣と混同しているために、反復の効果は、不可分の同一現象に関係しているのであって、この同一現象がただ、反復されて強化されるだけだと信じてしまう。それにこの現象が、最後は明らかに、たんなる運動習慣となり、脳その他の機構に対応するので、この種の機構が、はじめからイマージュの根底にあって、脳は、心像の器官だと考えるように、どうしても導かれてしまう。わたしたちはこれから、これらの中間状態を考察し、この中間状態のおのおのに、発生状態の行動、すなわち脳に属する部分と、これとは独立の記憶力、すなわちイマージュ記憶に属する部分を、区別して示そうと思う。これらの中間状態とはなにか？ これらは一面では運動的であるから、わたしたちの仮説によれば、現在の知覚を受け継いでいるはずである。しかし他方、イマージュとしては、過去の知覚を再生している。ところで、わたしたちが過去を現在において取り戻す具体的行為は、再認（*reconnaissance*）である。したがってこの再認を、わたしたちは検討しなければならない。

21† Ⅱ 再認一般について。イマージュの記憶と運動。――《見たことがある》という感じを説明するのに、よく用いられる二つの方法がある。そのひとつによると、現在の知覚を再認するとは、この知覚を、心のなかで以前の環境にはめ込むことである。わたしがあるひとに、はじめて会うとしよう。わたしはそのひとを、ただ知覚するだけである。もう一度出会うと、わたしはそのひとを再認する。それは、最初の知覚に付随していた状況が、わたしの心によみがえってきて、現在のイマージュのまわりに、現に見ている枠ではない枠を描き出すからだ。したがって再認するとは、現在の知覚に、かつてこの知覚に隣接して与えられていたイマージュを結びつけることだ、ということになるであろう。[1] しかし、すでに正しく指摘されたように、[2] 二度目に現われた知覚が、最初の知覚の付帯状況を示唆しうるのは、まずこの最初の知覚が、これに類似の現在の状態によって、呼び起こされる場合だけである。最初の知覚をAとしよう。このAに付随している状況B、C、Dが、Aと隣接によって結ばれているとする。二度目に現われた同じ知覚をA′とすると、B、C、Dが結ばれているのは、A′ではなく最初の知覚Aであるから、B、C、Dを呼び起こすためには、類似による連想が、

1　この説の体系的展開、およびその根拠となる実験については、Lehmann の諸論文：Ueber Wiedererkennen (*Philos. Studien* de Wundt, t. V, p. 96 et suiv., et t. VII, p. 169 et suiv.) 参照。

2　Pillon, La formation des idées abstraites et générales (*Crit. philos.*, 1885, t. I, p. 208. et suiv.). —Cf. Ward, Assimilation and Association (*Mind*, juillet 1893 et octobre 1894).

まずAを出現させるのでなければならない。A′はAと同一だ、と主張してもむだである。この二つは、似てはいても、数の上で区別されているし、また少なくとも、A′が知覚であるのに、Aはもはや記憶にすぎないという単純な事実によって、異なっている。したがって先ほど二つあるといった説明のうち、この第一の説明は、これから検討する第二の説明のなかに解消されることになる。

22　こんどは、現在の知覚が、自分と似ている以前の知覚の思い出を絶えず求めて、記憶力の奥深くに分け入って行くと想定される。したがって《見たことがある》という感じは、知覚と記憶の並置、あるいは両者の融合からくることになるであろう。たしかに、すでに深い洞察力をもって指摘されたように、[1]類似というのは、精神が比較する諸項の間で、したがって、精神がすでに所持している諸項の間で、精神によって打ち立てられる関係であり、それゆえ、ある類似点の知覚は、連合の原因というより、むしろ連合の結果である。しかしながら、この明確に知覚された類似、精神がとらえ、明るみに出したある要素を共有しているという意味での類似とは別に、漠然とした、いわば客観的な類似、もろもろのイマージュそのものの表面に広がり、ちょうど互いに引き合う物理的原因のように作用できる類似がある。[2]実際わたしたちは、ある対象を、これが過去のあるイマージュと同一だと認めなくても、これを再認していることがよくあるのではないだろうか？　ひとは互いに合致する脳の痕跡とか、練習によって容易になる脳内の運動とか、[3] 知覚細胞と、記憶が眠っている細胞とはつながっているというような、[4] 便利な仮説に逃れようとするかもしれない。じつをいうと、再認の学説はすべて、結局この種の生理学的仮説に解消されてしまう。これらの学説は、すべての再認を、知覚と記憶の相互接近から引き出すことに固執しているのである。しかし他方、経験が証言するところでは、記憶がよみがえってくるのは、たいていの場合、いったん知覚が再認されてからなのである。そこでやむなく、はじめは心像相互の連合と明言していたものを、運動相互の結合とか、細胞相互の連絡というかたちで、脳のなかに押し込めて、再認の事実――わたしたちにはきわめて明らかな事実――を、もろもろの観念を蓄積している脳という、わたしたちから見ればきわめて不明瞭な仮説で説明せざるをえなくなるのである。

23　しかしじつは、知覚と記憶の連合といっただけでは、再認の過程を説明するのに、まっ

---

1 BROCHARD, La loi de similarité, *Revue philosophique*, 1880, t. IX, p. 258. また、E. RABIER も、*Leçon de philosophie*, t. I, *Psychologie*, p. 187-192において、この見解を支持している。

2 PILLON. art. cit., p. 207. —Cf. James SULLY, *The human Mind*, London, 1892, t. I, p. 331.

3 HÖFFDING, Ueber Wiedererkennen, Association und psychische Activität (*Vierteljahrsschrift f. wissenschaftliche Philosophie*, 1889, p. 433).

4 MUNK, *Ueber die Functionen der Grosshirnrinde*, Berlin, 1881, p. 108 et suiv.

たく不十分なのである。というのは、かりに再認が、知覚と記憶の連合によって行なわれるとするなら、過去のイマージュが消失してしまえば、再認もできないことになるし、過去のイマージュが保持されていれば、つねに再認もできることになるであろう。したがって精神盲、すなわち見えている対象を再認できない疾患は、視覚記憶力が阻害されていなければ起こらないであろうし、またとくに、視覚記憶力が阻害されていれば、いつもかならず精神盲を引き起こすことになるであろう。ところが経験は、この二つの帰結の、いずれも認めない。ヴィルブラント[1]が検討した症例では、患者は、目を閉じて、自分が住んでいる町の様子を述べることができたし、想像のなかでその町を散歩することもできた。しかし実際に、その町の通りに来てみると、すべてが新しいもののように思われて、なにも再認できなかったし、方角もわからなかった。これと同種の事実は、ミュラー（Fr.）[2]やリサウアー[3]によっても観察されている。患者は、名前をいわれた物の心像を呼び起こすことができるし、その物をとてもいきいきと描写する。しかし実際にその物を目の前に示されると、それを再認できない。したがって、視覚記憶が保存されていて、しかもそれが意識されていても、類似の知覚を再認するには、不十分なのである。しかしこれとは反対に、シャルコ[4]が検討した、視覚イマージュの完全な消失として古典的となった症例でも、知覚の再認のすべてが消えているわけではない。このことは、症例報告を綿密に読まれれば、容易に納得されるであろう。たしかに患者は、自分が生まれた町の通りの名前もいえなかったし、方角もわからなかったという点では、もはやそれらを再認していない。しかしそれらが通りであり、自分が見ているのは家々だということは、わかっていたのである。患者はもはや、自分の妻も、自分の子供たちも再認しなかった。しかし相手を見て、それが女性であり、子供たちであるということはできたのである。これらのことはいずれも、精神盲が、この言葉の完全な意味において起こっていたとするなら、ありえないことである。したがって消失したのは、わたしたちがこれから分析しなければならないある種の再認であって、再認する能力全体ではない。ここから結論できることは、すべての再認が、かならずしも過去のイマージュを介入させているわけではないということ、それに、過去のイマージュを呼び覚ますことは依然としてできるのに、知覚をこのイマージュと同じだと認めることができない場合がある、ということである。それでは結局、再認とはなにか？　再認をどのように規定したらよいのだろうか？

1　*Die Seelenblindheit als Herderscheinung*, Wiesbaden, 1887, p. 56.

2　Ein Beitrag zur Kenntniss der Seelenblindheit (*Arch. f. Psychiatrie*, t. XXIV, 1892).

3　Ein Fall von Seelenblindheit (*Arch. f. Psychiatrie*, 1889).

4　BERNARD, Un cas de suppression brusque et isolée de la vision mentale (*Progrès médical*, 21 juillet 1883) に報告されている。

24 まず極限において、瞬時の再認がある。この再認は、明瞭な記憶心像をいっさい介入させず、ただ身体だけでできる再認である。この再認は、行動によって行なわれるのであって、心像によって行なわれるのではない。たとえばわたしがある町を、はじめて散歩するとしよう。街角に来るごとに、どちらに行くべきかわからないでためらう。わたしは確信がもてない。という意味は、わたしの身体に、あれかこれかの選択が課されていること、わたしの運動が、全体的に不連続であり、どの姿勢のうちにも、つぎに取るべき姿勢を予告したり準備したりするものが、なにもないということである。その後、この町に長いあいだ滞在してからは、途中にあるものをはっきり知覚しなくても、わたしはこの町を機械的に歩き回ることができるであろう。ところで、この二つの極端な状態、すなわち一方の、知覚がまだ、それに伴う特定の運動を組織化していない状態と、他方の、知覚に伴う運動が、知覚を無用にするほど組織化されている状態とのあいだに、中間の状態、すなわち、対象は明確に知覚されるが、しかし互いに結ばれた運動、連続的でありながら、互いに制御し合ってもいる運動を引き起こす中間状態がある。知覚しか識別しなかった状態に始まり、ついには、ほとんど自分の自動運動しか意識しない状態に終わる。そしてこの中間に、混合状態、自動的になりつつある運動で輪郭が強調される知覚があるわけである。ところで、この町に住みなれてからの知覚が、身体を適切な自動的反応に向かわせる点で、最初の知覚と異なり、他方また、このくり返された知覚は、違和感のない見なれた知覚、すなわち再認された知覚の特徴を示す、独特の様相を帯びて精神に現われるとすると、知覚に伴うよく調整された運動の意識、組織化された運動的反応の意識が、ここでは親近感の根底にあると考えるべきではないだろうか？　それゆえ、再認感の基盤には、運動レベルの現象がたしかにあるということになるであろう。

25　日用品を再認するとは、なによりもまず、それを使うことができるということである。だからこそ、初期の観察者たちは、わたしたちが精神盲と呼んでいる再認の疾患に、失行症（*apraxie*）という名を与えたのである。[1]ところで、日用品を使用できるとは、すでにその対象に対処する運動をし始めること、ある身構えをすること、あるいは少なくともドイツ人が《行動的発動》（*Bewegungsantriebe*）と呼んだもののはたらきによって、その対象に向かおうとすることである。したがって日用品を使用する習慣とは、結局、運動と知覚を全体として組織化しているということであって、知覚に反射的に伴うこの発生状態の運動の意識が、ここでもやはり、再認の基底にあることになるであろう。

1　KUSSMAUL, *Les troubles de la parole*, Paris, 1884, p. 233 ; —Allen STARR, Apraxia and Aphasia (*Medical Record*, 27 octobre 1888). —Cf. LAQUER, Zur Localisation der sensorischen Aphasie (*Neurolog. Centralblatt*, 15 juin 1888), et DODDS, On some central affections of vision (*Brain*, 1885).

26　運動に受け継がれない知覚はない。リボー[1]とモズレー[2]は、ずっと以前から、この点に注意をうながしていた。感覚機能を訓練するとは、感覚印象と、これを利用する運動を、全体的にしっかり結びつけることにほかならない。印象がくり返されるにつれて、この結びつきは堅固になる。それにこのようにはたらくしくみには、神秘的なものはなにもない。わたしたちの神経組織は、明らかに運動機構の構成を目指して組織化されており、これらの運動機構は、中枢を介して感覚刺激に結ばれている。それにもろもろの神経要素が不連続なこと、おそらくさまざまに接合できるそれらの樹状突起の多いことが、印象と、それに応じる運動の間に生じる結合数を無限にしている。しかしながら、形成途上の機構は、形成された機構と、同じ様相を帯びて意識に現われはしないであろう。身体内にしっかり組織化された運動機構には、明らかにその特徴を示す、根本的に異なるなにものかがある。それはとくに、この運動の順序を変えることの難しさにあると思われる。それはまた、先行する運動のなかで、後続の運動があらかじめ形成されること、部分が、全体を、潜在的に含んでいることでもある。たとえば覚え込まれたメロディーのおのおのの音が、いずれもつぎの音に重心を移動して、その演奏を待ち受けているように[3]。したがって、すべての日常的な知覚には、これに伴う組織化された運動があるとすれば、日常的な再認感情は、その根を、この組織化の意識のうちにもっているということになる。

27 つまり、わたしたちはふだん、再認を考えるより前に、再認を演じているのである。わたしたちの日常生活は、もろもろの対象のなかで展開されているが、これらの対象は、ただ目の前に現われるだけで、わたしたちにある役割を演じるようにうながす。ここに、これらの対象が親密であることを示す側面がある。したがって、わたしたちを運動に向かわせるこの傾向は、これだけですでに、再認の感情をわたしたちに与えるのに、十分であろう。しかし、ここで急いで付言しておきたいことは、この再認の感情には、ほとんどいつも、別のものが参入しているという点である。

28 実際、ますます分析的な知覚の影響下で、身体に運動機構が組み立てられて行く間も、わたしたちの過去の精神生活が存在している。この過去の精神生活は——後ほど証明を試みるように——時間内に位置づけられたその出来事のすべての細部とともに残存している。この記憶力のはたらきは、現在の実用的で有用な意識によって、すなわち、知覚と行動の間を

1　Les mouvements et leur importance psychologique (*Revue philosophiaue*, 1879, t. VIII, p. 371 et suiv.).—Cf. *Psychologie de l'attention*, Paris, 1889, p. 75 (Félix Alcan, édit.).

2　*Physiologie de l'esprit*, Paris, 1879, p. 207 et suiv.

3　A. Fouillée は、その著書：*Psychologie* (Paris, 1893) のきわめて創意にとむ諸章のなかのある章で、親密感というものの大半は、内面的ショック（驚き）の減少からくるといっている (t. I, p. 242)。

つなぐ神経組織の感覚‐運動的均衡によって、絶えず抑制されてはいるが、それはただ、現在の印象と、これに伴う運動との間に裂け目が生じて、この裂け目に自己所有のイマージュを流出させるのを待っているだけなのである。通常は、わたしたちの過去の流れをさかのぼって、現在と関係しうる、過去に位置づけられた既知の個人的なイマージュ記憶を見いだすためには、知覚によって突き動かされている行動から、自分を引き離す努力が必要である。知覚は、わたしたちを未来に押しやるが、ここでは過去へと逆行しなければならないのである。この意味で、運動は、イマージュの記憶を、むしろ排除している。しかしながら、ある側面からみると、この運動が、イマージュの受け入れ準備に役立ってもいる。というのは、わたしたちの過去のイマージュの全体が、依然として現存しているとしても、それでもやはり、現在の知覚と類似の心像が、選ばれる可能性のあるすべての心像のなかから、実際に選ばれなければならないからである。いま実行されている運動、あるいはたんに発生状態の運動が、この選別の準備をする。あるいは少なくとも、わたしたちが摘み取りに行くイマージュの領域を限定する。わたしたち生物体は、神経組織の構造からして、現在の印象が、適切な運動に受け継がれて行くようにできている。過去のイマージュもやはり、この運動に受け継がれるような道が見いだせれば、このチャンスを利用して、現在の知覚に忍び込み、自分を採《と》り入れてもらうだろう。過去のイマージュは、本来なら、現在の状態によって覆い隠されているはずだと思われるのに、実際には、こうしてわたしたちの意識に姿を現わす。したがって、自動的な再認を引き起こす運動は、イマージュによる再認を、一面では阻止するとともに、他面ではこれを容易にするということができるであろう。現在は、原則的には、過去に取って代わる。しかし他方、過去のイマージュが排除されるのは、まさに現在の身体的態度によって抑制されるためなのであるから、この現在の態勢の枠に適合しうるタイプのイマージュは、(現在に流出するのに) 他のイマージュほどの障害はないであろう。したがって、過去のイマージュのうち、どれかがこの障害を越えられるとすれば、越えるのは、現在の知覚に類似のイマージュであろう。

29　わたしたちの分析が正しいとすると、再認の疾患は、二つの根本的に異なったかたちを取り、精神盲に、二種類確認されるであろう。すなわちひとつは、実際に過去のイマージュがもはや呼び起こされないであろうし、もうひとつは、たんに知覚と、知覚に伴う習慣的運動とのつながりだけが断たれて、知覚が、新しい初めての知覚であるかのように、焦点の定まらないばらばらな運動を引き起こすであろう。事実は、この仮説を証明するだろうか?

30　第一の点については、異論はありえないであろう。精神盲において、視覚記憶が見かけ上消失するのは、ごくありふれた事実であるから、一時期は、この事実が精神盲を定義するのに役立ったほどである。わたしたちは、いかなる点まで、そしていかなる意味において、もろもろの記憶が実際に消えうるかを、後ほど考察しなければならない。さしあたって問題となるのは、視覚記憶力が実際には消えていないのに、もはや再認できない症例があることである。これはほんとうに、わたしたちが主張するように、運動習慣のたんなる変調、あるいは少なくとも、この運動習慣を感覚的知覚に結びつけている、つながりの遮断によるものであろうか？　観察者はだれも、この種の問題提起をしなかったので、彼らの記述のなかから、わたしたちにとって意味のありそうないくつかの事実を、あちらこちらから拾い上げてみないと、この問題に答えるのは非常に困難である。

31　これらの事実の第一は、方向感覚の喪失である。精神盲を検討したすべての研究者が、この奇妙な事実に注意を引かれている。リサウアーの患者は、自分の家のなかで身を処する能力を、完全に失っていた。[1] ミュラー（Fr.）は、盲人はすぐ道を覚えるのに、精神盲になったある患者は、数か月練習しても、自分自身の部屋で方角の見当がつかめない事実を力説している。[2] しかし、自分の方角を定める能力とは、身体の運動を、視覚印象に調整して、知覚を有益な反応へと、自動的に継続して展開させる能力以外のものであろうか？

32　さらにいっそう特徴的な第二の事実がある。わたしが取り上げたいのは、これらの患者がデッサンする仕方である。デッサンの仕方には、二つのやり方を考えることができる。第一は、紙の上にいくつかの点を、おおよその見当をつけて打ち、絵が対象と似ているかどうかを絶えず確かめながら、これらの点をつなげて行くやり方。これは《点による》デッサンの仕方といえるであろう。しかしわたしたちがふつう用いる方法は、これとはまったく別である。わたしたちはモデルをじっと見て、あるいは思い描いてから、《連続的な線で》描く。このような能力は、日常もっとも見なれた輪郭の構成の仕方を、ひと目で見分ける習慣、すなわち、輪郭の枠組を、一気に描こうとする運動傾向以外で説明できるであろうか？　しかし、まさにこの種の習慣あるいは対応能力が、ある型の精神盲で失われるとすると、患者は、まだおそらく、線を断片的に描いて、それらをなんとかつなぎ合わせることはできるであろうが、もはや輪郭をたどる運動感をつかめなくなっているから、連続的な線で描くことはできないであろう。ところでこれこそまさに、経験が証明していることなのである。リサウアーの観察は、この点でとても参考になるものである。[3]彼の患者は、単純な物をデッサンするのもきわめて困難であったし、見ないで考えて描こうとすると、ところどころにばらばらな部分を描いて、それらを互いにつなぎ合わせることができなかった。しかしながら、完全な

1　Art. cit., *Arch. f. Psychiatrie*, 1889-90, p. 224. Cf. WILBRAND, *op. cit.*, p. 140, et BERNHARDT, Eigentümlicher Fall von Hirnerkrankung (*Berliner klinische Wochenschrift*, 1877, p. 581).

2　Art. cit., *Arch. f. Psychiatrie*, t. XXIV, p. 898.

3　Art. cit., *Arch. f. Psychiatrie*, 1889-90, p. 233.

精神盲の症例はまれである。はるかに多いのは言語盲、すなわち、アルファベットの文字に限って、視覚的に再認できない症例である。ところで、このような症例では、患者が文字を書き写そうとするとき、文字をなぞる運動と呼びうるものをとらえられないことは、よく観察される事実である。患者は、文字のある点から書きはじめはするが、いつまでも、それが手本と一致しているかどうかを確かめている。そしてこのことは、このような患者が多くの場合、書き取りをさせられて書いたり、自発的に書いたりする能力を立派に保っているだけに、いっそう注目すべきことである。したがって、ここで失われているのは、まさに視覚対象の構成を見分ける習慣、すなわち、対象の枠組を描いて行く運動傾向で、対象の視覚を補完する習慣である。ここからして、すでに述べておいたように、再認のもっとも基本的な条件が、ここにあると結論できる。

33 しかし、わたしたちはいまや、主として運動によって行なわれる自動的再認から、記憶イマージュの規則的介入を必要とする再認に移らなければならない。前者は、非注意的再認であり、後者は、これから見られるように、注意的再認である。

34 この注意的再認もまた、やはり運動ではじまる。しかし、自動的再認では、わたしたちの運動は、知覚を受け継いで、知覚から有用な結果を引き出し、こうすることで知覚対象からわたしたちを離れさせて行くのに対して、ここでは反対に、わたしたちの運動は、わたしたちを対象に引き戻し、対象の輪郭を際立たせる。それゆえここでは、記憶イマージュが主要な役割を演じ、もはや副次的な役割にとどまってはいない。実際、運動がその実用的な目的は捨てて、運動の活動力が、知覚を有用な反応へと受け継がないで、知覚に逆戻りして、知覚の目立った特徴を描き出すと想定してみよう。するとこの場合、現在の知覚と類似のもろもろのイマージュ、この運動によってすでに型を与えられたイマージュが、もはや偶然的にではなく、規則的に、この鋳型《いがた》に流れ込んでくるであろう。ただし、ここに入ってくるイマージュは、多くの微細な部分は切り捨てて、この鋳型に入りやすくなっていなければならないであろうが。

35† Ⅲ　――イマージュの記憶から、運動への、漸進的移行。再認と注意力。――わたしたちはここで、もっとも重大な論争点にかかわってくる。再認が、注意的である場合、すなわち、記憶イマージュが、規則的に目前の知覚と合流する場合、知覚が、記憶の出現を機械的に引き起こすのか、あるいは記憶が、自発的に知覚の方向に向かって行くのか？

36　この問題に、どのように答えるかによって、脳と記憶力に、いかなる関係を打ち立てるかが決まる。実際、すべての知覚には、神経を通って知覚中枢に伝わる振動刺激がある。もしこの振動が、大脳皮質の他の中枢に伝わることによって、そこで現実の結果として、イマージュを出現させるのであれば、その場合は文字どおり、記憶力は脳の一機能にすぎない、と主張できるかもしれない。しかし、もしわたしたちが、運動は、ここでも、他の場合と同様、運動しか生み出せないこと、知覚刺激の役割は、身体にある構えを刻印するにすぎず、この構えのなかに、もろもろの記憶が流れ込んでくることを証明できれば、物質刺激の作用はすべて、この運動調整の仕事で尽きているのであるから、記憶は、別の所に求めなければならなくなるであろう。第一の仮説では、脳の損傷によって引き起こされる記憶力の障害は、この損傷部位にあった記憶が、この部位といっしょに破壊されたことからくる。これに対して第二の仮説では、脳の損傷は、わたしたちの発生状態の行動、あるいは行ないうる行動には関係するが、しかし、わたしたちの行動に関係するにすぎない。脳の損傷は、あるときは、身体が、ある対象を前にして、イマージュを呼び込むのに適した構えを、取れなくしてしまうであろう。またあるときは、脳の損傷は、この記憶と現在の現実との接点をすべて遮断してしまう、すなわち脳の損傷は、記憶が現実化する最終段階、つまり行動の段階を破壊し、これによってまた、記憶が現在に流出できなくしてしまうであろう。しかし、いずれの場合にも、脳の損傷が、記憶をほんとうに破壊することはないであろう。

37　この第二の仮説が、わたしたちの仮説である。しかしこの仮説の検証を試みる前に、わたしたちが知覚、注意力、記憶力の一般的関係を、どのように考えているかを簡単に述べておきたい。ある記憶が、どのように、ある構え、あるいは運動に、徐々に流れ込んでくることができるかを示すために、わたしたちはつぎの章の結論を、いくらか先取りしなければならない。

38 注意力とはなにか？　一面では、注意力のもっとも重要なはたらきは、知覚の強度を高めて、知覚の微細な部分を明るみに出す。したがって、内容において見るなら、注意力とは、知的状態の一種の増加だということになる。[1] しかし他方、意識が確認するところでは、この強度の増加と、外界の刺激の強さが増すことからくる増加は、様相がまったく異なっている。実際、この強度の増加は内側（主体の側）からくるもので、これは知性がとるある構えを示していると思われるからである。しかしちょうどここから、曖昧になってしまう。というのは、知的な構えという観念は、明瞭な観念ではないからである。あるひとは、《精神の集中》[2]とか、あるいは《統覚的》[3]努力によって、知覚は明確な知性の目でとらえられるという。ま

---

1 MARILLIER, Remarques sur le mécanisme de l'attention (*Revue philosophique*, 1889, t. XXVII).—Cf. WARD, art. Psychology de l'*Encyclop. Britannica*, et BRADLEY, Is there a special activity of Attention ? (*Mind*, 1886, t. XI, p. 305).

2 HAMILTON, *Lectures on Metaphysics*, t. I, p. 247.

3 WUNDT, *Psychologie physiologique*, t. II, p. 231 et suiv. (F. Alcan, édit.).

たあるひとたちは、この観念を物質化して、大脳エネルギーの特殊な緊張状態を想定したり、[1] 受けた刺激に付け加わってくるエネルギーが、脳中枢で消費されると想定したりする。[2] しかし、心理学的に確かめられた事実を、このように、わたしたちにはいっそう不明瞭にみえる生理学の用語に翻訳するだけか、あるいは、つねに比喩に戻るかのいずれかである。

39　こうしてひとは徐々に、注意力のはたらきを、精神より、むしろ身体の一般的適応によって定義し、この意識の構えに、ある身構えの意識を、第一に見るようになる。これはリボー（Th.）が論争でとった立場であり、[3] この立場は攻撃はされたけれども、[4] 依然、有力であるように思われる。とはいえ、わたしたちの考えでは、リボーが記述している運動には、注意力現象に必要な消極的条件しか認められないと思う。というのは、自発的注意力に伴う運動が、なによりもまず停止の動作であるとしても、この動作に対応する精神のはたらき、すなわち、同じ環境にある、同じ対象を、同じ器官が知覚しながら、この対象にますます多くのものを発見して行く、不思議なはたらきを説明することがまだ残されているからである。しかしさらに一歩進めていえば、この停止現象は、自発的注意力の実質的な運動への準備にすぎない、ということができる。実際、すでに示唆したように、注意力活動には、現在の知覚の有用な結果を追うことはやめて、過去を振り返る精神のはたらきがあると想定してみよう。そうすると、まず運動の抑制、停止の動作があるであろう。しかしこの全身的な構えに続いて、すぐにもっと微妙な運動が付け加わってくるであろう。そのいくつかは、すでに注目され、記述されているが[5]、この運動は、知覚対象の輪郭を、もう一度なぞるはたらきをしている。この運動によって、注意力の、もはやたんに消極的ではない、積極的なはたらきが始まる。そしてこのはたらきは、もろもろの記憶によって続けられるのである。

40　実際、外界の知覚が、その概略を描く運動をわたしたちの側に引き起こすと、わたしたちの記憶力は、いま受けた知覚に、これと類似の過去のイマージュ、わたしたちの運動によってすでに概略を描かれた過去のイマージュを差し向ける。こうしてわたしたちの記憶力は、現在の知覚を、新たに生み出す、というよりむしろ、現在の知覚に、この知覚イマージュそのもの、あるいは、なんらかの同種のイマージュ記憶を返送して、この知覚を二重化する。

(111)

1　Maudsley, *Physiologie de l'esprit*, p. 300 et suiv.—Cf. Bastian, Les processus nerveux dans l'attention (*Revue philosophique*, t. XXXIII, p. 360 et suiv.).

2　W. James, *Principles of Psychology*, vol. I, p. 441.

3　*Psychologie de l'attention*, Paris, 1889 (Félix Alcan, édit.).

4　Marillier, *art. cit.* Cf. J. Sully, The psycho-physical process in attention (*Brain*, 1890, p. 154).

5　N. Lange, Beitr. zur Theorie der sinnlichen Aufmerksamkeit (*Philo. Studien* de Wundt, t. VII, p. 390-422).

受け取ったイマージュや、想起されたイマージュが、知覚されているイマージュのすべての細部を覆うことができないと、記憶力のより深く、より遠い領域に呼びかけが発せられて、まだ把握されていない知覚の細部に、他の既知の細部が投影されて行く。それにこの操作は、限りなく続けることができるから、記憶力は、知覚を補強し、豊かにするが、知覚は知覚で、ますます発展して、自分のほうに、ますます多くの補足的記憶を引き寄せる。したがって、わたしたちはもはや、なにかわからないある特定量の光をもった精神が、あるときは、その光を周囲一帯に拡散させ、またあるときは、その光を一点に集中させるなどと、考えないことにしよう。比喩に対して、比喩で応じるなら、注意力の基本的なはたらきは、むしろ電信技師の仕事に比したほうがよいのであって、その仕事とは、重要な電報を受け取ると、電文の正確さを確認するために、一語一語、発信元に問い合わせることなのである。

41　しかし、電報を返送するには、機械装置を操作できなければならない。同様に、受けた知覚のイマージュを、知覚に返送するには、知覚のイマージュを再生できる、すなわち、総合の努力によって、知覚のイマージュを再構成できなければならない。注意力とは、分析能力だといわれたことがあり、これは正しかった。しかし、どうしてこの種の分析が可能であるのか、またいかなる過程を経て、わたしたちはある知覚に、はじめはこの知覚に現われていなかったものを発見できるのかが、十分には説明されなかった。じつは、この分析は、一連の総合の試みによって、あるいは、結局同じことであるが、一連の推測によって行なわれるのである。すなわち、わたしたちの記憶力のはたらきが、類似のさまざまなイマージュをつぎからつぎに選んでは、これらのイマージュを、目前の新しい知覚の方向に送り出しているのである。しかしこの選択は、でたらめに行なわれているわけではない。推測を示唆するもの、遠くからこの選別を規制しているもの、それは、知覚を受け継ぐ模倣運動であって、この模倣運動が、知覚イマージュにも、想起されるイマージュにも、共通の枠《わく》の役割をしているのである。

42　しかしそうだとすると、明瞭な知覚の成立過程は、ふつうとは別の仕方で考えなければならないであろう。知覚はたんに、精神によって集められた印象ではないし、精神に同化された印象でさえない。そのような知覚は、せいぜい、受け取られるとすぐに消費される知覚、わたしたちが有用な行動に分散させてしまう知覚である。ところがじつは、すべての注意的知覚には、まさに語源的な意味での *réflexion*（反射）があるのである。いいかえると、対象と同じ、あるいは類似のイマージュが、能動的に生み出されて、外界に投射され、投射されたこのイマージュが、対象の輪郭に流れ込んできているのである。ある対象をじっと見つめてから、急に視線をそらすと、その対象の残像が見える。この残像のイマージュは、対象を見つめていたとき、すでに生じていたと考えるべきではないだろうか？　遠心性知覚線維

(fibres perceptives centrifuges) の最近の発見からしても、事実いつもそのとおりだと考えられるし、わたしたちは印象を中枢にもたらす求心過程とは別に、イマージュを末梢に送り返す、反対方向の過程が存在すると考えざるをえないのである。たしかに、ここで問題にしているのは、対象そのものにおいて撮られたイマージュと、知覚に直接続いて生じる記憶であって、この記憶は、知覚の反響《エコー》にすぎない。しかし、対象と同じこのイマージュの背後には、記憶力に蓄えられ、たんに対象と似ているだけのイマージュや、ついには多少とも遠いつながりをもっているだけのイマージュがある。これらのイマージュがすべて、目前の知覚に向かって行き、この知覚の内容を養分として、十分な力と生気を獲得し、この知覚とともに外界に投射される。ミュンスタバーク[1]やキュルペ[2]の実験は、この最後の点について、いささかの疑問も残さない。わたしたちの現在の知覚を解釈しうるイマージュの記憶は、すべてあまりにもみごとに現在の知覚に忍び込んでしまうので、わたしたちはもはや、どれが知覚で、どれが記憶であるのか、区別できないほどなのである。しかしこの点については、ゴルトシャイダーとミュラーが、読書の仕方について行なった巧妙な実験ほど興味のあるものはない[3]。この二人の実験者は、グラスハイが有名な論文のなかで[4]、書き言葉は一文字一文字読まれると主張したのに対して、すらすら読むとは、まさに予見の作業であって、わたしたちの精神は、ところどころ、いくつか特徴を拾って、間隙をすべて記憶イマージュで埋めて行き、こうして紙上に投射された記憶イマージュが、実際に印刷してある文字に取って代わって、実物の錯覚を与えることを立証している。このように、わたしたちは絶えず創り出している、あるいは絶えず再構成している。わたしたちの明瞭な知覚は、まさに閉じた環《わ》に比すべきであって、ここでは精神に向けられたイマージュ知覚と、空間に投げ出されたイマージュ記憶が、互いに後を追って駆け回っているのである。

43　この最後の点を、詳しく述べよう。ひとはとかく、注意的知覚を、ひと筋に進む一連の過程のように考えて、まず対象が感覚を引き起こし、つぎにこの感覚がその先で観念を呼び起こし、さらに各観念は、つぎつぎに知性全体の奥の場所を振動させる、と想像しがちである。したがってここには、直線的な進行しかなく、精神は対象からますます遠ざかって、もはや二度と対象には帰らない。これに対してわたしたちは、反省的知覚は、回路であって、ここでは、知覚対象そのものも含めて、すべての要素が、ちょうど電気回路におけるように、

1　*Beitr. zur experimentellen Psychologie*, Heft 4, p. 15 et suiv.

2　*Grundriss der Psychologie*, Leipzig, 1893, p. 185.

3　Zur Physiologie und Pathologie des Lesens (*Zeitschr. f. klinische Medicin*, 1893). Cf. McKeen Cattell, Ueber die Zeit der Erkennung von Schriftzeichen (*Philo. Studien*, 1885-86).

4　Ueber Aphasie und ihre Beziehungen zur Wahrnehmung (*Arch. f. Psychiatrie*, 1885, t. XVI).

相互に緊張状態を保っているといいたい。したがって対象から発するいかなる振動も、精神の深みの途中でとどまることはできず、つねに対象そのものに返されなければならない。これを、たんなる言葉の問題と見ないでいただきたい。精神のはたらきについての、二つの、根本的に異なった考え方が問題なのである。第一の考え方では、すべての事柄が機械的に、そしてつぎつぎに、まったく偶然なにものかが付加されることで進行する。だからたとえば、注意的知覚の各瞬間に、新しい要素が精神のより深い領域から出てきて、これが古い要素に加わっても、全体の混乱を生じることもないし、組織体系が変わる必要もないであろう。第二の考え方では、これとは反対に、注意力のはたらきには、精神とその対象との緊密な結びつきがあって、これはとてもよく閉じられた回路であるから、より高度の集中状態に移行するためには、そのたびに、第一の回路を包み込んでいる新しい回路、この二つの回路に共通のものは知覚対象だけであるような新しい回路を、全部まるごと生み出さなければならない。後ほど詳細に検討する、これらの異なったさまざまな記憶力の環のうち、もっとも狭い環Aは、直接的知覚に、もっとも近いものである。この環に含まれるのは、対象Oそのものと、この対象Oを覆いに戻る、対象の残像のイマージュだけである。この環Aの背後の、しだいに大きくなる環B、C、Dは、そのそれぞれが、しだいに高まって行く知的拡張の努力に対応している。後に見られるように、これらの回路のおのおのに、記憶力の全体がはいる。というのは、記憶力はつねに現在活動しているからである。しかしこの記憶力は、その柔軟性によって際限なく膨張させることができるので、ますます多くの想い起こされたことがら――あるときは対象そのものの細部であり、またあるときは対象に付随し、対象を明らかにできるような細部――を対象に向けて送り返す。こうしてわたしたちは、知覚対象を、ひとつの独立した全体として再構成してから、この対象と一体になっている、しだいに遠くにおよぶ諸状態を再構成して行く。これらの状態の原因、すなわち、この対象の背後に存在し、潜在的にはこの対象自身とともに与えられている、ますます深さを増して行く諸原因をB′、C′、D′と呼ぶことにしよう。注意力のはたらきが進展して行くとは、たんに知覚対象だけではなく、この対象が結びつきうるますます広大な組織体系を、新たに生み出して行くことだということがわかる。したがって、記憶力の環B、C、Dが、より高いレベルの膨張を示して行くにつれて、これらの環の反射もB′、C′、D′へと、実在のより深い層に達して行くことになる。

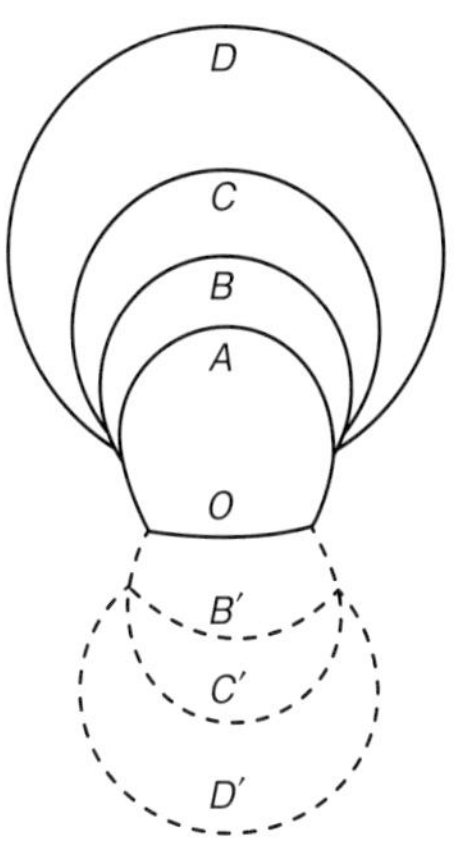

Fig. 1

44　したがって、同一の精神生活が、記憶力の相次ぐ段階で、いく度でもかぎりなく再生され、精神の同一の活動場面が、異なったさまざまな高さで展開される。注意しようと努力するとき、精神はつねに全体ではたらくが、しかし自己を展開するために選んだ水準に応じて、精神は単純化したり、複雑化したりする。通常、わたしたちの精神のこの動向を決定するのは、現在の知覚である。しかしわたしたちの精神が採用する緊張度に応じて、精神が身を置く高さに応じて、この知覚がわたしたちの内に展開させる記憶イマージュの数は異なる。

45　これをさらにいいかえると、わたしたち個人のもろもろの記憶、それぞれ正確な日付をもち、わたしたち各自の過去の生活の流れを描き出している一連の記憶は、それらすべてが集まって、わたしたちの記憶力の最後で最大の被膜を構成している。これらの記憶はもともと移ろいやすく、これらが具体的な姿を現わすのは、偶然の場合、すなわち、わたしたちの身体的構えが、たまたまこれらの記憶を引きつけるように決まる場合か、この身体的構えが決まらないこと自体が、これらの記憶が気まぐれに出現する自由な余地を与える場合だけである。しかしこの極大の被膜は、内側の同心円に収縮して再生され、このより狭い円上には、個性の薄れた同じ記憶がある。これらの記憶は、最初の個性的な姿からますます遠ざかり、その平凡さゆえに、ますます現在の知覚に重ねられるようになって、ちょうど種《しゅ》が個《こ》を包むように、目前の知覚がいかなるものであるかを明確化できるようになる。こうして収縮した記憶が、目前の知覚にあまりにもぴったりはめ込まれ、知覚がどこで終わり、記憶がどこで始まるかを、いえないときがくる。ちょうどこのとき、記憶力は自己の所有する心像を気まぐれに出没させることをやめて、身体運動の細部にみずからを合わせるようになるのである。

46　しかし、これらの記憶が運動にいっそう近づき、こうしてまた外界の知覚にいっそう近づくにつれて、記憶力のはたらきは、より行動上の重要さをもつようになる。すべての細部にわたって、感情的色合いにいたるまで、もとどおり再生された過去のイマージュは、夢想、あるいは、夢のイマージュである。わたしたちが行動すると呼んでいること、それはまさに、この記憶力が収縮する、というよりむしろ、ますます研《と》ぎすまされて、ついにはその刀身の先端だけを経験に突きつけて、経験に切り込んで行くことにほかならない。結局のところ、記憶力のもつ運動的要素がここで見落とされたために、記憶を呼び起こすとき自動的に行なわれる側面が、無視されたり、誇張されたりしたのである。わたしたちの意見では、わたしたちの知覚が自動的に模倣運動に分解されたちょうどその瞬間に、わたしたちの活動力への呼びかけが発せられるのである。このときわたしたちにひとつの素描（輪郭）が与えられて、わたしたちはこの輪郭の細部や色彩を、遠近さまざまな記憶をこの輪郭に投影することによって創造しなおすのである。しかし、ひとはふつう、決してこのようには考えない。あるひとは、精神に絶対的な自立性を与えて、精神は、対象があってもなくても、自由にその上空で活動する能力があると考える。したがってもはや、感覚-運動的均衡のほんのわずかな変調によって、注意力や記憶力に、強度の障害が生じうるということが理解できない。またあるひとは、これとは反対に、心像を呼び起こす過程は、いずれも現在の知覚の機械的な結果だとする。すなわち、必然的で単調な進行により、対象が感覚を生じさせ、感覚は観念を生じさせて、観念がこれに付着すると主張する。こうして、はじめに機械的であった現象が、途中で本性を変える理由はないので、結局、知的諸状態が脳内に沈殿していて、これらの状態は、脳内で休眠したり目覚めたりできるという仮説に行き着くことになる。どちらの立場においても、身体のほんとうの役割が見落とされているのである。そして運動機構の介入が、どこで必要かということがわからないので、いったん運動機構にたよってしまうと、これをどこでとどめるべきかも、やはりわからないのである。

47　しかし一般的考察は、ここまでにしておこう。わたしたちは、現在知られている脳局在の諸事実によって、わたしたちの仮説が、立証されるか、覆《くつがえ》されるかを、探究しなければならない。大脳皮質の局所的損傷に対応する心像記憶力の障害は、つねに再認の障害、すなわち、視覚あるいは聴覚の再認一般の障害（精神盲と精神聾）であるか、言葉の再認の障害（言語盲、言語聾など）である。したがってこれらが、わたしたちの検討すべき障害である。

48　ところで、わたしたちの仮説が正しいとすると、これらの再認の障害は、決して、もろもろの記憶が損傷部位にあることから生じるのではない。再認の障害は、つぎの二つの原因からくるにちがいない。ひとつは、わたしたちの身体が、外からきた刺激に対して、もろもろの記憶のなかから選択をするのに適した構えを、もはや自動的に取れないこと。もうひとつは、記憶のほうが、身体内に浸入拠点をもはや見いだせない、すなわち、記憶が行動へと展開して行く手段をもはや見いだせないこと。第一の場合、損傷がかかわるのは、受けた刺激を、自動的に行なわれる運動に受け継ぐ機構であって、注意力はもはや、対象の側から定まらない。第二の場合、損傷が関係するのは、必要な先行感覚を生じさせることで、意図的な運動を準備する、大脳皮質の特殊な中枢であり、是非はともかく、一般に心像記憶中枢と呼ばれている中枢である。注意力はもはや、主体の側から定めることができない。しかしいずれの場合にも、現在の運動が阻害されるか、あるいは、来たるべき運動が準備されなくなるかであって、記憶が破壊されるのではないであろう。

49　ところで、病理学は、この予想を裏づけている。病理学は、精神盲、精神聾、言語盲、言語聾には、それぞれに二つのまったく異なる種類があることを告げている。第一の種類では、視覚記憶あるいは聴覚記憶は、まだ想い起こされるが、それらがもはや、対応する知覚と合流できない。第二の種類では、記憶の想起そのものが阻害される。損傷はほんとうに、わたしたちが述べたように、第一の場合は、自動的注意力の感覚‐運動機構に関係し、第二の場合は、意図的注意力の心像想起機構に関係しているのであろうか？　わたしたちの仮説を検証するためには、明確な例に限定しなければならない。たしかに、一般に事物の視覚による再認や、とくに言葉の視覚による再認に、まず、ほぼ自動的に行なわれる運動過程があり、つぎに、記憶の能動的投射があって、この記憶が、対応する構えに入って行くことを示すことはできるであろう。しかしわたしたちはむしろ、聴覚の印象、とくに話し言葉の聞き取りを問題にしたい。なぜなら、この例が、他のどの事例よりも包括的だからである。実際、話しを聞くということは、まず音声を聞き分け、ついでその意味を見いだし、最後にその解釈を多少とも先へ進めることである。要するにこれは、注意力のすべての段階を通ることであり、つぎつぎに記憶力のいくつもの能力をはたらかせることである。それに、言葉の聴覚記憶力の障害ほど頻繁にみられ、よく研究もされている障害はない。最後に、聴覚言語イマージュの喪失は、大脳皮質のある特定の脳回に、重度の損傷がなければ生じない。したがって、異論のない局在の例が、わたしたちに与えられていることになり、この例によってわたしたちは、脳が、ほんとうに、記憶を蓄えることができるかどうかを、問うことができるであろう。それゆえ、わたしたちが証明しなければならないのは、言葉の聴覚的再認における、つぎの二つの過程である。1^{0}　自動的な感覚－運動過程。2^{0}　記憶イマージュの能動的で、いわば離心的な投射。

50　1⁰　わたしはいま、ふたりのひとが、わたしの知らない国語で話し合うのを聞いているとしよう。これを聞くだけで、彼らの会話を理解できるだろうか？　わたしに聞こえてくる音波は、彼らの耳に入るのと同じ音波である。しかしわたしが知覚するのは、どの音声も似たような混乱した雑音だけである。なにも聞き取れないし、なにも復唱できない。これに対して、ふたりの対話者は、この同じ音声の流れのなかに、互いにほとんど似ていない子音や母音やシラブル（音節）、要するに明確な言葉を聞き分けている。彼らとわたしには、どこに違いがあるのだろうか？

51　問題は、ある国語の知識という、記憶にすぎないものが、どのように、現在の知覚のもつ物質的側面を変えて、同じ物理的条件下で、一方が聞き取れないことを、他方には現に聞き取らせることができるのかという点である。これは記憶力に蓄えられている言葉の聴覚記憶が、ここで音声の印象の呼びかけに答えて、この印象の作用を補強しにくる、と考えるひとがいるかもしれない。しかしいま聞いている会話が、わたしにとっては雑音にすぎないとしても、いくらでも強められたこの音声を想定することはできる。雑音は、より強くなったからといって、それでより明瞭になるわけではない。言葉の記憶が、聞こえてくる言葉によって呼び起こされるためには、少なくとも耳が、この言葉を聞き分けていなければならない。聞こえてくる音声が、記憶力にはたらきかけ、聴覚イマージュの倉庫のなかから、この音声に注がれるべき聴覚イマージュを選ぶということは、もしこの音声が、すでに分離され、区別されていなかったとしたら、要するにシラブルや語として知覚されていなかったとしたら、どうして可能であろうか？

52　この困難な問題は、知覚失語の理論家たちの関心を、十分に引いたとは思われない。しかし実際には、言語聾では、患者は、自国語に対して、ちょうどわたしたちが、知らない国語が話されるのを聞くときと、同じ状況にある。患者はふつう、聴覚は健全であるが、ひとが話す言葉はなにも理解できないし、しばしばこれを、他の音声と区別することさえできない。ひとは言葉の聴覚記憶が大脳皮質で破壊されたとか、あるときは皮質相互間の損傷が、またあるときは皮質下の損傷が、聴覚記憶が観念を呼び覚ますことを阻止するとか、あるいは知覚が記憶と合流することを阻止するといえば、もうそれだけで、十分この状態を説明したことになると考えている。しかし少なくとも、この最後の（いわゆる皮質下性言語聾の）場合、心理学的な問題は依然として残る。ここで損傷が消失させた意識過程とはなにか？また、耳にまず連続的な音声として与えられているものが、通常は何を介して、単語やシラブルに分離されるのか？

53　この困難は、実際にわたしたちが、ただたんに一方に聴覚印象を考え、他方に聴覚記憶を考えるだけでは、克服できないであろう。しかし、もし聴覚印象が、発生状態の運動を組織し、この運動によって、聞こえてくる文章が区切られ、この文章の主要な分節が強調されるとすれば、事情は異なる。聴覚印象に伴って内面に生じるこの自動運動は、はじめは混乱していて、うまく調整されたものではないが、反復するにつれて、しだいにはっきりした姿を取ってくる。聴覚印象に伴うこの運動は、ついには簡略化されたパタンを示し、聞き手はこのパタンで、話し手の運動そのものの大筋と、その主要な方向を見いだすことができるようになる。このように、発生状態の筋肉感覚のかたちをとってわたしたちの意識に展開されるもの、これをわたしたちは、聴覚言語の図式的運動（*schème moteur*）と呼ぶ。新しい言語の構成要素に耳を慣らすとは、したがって、もとの音声を変化させることでもないし、この音声に記憶を付加することでもない。それは、耳からの印象に、発声筋の運動傾向を調整することであり、聴覚印象に伴う運動を完成させて行くことなのである。

54 体操を練習するのに、わたしたちはまず、運動全体を、外から目に見えるままに、演じられたと思うとおりに、模倣することから始める。このときの知覚は、明確さを欠いていたし、それを再現しようと試みる運動も、混乱しているであろう。しかし、わたしたちの視覚が、連続的な全体の知覚であるのに対して、このイマージュを再構成しようと試みる運動は、筋肉の多くの収縮や緊張から成り立っている。また、わたしたちがこの運動についてもつ意識そのものには、さまざまな屈曲運動からくる多くの感覚が含まれている。したがって、イマージュを模倣するこの混乱した運動は、すでにイマージュの事実上の分解であって、この運動は、いわばそれ自身のうちに、分解されるべきものをもっている。反復と練習から生まれる進歩とは、このはじめ隠されていたものを表に出して、要素的運動のおのおのに、要素的運動に必要不可欠な他の要素的諸運動との連係を保ちつつ、正確さを確保する自立性を与えることにほかならない。習慣が、努力の反復によって獲得されるといわれることは、正しい。しかし反復される努力が、いつも同じものしか再現しないとしたら、そのような努力が何の役に立つだろうか？　反復のほんとうの役割は、まず分解し、ついで再構成して、身体の理解力に訴えることである。新しく試みるごとに、反復は隠されていた運動を展開し、そのたびに、身体の注意力を、いままで気づかずにいた新しい細部に向けさせる。反復によって、身体は区分し、整理する。反復は身体に要点を際立たせて、運動全体のうちに、その内部構造を示す輪郭を、ひとつひとつ見つけ出して行く。この意味で、運動は、身体がこれを理解したときに、はじめて習得されたことになる。

55　同様に、聞こえてくる言葉に伴う運動が、連続的な音声の流れに区切りを入れる。聴覚言語に伴う、この運動とはなにか？　これは内面的にくり返される、聞こえた言葉そのものだろうか？　しかしそうだとすると、子供は、自分の耳で聞き分ける言葉は、すべてくり返していうことができることになるし、またわたしたち自身、外国語を理解しさえすれば、その外国語を正しいアクセントで発音できることになる。とてもそう簡単には行かないだろう。ある歌曲を聞いて、その構想をたどり、この曲を記憶力に定着させることさえできても、これを歌うことはできない。ドイツ語を話すイギリス人のアクセントやイントネーションの特徴は、すぐわかる――したがってわたしは、心のうちで彼の発音を正している――、だからといって、わたしが発音すれば、正しいアクセントとイントネーションをそのドイツ文に与えられる、ということにはならない。それにここで、臨床事実によっても、この日常的観察は裏づけられる。患者は話すことができなくなっているのに、まだ他人の話しをたどって理解することはできる。いいかえると、運動失語になったからといって、言語聾になるわけではない。

56　なぜかというと、わたしたちが聞こえてくる言葉を区切るのに用いている図式（概略の模倣運動）は、たんに外からの言葉の目立った輪郭を強調するだけだからである。この図式的運動と、発話そのものの関係は、スケッチと、完成された絵の関係に等しい。実際、むずかしい運動を理解することと、むずかしい運動を実行できることとは、それぞれ別のことである。むずかしい運動を理解するには、この運動の要点を浮き出させて、考えられる他のもろもろの運動から、この運動を区別できるだけで十分である。しかし、むずかしい運動を実行できるようになるには、そのうえさらに、この運動を、自分の身体に覚え込ませておかなければならない。ところで、身体には当然、暗黙の了解というものはない。すなわち身体は、要求された運動の構成部分のすべてを、ひとつひとつ展開し、ついでこれらを全体的に再構成しなければならない。ここではいかなる細部も無視しない完全な分析と、なにひとつ省略しない現実の総合が必要である。いくつかの発生状態の筋肉感覚からなる、イマージュを模倣する図式的運動は、素描にすぎない。実際に完全に体感される筋肉感覚が、この素描に色彩と生命力を与えるのである。

57　残る問題は、この種の随伴運動が、どのように生じるのかということ、そして実際にいつも生じているのかどうか、という点である。よく知られているように、ある言葉を実際に発音するには、分節するために舌と唇を、発声のために喉頭を、最後に呼気流を生み出すために胸筋を、同時にはたらかせなければならない。したがって発音されるシラブルのおのおのに、脊髄と延髄の中枢に、しっかり組み込まれている機構全体の発動が対応している。これらの機構は、精神-運動野にある錐体細胞の軸索突起によって、大脳皮質の上位中枢に結ばれており、この経路にそって、意志のインパルスが進んで行く。たとえば、どの音声を発音しようとするかに応じて、わたしたちは活動命令を、これらのある特定の運動機構に伝達する。ところで、分節と発声が可能なさまざまな運動に対応する、これらのしっかり組み込まれた機構が、自発的な発話において、これらを作動させる原因（それが何であれ）と関係する一方、これらの同じ機構が、言葉の聴覚的知覚と、明らかに連絡していることを示す事実が、いくつかある。臨床医によって記述された多種多様な失語症のうち、この種の関係を含むと見られるものに、まず二例（リヒトハイムの第4型と第6型）が知られている。すなわち、リヒトハイム自身によって観察されたある症例では、患者は転落の結果、言葉を構音する記憶力、したがって自発的に話す能力を失っていた。それにもかかわらず、いわれたことは非常に正確に復唱したのである。[1] 他方、自発的には話せるが、完全な言語聾の症例では、患者は、いわれたことをもはやなにも理解していないのに、他人の言葉を復唱する能力は、まだ完全に保たれているということがある。[2] バスティアンのいうように、これらの現象が示すのは、たんに言葉の構音記憶力あるいは聴覚記憶力の機能低下にすぎず、聴覚印象は、この記憶力を、その仮眠状態から目覚めさせるだけだといわれるかもしれない。[3] この仮説は、正しい一面があるとは思われるが、しかしわたしたちには、反響言語（écholalie）という非常に奇妙な現象、すなわち、ずっと以前からロンバーク[1(p. 207)]やヴォアザン[2(p. 207)]、ウィンズロー[3(p. 207)]によって報告され、クスマウルがいささか誇張して音響反射[4(p. 207)]と名づけた現象を、説明できないよう

1　LICHTHEIM, On Aphasia (*Brain*, janv. 1885, p. 447).
2　*Ibid.*, p. 454.
3　BASTIAN, On different kinds of Aphasia (*British Medical Journal*, oct. et nov. 1887, p. 935).

に思われる。ここでは、患者は機械的に、そしておそらく無意識に、聞こえた言葉を反復し、まるで耳からの感覚が、ひとりでに発語運動に変換されるかのようなのである。ここから一部のひとは、言葉の聴覚中枢と、言葉の構音中枢を結ぶ、特殊な機構を想定した。[5] 真理は、この二つの仮説の、中間にあると思われる。すなわち、これらのさまざまな現象には、完全に機械的な活動以上ではあるが、しかし、自分の意志による記憶力への呼びかけ以下のものがある。これらの現象は、耳からの言葉の印象を、発語運動に受け継ごうとする傾向を示している。この傾向は、わたしたちの意志による習慣的制御を、たぶん逃れることはないし、おそらく基本的な区分作用さえ含んでいる。そしてこの傾向は、正常な状態では、聞こえてくる言葉の際立った特徴を、内面で反復する運動として現われる。ところで、わたしたちのいう図式的運動とは、これ以外のものではない。

58　この仮説を突きつめてみると、おそらく、さきほど言語聾のある型（いわゆる皮質下性）についてわたしたちが求めた、心理学的説明を見いだすことができるであろう。言語聾には、聴覚記憶を、完全に保持している症例が、いくつか知られている。患者は言葉の聴覚記憶も、耳の感覚機能も、完全に保っている。それなのに、話しかけられる言葉を一語も再認できない。[6] 一般にはこの場合、大脳皮質下に損傷があって、この損傷のために、聴覚印象は、大脳皮質の中枢に蓄えられている聴覚言語イマージュに、出会いに行けなくなると想定されている。しかしまず、脳はもろもろのイマージュを貯蔵できるか否かという点が、まさに問題である。そしてつぎに、知覚の伝導路に損傷が確認されれば、もうそれだけで、この現象の心理学的説明を求めなくてもよいということにはならない。というのは、いまの（この言語聾の）場合、聴覚記憶は意識に呼び起こされるし、また、聴覚印象も意識に達している。したがって意識そのものに、欠落、切れ目、要するに知覚と記憶の合流を妨げる、なにものかがあるはずだからである。ところでこの事実は、与えられたままの聴覚は、まさしく連続的な音声の感覚であること、この音声の連続を分割する役割をしているのが、正常な状態におい

---

1 (p. 205)　ROMBERG, *Lehrbuch der Nervenkrankheiten*, 1853, t. II.

2 (p. 205)　BATEMAN によって引用されている：*On Aphasia*, London, 1890, p. 79.—Cf. MARCÉ, Mémoire sur quelques observations de physiologie pathologique (*Mém. de la Soc. de Biologie*, 2e série, t. III, p. 102).

3 (p. 205)　WINSLOW, *On obscure diseases of the Brain*, London, 1861, p. 505.

4 (p. 205)　KUSSMAUL, *Les troubles de la parole*, Paris, 1884, p. 69 et suiv.

5　ARNAUD, Contribution à l'étude clinique de la surdité verbale (*Arch. de Neurologie*, 1886, p. 192).—SPAMER, Ueber Asymbolie (*Arch. f. Psychiatrie*, t. VI, p. 507 et 524).

6　とくに、P. SÉRIEUX, Sur un cas de surdité verbale pure (*Revue de médecine*, 1893, p. 733 et suiv.) ; LICHTHEIM, *art. cit.*, p. 461 ; ARNAUD, Contrib. à l'étude de la surdité verbale (2e article), *Arch. de Neurologie*, 1886, p. 366 参照。

ては、習慣によって形成された感覚-運動の接続機構であることを認めてもらえるなら、説明できる。すなわち、この意識的な機構の損傷は、音声の連続が分割されることを妨げるので、記憶が発展して対応する聴覚に合流しようとする流れを、きっぱりと遮断してしまうわけである。したがって、損傷が阻害するのは《図式的運動》だということになる。聴覚記憶を保持している言語聾の症例は、かなりまれではあるが、症例を子細に検討されれば、この点から見て、特徴的ないくつかの細かい点に気づかれると思う。アードラーは、言語聾で注目すべき事実として、患者はきわめて鋭敏な聴覚を保っているのに、物音にはもはや、それが強烈な音であっても、反応しない点を指摘している。[1] いいかえると、患者にはもはや、音に対する運動的反応がない。一過性の言語聾になった、シャルコの患者は、時計の打つ音はよく聞こえたが、いくつ打ったか数えることができなかったといっている。[2] おそらくこの患者は、打った音を分離して、これらを区別して聞きとることができなかったわけであろう。別のある患者は、会話の言葉は聞こえるが、まるで混乱した雑音のようだと証言している。[3] 最後に、聞こえてくる言葉の理解力を失った患者であっても、単語を何度もくり返していってやったり、とくにシラブルごとに区切ってその単語を発音してやると、理解力を回復する。[4] この最後の事実は、聴覚記憶が保持されている言語聾の完全に明瞭な症例で、いくつも確認されているが、これは特別重要な事実ではないだろうか？

59 シュトリッカーの誤りは[5]、聞こえてくる言葉の完全な内面的反復があると考えた点である。彼の主張は、運動失語が言語聾を引き起こした例が、ただの一例もないという単純な事実によって、すでに反駁されている。むしろすべての事実は、音声を区切って、その図式（概略の運動）を生み出そうとする運動傾向があることを、一致して示している。とはいえ、この自動的傾向は――すでに述べたように――、ある程度基本的な知性のはたらきなしには生じない。このようなはたらきがなければ、どうしてわたしたちは、異なった高さで、異なった音色で発音された類似の言葉を、ともに同じであるとみなし、したがってそれらを同じ図式でたどることができるであろうか？　反復と再認のこの内面的運動は、意図的注意力のいわば前奏曲《プレリュード》である。この運動は、意志と、自動運動との、境界線を示している。この運動に

---

1 Adler, Beitrag zur Kenntniss der seltneren Formen von sensorischer Aphasie (*Neurol. Centralblatt*, 1891, p. 296 et 297).

2 Bernard, *De l'aphasie*, Paris, 1889, p. 143.

3 Ballet, *Le langage intérieur*, Paris, 1888, p. 85 (Félix Alcan, édit.).

4 Arnaud が、*Archives de Neurologie*, 1886, p. 366 et suiv. (*Contrib. clinique à l'étude de la surdité verbale*, 2e article) に引用している三つの症例参照。 —Schmidt, Gehörs- und Sprachstörung in Folge von Apoplexie (*Allg. Zeitschr. f. Psychiatrie*, 1871, t. XXVII, p. 304) の症例も参照されたい。

5 Stricker, *Du langage et de la musique*, Paris, 1885.

よって、すでにいくらか示唆したように、理知的再認に特徴的な現象が準備され、方向づけられる。それでは、この十分に自覚された、完全な再認とはなにか？

60† 2⁰ わたしたちはこの研究の、第二の部分に入る。すなわち、運動から、記憶に移る。すでに述べたように、注意的再認は、まさしく回路であるから、ここでは、外界の対象は、これと対称的な位置を占めたわたしたちの記憶力が、緊張度をいっそう高めて、自己所有の記憶を対象に投射するにつれて、対象自身のますます深い諸部分を現わしてくる。わたしたちがいま問題にしている特殊な例でいうと、対象とは、話し相手であり、彼の観念は、彼の意識のなかで聴覚心像に展開され、ついで発音された言葉に具体化される。したがって、わたしたちが正しいとすると、聞き手は、対応する観念に、一気に身を置いて、これらの観念を、もろもろの聴覚心像に展開させ、これらの心像そのものが図式的運動に入り込んで、聞こえてくる音声を覆うようにしなければならない。計算をたどるとは、自分で計算しなおすことである。同様に、他人の話しを理解するとは、知的に再構成すること、すなわち、観念から出発して、耳が感知する音声の連続を、構成しなおすことなのである。より一般的にいえば、注意すること、知的に再認すること、解釈することは、ともに同じひとつのはたらきであって、このはたらきによって精神は、自己の水準を定めて、受け取られたままの音声に対し、この音声の遠近さまざまな原因と対称となる点を自己の内に選んでから、この音声に向けて記憶を流出させて、この音声を覆うのである。

61　ここでとりあえず指摘しておきたいことは、一般にこの問題は、決してこのように考えられてはいない点である。連合心理学《アトミズム》の習性が染みついているので、わたしたちはふつう、音声が、近接によって、聴覚記憶を呼び起こし、聴覚記憶は、観念を呼び起こすと考える。それに記憶を消失させるようにみえる脳の損傷もあるし、とくにわたしたちがいま問題にしているケースでは、皮質性言語聾に特有の損傷を持ち出すこともできるであろう。こうして心理学的観察と、臨床事実は、一致しているようにみえる。たとえば、脳細胞の物理化学的変化というかたちで、大脳皮質に仮眠状態の聴覚心像がある。外から来た振動刺激が、これらの聴覚心像を呼び覚まし、ついでこれらの聴覚心像は、脳内のある過程によって、おそらく補完的な心像を求めて進む皮質相互間の運動によって、もろもろの観念を呼び起こす。

62　しかし、この種の仮説の奇妙な帰結について、よく考えていただきたい。ある単語の聴覚イマージュは、決定的に固定された輪郭をもつものではない。というのは、同じ単語でも、異なった声や、あるいは同じ声でも、異なった高さで発音されれば、異なった音響を生じるからである。したがって、ひとつの単語でも、音の高さや、音色のある分だけ、聴覚記憶もあることになるであろう。これらのイマージュが、すべて、脳につめ込まれているのだろうか？　それにまた、もし脳が選択するとすれば、脳はどのイマージュを優先して選ぶのだろうか？　それでもかりに、脳が、どれかひとつのイマージュを選ぶ根拠があるとしよう。しかしこの同じ単語が、新たに別のひとによって発音されたとき、この単語は、自分と異なったものである記憶と、どのように結びつきに行くのだろうか？　実際、ここで注意しなければならないことは、この記憶は、いまの前提からして、不活性で自発性のない「物」であり、したがってこれは、外面的違いの底に、内面的類似を把握することはできない、という点である。あるひとは、単語の聴覚イマージュが、あたかも独立の存在であるかのように、あるいは、類概念であるかのようにいわれる。たしかに、この類概念というものは、多様な音声を類型化できる能動的記憶力にとっては、存在する。しかし、受け取られた音声の物質面を記録し、また物質面しか記録できない脳には、同じ単語に対して、異なった無数のイマージュがあることになるであろう。新たに別の声で発音されれば、この単語は新しいイマージュを形成し、これはただ他のイマージュに付加されるだけであろう。

63　しかし、同じくらい厄介なことがある。わたしたちにとって、ある単語が、個としての性質をもつようになったのは、学校の先生が、この単語を切り離すことを教えた日からである。わたしたちが最初に発音を習得するのは、単語ではなくて、文である。ある単語は、これに伴うもろもろの単語と、つねに密接に連係しており、この単語も一要素となっている文の運び方やテンポに応じて、この単語は異なった様相を帯びる。ちょうど、ある主旋律のひとつひとつの音が、いずれも主旋律全体を漠然と反映しているように。したがって、かりにモデルとなる聴覚記憶が、脳内のある配列として存在し、音の印象の到着を待ちかまえているということを認めるにしても、この印象は、再認されずに、通り過ぎてしまうであろう。実際、干乾《ひから》びた、生気のない、孤立したイマージュと、文と有機的に組織されている、この語の生きた現実の、どこに共通点があり、どこに接点があるだろうか？　わたしには再認のこの自動的発端は、とてもよくわかる。この発端は、すでに見られたように、聞こえてくる文の主要な分節を際立たせ、こうしてこの文の動きを取り入れることで始まる。しかし、すべてのひとが、同じ声で、同じ語調で、ステレオタイプの同じ文を発音すると想定するのでないかぎり、聞こえてくる言葉が、どのように、大脳皮質のなかで、その言葉のイマージュと結びつきに行くのか、わたしには理解できないのである。

64　ところで、大脳皮質の細胞内に貯蔵されている記憶が、ほんとうに存在するなら、たとえば知覚失語において、ある特定の単語は、回復不可能に失われ、その他の単語は、完全に保存されていることが確認されるであろう。ところが、現実はそうではない。あるときは、記憶全体が消失し、精神的聴力（音声記憶を想起する機能）がまったく失われてしまう。またあるときは、この機能の全般的な衰弱がみられる。しかし通常、減退するのは、機能であって、記憶の数ではない。患者はもはや、聴覚記憶を取り戻す力を失ってしまい、言葉のイマージュのまわりを回っていて、このイマージュに身を置くことができないようにみえる。患者がある単語を思い出せるようにするには、なにか手がかりを与えたり、最初のシラブルを教えたり、[1]ただ勇気づけるだけでよい場合[2]などが、しばしばある。なんらかの感動が、同じ効果を生むこともある。[3]とはいえ、特定の心像のグループが、記憶力から消失したかのようにたしかにみえる症例がある。わたしたちはこれらの事例を多数検討してみたが、これらは、二つの、まったく異なる種類に分けることができると思われた。第一の種類では、記憶の喪失はふつう、突然起きる。第二の種類では、徐々に進行する。第一では、記憶力から抜け落ちるのは、任意の記憶で、これは勝手に、というよりむしろ気まぐれに選ばれる。ある単語であったり、ある数字であったり、あるいはまた、習得したある言語のすべての単語ということも、しばしばある。第二では、言葉は消えて行くのに、整然とした文法的順序、リボーの法則が示しているとおりの順序に従う。固有名詞が、まず姿を消し、ついで、普通名詞、最後に、動詞である。[4]以上が、外面的相違である。しかし内面的相違は、わたしたちの見るところ、以下のとおりである。第一の種類の記憶喪失は、ほとんどすべて、激しいショックの結果生じるが、ここで外見上消失している記憶は、実際には残存しているし、たんに残存しているだけではなく、活動していると考えられる。しばしば引用されるウィンズローの症例をみると、[5]患者はFという文字、それもFという文字だけを忘れてしまっているが、ある特定の文字を、出会うたびに除外し、こうして、この文字と一体になっている、話されるなり書かれるなりした言葉から、これを排除することは、もしも暗黙のうちに、まずこの文字を再認しなくて、できることだろうか？　同じ著者が引用している別の症例では、[6]患者はかつて習得したいくつかの言語も、また自分が書いた詩も、忘れてしまっていた。しかしもう一度書き出したら、ほとんど同じ詩を作ったのである。それに、このような症例では、いったん失われた記憶が、完全に回復することも、しばしば見られる。この種の問題に、あまり断定的意見を述べようとは思わないが、わたしたちはこれらの現象と、ピエル・ジャネ氏が記述した人格の分離（scissions de la personnalité）[1](p. 217)に、ある類似を認めざるをえないの

1　Bernard, *op. cit.*, p.172 et 179. Cf. Babilée, *Les troubles de la mémoire dans l'alcoolisme*, Paris, 1886 (thèse de médecine), p. 44.

2　Rieger, *Beschreibung der Intelligenzstörungen in Folge einer Hirnverletzung*, Würzburg, 1889, p. 35.

3　Wernicke, *Der aphasische Symptomencomplex*, Breslau, 1874, p. 39.—Cf. Valentin, Sur un cas d'aphasie d'origine traumatique (*Rev. médicale de l'Est*, 1880, p. 171).

4　Ribot, *Les maladies de la mémoire*, Paris, 1881, p. 131 et suiv. (Félix Alcan, édit.).

5　Winslow, *On obscure Diseases of the Brain*, London, 1861.

6　*Ibid.*, p. 372.

である。これらの現象のあるものは、催眠術師が誘導する《ネガティヴな幻覚（客観的対象が知覚されなくなる現象）》や《指標（合図）による暗示》と、驚くほど似ている。[2]——これとまったく別の失語が、第二の種類の、ほんとうの意味での失語である。これらの失語は、わたしたちがこれから明らかにしようとするように、場所が明確に位置づけられた機能、すなわち、言葉の記憶を現実化する能力が、徐々に減退することから生じる。記憶喪失が、ここでは整然とした経過をたどって進むこと、すなわち、固有名詞から始まって、動詞で終わることを、どのように説明すればよいのだろうか？　もし言葉のイマージュが、ほんとうに大脳皮質の細胞内に貯蔵されているとすれば、説明方法はまず見いだせないであろう。実際、病気がいつも、これらの細胞を、同じ順序で傷つけて行くというのは[3]、奇妙ではないだろうか？　しかしわたしたちとともに、記憶が現実化するためには、補助となる運動が必要であること、記憶が思い出されるためには、ある精神の構えそのものが、身体の構えに入り込まなければならないことを認めてもらえるなら、この事実は明らかになるであろう。すなわちこの場合、動詞は本質上、模倣できる動作を示すから、言語機能がまさに失われようとしているときでも、身体の努力でとらえられる言葉なのである。これに対して、固有名詞は、すべての言葉のうちで、わたしたちの身体で概略を示すことのできる非個人的（一般的）動作から、もっとも遠いので、運動機能の低下によって、最初に損なわれる言葉なのである。ふだんは自分が求める名詞を、どうしても思い出せない失語患者が、その名詞の代わりに、それに応じた遠回しな表現をし、この表現のなかに、他の名詞や[4]、ときには思い出せなかった当の名詞そのものが入ってくる、奇妙な事実に注意しよう。患者は正しい単語が思いつかないので、これに対応する動作を考えて、この行動的な構えが、ひとつの運動の全体的な向きを決定し、ここから、その文が出てきたわけである。ちょうどわたしたちが、忘れた名前の頭文字を覚えていれば、それをくり返して発音してみることで、名前を思い出すのと同じである。[1](p. 219)——このように、第二の種類の事例では、機能が全体的に損なわれる。第一の種類の事例では、忘却は、見かけ上はより明瞭であるが、実際には決して決定的ではないにちがい

---

1 (p. 215)　Pierre JANET, *État mental des hystériques*, Paris, 1894, II, p. 263 et suiv.— また同じ著者の *L'automatisme psychologique*, Paris, 1889 参照。

2　Grashey の症例参照。これは Sommer によって、あらためて検討されたが、彼は、この症例は、失語諸理論の現状では説明できないと明言している。この例では、患者が行なう運動が、あたかも独立の記憶力に発せられた信号（合図）であるかのようにみえる。(SOMMER, Zur Psychologie der Sprache, *Zeitschr. f. Psychol. u. Physiol. der Sinnesorgane*, t. II, 1891, p. 143 et suiv.—Cf. la communication de SOMMER au Congrès des Aliénistes allemands, *Arch. de Neurologie*, t.XXIV, 1892).

3　WUNDT, *Psychologie physiologique*, t. I, p. 239.

4　BERNARD, *De l'aphasie*, Paris, 1889, p.171 et 174.

ない。第一の場合にも第二の場合にも、脳組織の特定の細胞内に位置づけられ、これらの細胞の破壊によって消滅する記憶は、見いだせない。

65　わたしたちはここで、自分自身の意識にたずねてみよう。わたしたちが他人の話しを、理解しようと思って聞くとき、何が起きているかを自分の意識にたずねてみよう。わたしたちはただ受動的に、もろもろの印象が、それらのイマージュを探しに行くのを、待っているだろうか？　むしろわたしたちは、相手に応じて、また、相手が話す言語や、相手が表現する思想の種類、とくに相手の文章の全体的な動きに応じて、ある態勢に身を置き、あたかも、まず自分の知的活動の音程を調整するかのようであることに、気づかないだろうか？　相手のイントネーションを際立たせ、相手の思考のカーブを、その曲折にそってたどる図式的運動が、わたしたちの思考に、道筋を示す。図式的運動は、空の容器であり、この容器の型によって、ここに入ってくる流体の型が決まるのである。

66　しかしながら、解釈のしくみをこのように解することに、ひとびとは抵抗を感じるであろうが、その理由は、いかなる場合にも、進展より、事物を考えようとする、抑えがたい思考傾向がわたしたちにあるからなのである。すでに述べたように、わたしたちは観念から出発し、この観念を図式的運動に入りうる聴覚記憶イマージュに展開して、聞こえてくる音声を覆う。ここにあるのは連続的な進展であり、この進展によって、雲状の観念は、区別された聴覚イマージュに凝縮し、まだ流動的なこのイマージュは、物質的に受け取られた音声に融合して、ついに定着する。いかなる瞬間においても、観念や、イマージュの記憶が、いつ終わり、イマージュの記憶や、感覚が、いつ始まるかを、正確にいうことはできない。実際、連続して受け取られる音声の相互混入と、想起された聴覚イマージュがこれらの音声に付け加える明瞭さの間に、また、想起されたこれらのイマージュそのものの不連続と、これらのイマージュが分離し、別々の単語に屈折させる、そもそもの出発点にある観念の連続の間の、どこに境界線があるだろうか？　しかし、科学的な思考は、切れ目のないこの一連の運動変化を分割し、記号的表現をしたいという抗しがたい欲求に屈して、この発展の主要な段階をとらえ、それぞれ出来上がった「物」として固定してしまう。科学的思考は、聞こえてくるままの音声を、それぞれ分離された完全な単語とし、ついで想起されたもろもろの聴覚イマージュを、これらが展開させる観念とは独立の自立した存在とする。こうして、これらの三つの項、すなわち、素材としての知覚、聴覚イマージュ、および観念は、いずれもそれぞれが自足した別々のものを構成することになる。それに純粋経験に従うなら、もろもろの聴覚

---

1 (p. 217)　Gravesが挙げている症例では、患者は、名前をすべて忘れていたが、しかしその頭文字を覚えていたので、この頭文字によってそれらの名前も思い出すことができた。(BERNARD, *De l'aphasie*, p. 179 に引用されている)。

記憶は、それら相互の結合を観念に負っており、また素材としての音声のほうも、ただ記憶によってのみ完全なものになるのであるから、どうしてもまず観念から出発しなければならないのに、それでもひとは、独断的に素材としての音声を補ったり、やはり独断的にもろもろの記憶をいっしょに結合するとき、現実の本来の順序を逆転させて、わたしたちは知覚から記憶に進み、記憶から観念に進むと断言しても、その不合理な点には気がつかないのである。それでもしかし、なんらかのかたちで、いつかは、これら三項に分断された連続を回復させなければならないであろう。そこでこれらの三項は、延髄や大脳皮質のそれぞれ異なった部位に宿って、互いに連絡を保ち、知覚は聴覚記憶を呼び覚ましに行き、聴覚記憶のほうは観念を呼び覚ましに行くと想定することになる。発展の主要な諸段階を、それぞれ独立項として凝固させたので、こんどは発展そのものを、連絡経路や刺激の運動というかたちで、物質化するわけである。しかし、こうして実際の順序を逆転させ、その必然的帰結として、系列の各項に、この項より後になって初めて現実化する諸要素を導入して、困った結果にならないわけはない。また、切れ目のない連続的発展を、別々の独立項に凝固させたら、やはり困った結果になるであろう。このような説明方法は、これを思いつくのに役立った諸事実だけに、厳格に限定して用いれば、たぶん十分間に合うかもしれない。しかし新しい事実が出てくるたびに、どうしても図式を複雑にして、運動の経路に、もろもろの新しい中継点を追加しなければならなくなるであろう。それでも、これらの並置された中継点が、運動そのものを再構成することは、決してできないであろう。

67　この点に関しては、知覚失語の《図式》の歴史ほど、教訓となるものはない。実際、シャルコ[1]やブロードベント[2]、クスマウル[3]、リヒトハイム[4]の研究に代表される初期には、大脳皮質相互間の経路を通って、さまざまな言語中枢と結ばれる《観念中枢》という仮説にとどまっていた。しかしこの観念中枢は、分析が進むと、たちまち解体してしまった。実際、大脳生理学は、感覚と運動は、ますます正確に位置づけることができたのに、観念は、どうしても位置づけることができなかった。しかし他方、知覚失語の多様さからして、臨床医たちは、知的中枢をますます多くの心像中枢、たとえば視覚心像中枢、触覚心像中枢、聴覚心像中枢、その他に分離せざるをえなくなった——そのうえときには、これらの二つを相互に連絡する

1　Bernard, *De l'aphasie*, p. 37.

2　Broadbent, A case of peculiar affection of speech (*Brain*, 1879, p. 494).

3　Kussmaul, *Les troubles de la parole*, Paris, 1884, p. 234.

4　Lichtheim, On Aphasia (*Brain*, 1885).　しかしながら、知覚失語を最初に組織的に研究したWernickeは、観念中枢を必要としなかった点に、注意しなければならない (*Der aphasische Symptomencomplex*, Breslau, 1874).

経路を、上昇するものと下降するものという、二つの別々の進路に細分しなければならなくなったのである[1]。これがヴィスマン[2]、メーリ[3]、フロイト[4]その他の後期の図式の特徴である。こうして理論はますます複雑になったが、それでも、現実の複雑さをとらえることはできなかった。そればかりか、もろもろの図式がより複雑になるにつれて、これらの図式は、さまざまな障害の可能性を図示して想定させたが、これらの障害がより多種であるためには、その分だけおのおのの障害がいっそう特別で、いっそう単純でなければならないはずであった。というのは、初め混同していた中枢を分離することで、まさに図式が複雑になったのだから。ところが、この点で経験は、理論が正しいとはまったく認めなかった。経験がほとんどいつも示していたのは、理論が分離したこれらの単純な心理的障害のいくつもが、部分的に、さまざまな仕方で、結合したものだったからである。こうしてもろもろの失語理論は、複雑化することで自滅したのであるから、現在の病理学が、図式に対してますます懐疑的になって、ただもっぱら諸事実を記述することだけに戻っているとしても[5]、驚くには値しないであろう。

68　しかしこれは、当然の帰結ではないだろうか？　知覚失語の一部の理論家の説を聞いていると、彼らは文章の構造を注意深く考察したことが、一度もないのではないかと思われるであろう。彼らは、あたかも文章が、もろもろの名詞からできていて、これらの名詞が、諸事物のイマージュを呼び起こしに行くかのように考えている。イマージュ相互にあらゆる種類の関係やニュアンスを打ち立てること、これをまさに役割とするさまざまな品詞は、どうなるのだろうか？　これらの語はいずれも、たしかに名詞より漠然としてはいるが、しかしそれ自身がある特定の物質的イマージュを表現し、これを呼び覚ます、といわれるだろうか？　しかしそれなら、同じ単語が、置かれる位置や、結ばれる他の言葉によって、異なった多様な関係を表わしうる点を考えていただきたい！　これらの関係は、すでにとても完成度の高い言語の洗練の結果であって、言語活動は、諸事物のイマージュを呼び起こす役割をする具象名詞で可能だ、といわれるだろうか？　もっともである。しかし、話し相手の言語

1　BASTIAN, On different kinds of Aphasia (*British Medical Journal*, 1887).—また、BERNHEIM による、視覚失語 (*aphasie optique*) の（たんなる可能性として示された）説明を参照されたい：De la cécité psychique des choses (*Revue de Médecine*, 1885).

2　WYSMAN, Aphasie und verwandte Zustände (*Deutsches Archiv für klinische Medicin*, 1890).—ただし、SKWORTZOFF, *De la cécité des mots* (Th. de méd., 1881, pl. I) の図式が示しているように、Magnan はすでにこの方向に進んでいた。

3　MOELI, Ueber Aphasie bei Wahrnehmung der Gegenstände durch das Gesicht (*Berliner klinische Wochenschrift*, 28 avril 1890).

4　FREUD, *Zur Auffassung der Aphasien*, Leipzig, 1891.

5　SOMMER, Communication à un Congrès d'Aliénistes (*Arch. de Neurologie*, t. XXIV, 1892).

が未発達で、関係を示す言葉を欠いていればいるほど、聞き手のほうは、相手が表現しない関係を打ち立てなければならないから、聞き手の精神活動の余地は、ますます広くならざるをえないであろう。つまり、各イマージュが、その観念を取り出しに行くという仮説は、ますます放棄しなければならないであろう。じつをいえば、これはたんに程度の問題にすぎない。洗練されていようと粗雑であろうと、どの言語も、それが表に現わしうるより、はるかに多くのことを、内に含んでいる。言語表現は、単語を並べて行なわれるから、もともと不連続であって、これはただ、思考の動きの主要な段階に、とびとびに印をつけるにすぎない。だから相手の話しを理解できるのは、わたしたちが相手の思考と類似の思考から出発して、相手の言葉のイマージュを、ときどき進路を示してくれる道しるべとして使い、相手の思考の曲折をたどるからなのである。これに対して、言葉のイマージュそのものから出発したのでは、相手の話しを、決して理解できないであろう。なぜなら、相前後する二つの言葉のイマージュ間には、いかなる具体的心像も埋めることのできない空隙があるからである。イマージュはたしかに事物にすぎないであろうが、しかし思考は、運動なのである。

69　したがって、イマージュの記憶や観念を、すでに完全に出来上がった「物」として扱い、つぎにこれらの宿る所として、根拠のはっきりしない中枢をあてがっても、むなしいことである。仮説を、解剖学や生理学から借りた用語でいくら偽装してみても、むだである。この仮説は、精神活動を連合主義《アトミズム》の考え方によって解する以外のものでは、決してない。この仮説に味方しているのは、あらゆる進展を、もろもろの段階に切り分け、ついでこれらの段階を、もろもろの物に固定する、論証的知性のいつも変わらない傾向にすぎない。それにこの仮説は、一種の形而上学的偏見からア・プリオリに生まれたものであるから、意識の動きをたどる利点もないし、諸事実の説明を簡素化する利点もない。

70　しかしわたしたちは、この錯覚が明らかな矛盾を露呈するまさにその一点まで、この錯覚を追跡しなければならない。すでに述べたように、もろもろの観念、すなわち、もろもろの純粋記憶は、記憶力の奥底から呼び出されて、記憶イマージュに展開され、これらはしだいに図式的運動に入り込むことができるようになる。これらの記憶が、より完全で、より具体的で、より意識的な心像の姿を取るにつれて、これらの記憶は、自分を引きつけている知覚、自分が枠組みとして採用する知覚に、よりいっそう溶け合おうとする。したがって脳には、記憶が凝固《ぎょうこ》し、蓄積される領域はないし、またありえない。いわゆる脳の損傷による記憶の破壊とされているものは、記憶が現実化する連続的進展の遮断にすぎない。したがってまた、たとえば言葉の聴覚記憶を、是が非でも大脳の特定部位に位置づけようとすれば、いずれも等しい価値をもつ理由に基づいて、この心像中枢を、知覚中枢から区別するように仕向けられたり、あるいは、この二つの中枢を、ひとつにするように仕向けられたりするであろう。ところで、これこそまさに、経験が検証することとなのである。

71　実際この理論が、一方で心理学的分析から導かれ、他方で病理学的諸事実から導かれる、奇妙な矛盾に注意しよう。一方で、もし、いったん成立した知覚が、蓄積された記憶の状態で脳内にとどまっているとすると、これは知覚が刻印した要素そのものが獲得した配列としてでしかありえない、と思われる。この配列が、どうして、どんな特定の瞬間に、これとは別の配列を獲得しに行く必要があるというのだろうか？　そして実際、ベイン[1]やリボー[2]が力説するのも、この自然な解決である。しかし他方、病理学があって、その告げるところでは、ある種類の記憶全体が消え去ることはあっても、それに対応する知覚能力は、損なわれることなく残る。すなわち精神盲は、物が見えなくなるのではないし、精神聾も、音声が聞こえなくなるのではない。とくに言葉の聴覚記憶の喪失――わたしたちが問題にしている唯一の障害――に関していえば、この記憶喪失が、いつも左第1第2側頭蝶形回の破壊病巣と結ばれていることを示す多くの事実があるが[3]、この病巣が、いわゆる聴力障害を引き起こした症例は、一例も知られていない。猿のこの部位を実験的に破壊して、精神聾、すなわち音声は依然として聞こえているのに、この音声を解釈できない状態にすることさえ、できたのである[4]。したがって、知覚と記憶には、異なった神経要素を割り当てなければならないであろう。しかしそうだとすると、この仮説は、もっとも初歩的な心理学的観察とも矛盾することになる。というのは、わたしたちの見るところ、ある記憶は、より明瞭になり、より強度になるにつれて、知覚に変わって行こうとするが、しかし、根本的な変化が生じる特定の瞬間はないし、したがってこの記憶が、心像的要素から、感覚的要素に移行するといえる特定の瞬間もないからである。このように、この二つの相反する仮説、すなわち知覚の諸要素と、記憶力の諸要素が同一だと考える第一の仮説と、この両者が別だと考える第二の仮説は、互いに一方から他方に追い返されてしまって、どちらかに一貫してとどまることができない性質をもっているのである。

72　しかしこれは、当然の帰結ではないだろうか？　ここでもやはり、明瞭な知覚と、記憶イマージュを、静止状態にある事物とみなし、知覚は、記憶イマージュがなくてもすでに完全だと考えて、一方が他方になる動的進展を見てはいないのである。

1　BAIN, *Les sens et l'intelligence*, p. 304.—Cf. SPENCER, *Principes de psychologie*, t. I, p. 483.

2　RIBOT, *Les maladies de la mémoire*, Paris, 1881, p. 10.

3　SHAW の論文：The sensory side of Aphasia (*Brain*, 1893, p. 501) における、きわめて明瞭な症例のリスト参照。—ただし一部の研究者は、聴覚言語イマージュの喪失に特有の損傷を、第1側頭回に限定している。とくに、BALLET, *Le langage intérieur*, p. 153 参照。

4　LUCIANI, J. SOURY による引用：*Les fonctions du cerveau*, Paris, 1892, p. 211.

73　というのは、一方で、完全な知覚が、明確なものとなって姿を現わすのは、ただわたしたちが知覚に向けて発するイマージュの記憶が、この知覚と融合する場合だけだからである。注意力のはたらきは、この融合によってのみ、成立する。そしてこの注意作用がなければ、もろもろの感覚の受動的な並置と、これに伴う機械的な反応があるだけなのである。しかし他方、後に示すように、イマージュの記憶そのものも、純粋記憶の状態にとどまっているかぎりは、無力なままであろう。潜在的なこの記憶が、現実的になりうるのは、知覚がこの記憶を引きつける場合だけである。無力なこの記憶は、自己の生気と力を、現在の感覚に借りて、ここで具体化する。このことは結局、明瞭な知覚は、二つの反対方向の流れによって引き起こされる、ということではないだろうか。すなわち、一方の求心的な流れは、外界の対象からくる。他方の遠心的な流れは、わたしたちが《純粋記憶》と呼ぶものを出発点としている。第一の求心的な流れは、ただそれだけでは、たんに受動的な知覚と、それに伴う機械的な反応を生じるだけである。第二の遠心的な流れは、それ自身で顕在化した記憶を生み出そうとする傾向をもち、この記憶は流れが強まるにつれてますます現実的になる。この二つの流れが合流することで、明瞭に再認された知覚を、その合流する場所で形成する。

74　以上が、内観（自己観察）が証言する、事実である。しかしわたしたちは、ここにとどまってはならない。たしかに、十分な光もないまま、脳局在の難問の真っただ中に踏み込んで行くことは、たいへん危険である。しかし、さきほど述べたように、完全な知覚とイマージュの記憶を切り離すことは、臨床観察を心理学的分析と鋭く対立させ、ここから記憶の脳局在説にとって、深刻な矛盾が生じる結果になったのである。わたしたちは、脳を、記憶の貯蔵庫と考えることをやめる場合、既知の諸事実がどのように説明されるかを、探究しなければならない[1 (p. 231)]。

75　説明を簡単にするために、しばらくは、外部からきた刺激が、大脳皮質で、あるいは他の中枢で、もろもろの要素的感覚を引き起こすということを認めておこう。わたしたちがここでもつのは、つねにただ要素的諸感覚だけである。ところで、事実として、知覚はいずれも、とても多くのこれらの要素的感覚を、すべて共存させて、ある一定順序の配列で含んでいる。この配列順序は、どこからくるのか？　そしてなにが、この同時存在を保証しているのか？　現在の物質対象の場合、答えは明らかである。配列順序と同時存在は、外界の対象から印象を受ける感覚器官からきている。この感覚器官はまさに、多様な同時刺激が、ある特定の仕方で、そしてある特定の配列順序で、この器官表面の決まった部分に、すべてがいっせいに分配されて印象を与えることができるように構成されている。したがって感覚器官は、巨大な鍵盤であって、この鍵盤上で、外界の対象は、多数の単音からなる和音を一挙に演奏し、こうして決まった配列順序で、瞬時に、連絡している聴覚中枢の関係あるすべての点で、非常に多くの要素的感覚を生じさせる。ところでいま、外界の対象、あるいは感覚器官、あるいはこの両者が、取り除かれたとしてみよう。それでも、同じ要素的諸感覚は呼び起こされうる。というのは、もろもろの同じ琴線がそこにあって、いつでも同じように鳴り響くことができる状態にあるからである。しかし、この非常に多くの琴線を、同時にかき鳴らして、これほど多くの単音を、同じ和音に統合する鍵盤はどこにあるのか？　わたしたちの意見では、《イマージュの領域》が、存在するとすれば、その領域は、この種の鍵盤以外のものではありえない。たしかに、純粋に精神的な原因が、関係する琴線のすべてに直接作用することも、考えられないことではないであろう。しかし精神的聴力の場合——これだけを、わたしたちは問題にしているわけだが——、この機能の場所が特定できることは、側頭葉の特定の損傷が、この機能を消滅させることから確かだと思われるし、他方、脳組織のある領域に蓄えられたイマージュの痕跡は、認めることはできないし、考えることさえできない理由は、すでに述べた。したがって、残る納得できる仮説は、ただひとつ、それは、この領域は、聴覚中枢そのものに対して、感覚器官——いまの場合は耳——と、対称的な位置を占めているということである。この領域は、心の耳（音声記憶を受容する器官）だということになる。

76　しかしそうだとすると、さきほど指摘した矛盾は、消える。まず一方で、想起された聴覚イマージュは、外界からの最初の知覚と同じ神経要素をかき鳴らし、こうして記憶が、しだいに知覚に変わって行くことが理解できる。また他方、言葉の音声のように複雑な音声を

---

1 (p. 229)　わたしたちがここで概略を示す理論は、たしかに一面では、ヴントの理論と似ている。そこで、ヴントとの共通点と、本質的な相違点を、ここで指摘しておきたい。ヴントとともに、わたしたちも、明瞭な知覚は遠心的な作用を含んでいると考えており、したがって彼と同様、わたしたちも（いくらか異なった意味においてではあるが）、いわゆる心像中枢とされているものは、むしろもろもろの感覚印象を集結する中枢であると考えている。ところで、ヴントによると、この遠心的な作用は《統覚の刺激作用》であって、その本性は一般的な仕方でしか規定できないものであり、これはふつう注意力の集中と呼ばれているものに相当すると考えられるのに対して、わたしたちは、この遠心的な作用は、個々のそれぞれの場合に、明瞭な姿、すなわち、しだいに現実化しようとする《潜在的対象》の姿そのものを帯びると主張したい。ここからして、諸中枢の役割のとらえ方において、重大な相違点が生じる。ヴントはつぎの二点を想定している。1^0　統覚の一般的器官が、前頭葉にある。2^0　もろもろの特殊な中枢は、おそらくイマージュを蓄えることはできないが、しかし、イマージュを再生する傾向、あるいは配列を保存している。これに対して、わたしたちが主張したいことは、脳組織には、イマージュのいかなる痕跡も残りえないこと、また統覚中枢も存在しえないこと、脳組織にはただ、潜在的な受容器官があって、これらの器官が、現実に向かおうとする記憶によって影響を受けていることである。ちょうど、身体の表面に、現実の受容器官があって、これらの器官が、対象の作用によって影響を受けているように。（*Psychologie physiologique*, t. I, p. 242-252 参照）。

想起する機能は、これらの音声を知覚する機能とは、神経組織の別の部位に関係しうることも理解できる。これゆえ、精神聾において、精神的聴力を失っても、現実の聴力は残るのである。琴線はまだ存在している。そして、外界からの音声の影響を受けてまだ振動している。欠けているのは、内側（主体の側）の鍵盤である。

77　これをいいかえると、結局、要素的諸感覚が生じる中枢は、いわば前方からと後方からの、二つの異なった方向から活性化されうる。この中枢は、前方からは、感覚器官からの印象、したがって、現実の対象からの印象を受ける。後方からは、潜在的対象からの影響を、いくつかの中間状態を経て受ける。イマージュの中枢が、存在するとすれば、それは、この感覚中枢に対して、感覚器官と対称的な器官でしかありえない。イマージュの中枢が、純粋記憶、すなわち、潜在的対象の貯蔵庫でないのは、感覚器官が、現実の対象の貯蔵庫でないのと同じである。

78　これはしかし、実際に起こりうることの、非常に簡略化した説明であることは、付言しておきたいと思う。知覚失語が多種多様だということが、聴覚イマージュの想起が単純なはたらきではないことを、十分に証明している。わたしたちが純粋記憶と呼ぶ、現実に向かおうとする観念と、いわゆる聴覚イマージュ記憶との間には、多くの場合、中間状態の記憶が介在し、これらの記憶はまず、どこか周辺の中枢で、イマージュの記憶として具体化し始めるにちがいない。したがって、観念は、継起的な段階を経てはじめて、言葉のイマージュという、特殊なイマージュの姿を取ることができる。それゆえ、精神的聴力は、さまざまな中枢や、これらの中枢への伝導経路の完全さに左右されるであろう。しかしながら、これらの中枢や経路がいかに複雑であっても、根本的な事態が変化するわけでは、決してない。中間項の数や性質がいかなるものであれ、わたしたちは知覚から観念へと進むのではなく、観念から知覚へと進む。再認を特徴づける過程は、求心的ではなく、遠心的なのである。

79　たしかに、内側（主体の側）から発する刺激が、どのように、大脳皮質、あるいは、他の中枢に作用して、もろもろの感覚を生み出すかという問題が、まだ課題として残されている。とはいえ、これが説明するための便宜的表現にすぎないことは、きわめて明白である。純粋記憶は、顕在化するにつれて、対応するあらゆる感覚を身体内に生み出そうとする。しかし、これら自身も潜在的な感覚が、現実的になるためには、身体に刻印しなければならない。身体を行動に向かわせ、これらの感覚をいつも先立たせている運動や態度を、身体に刻印しなければならない。したがって、いわゆる感覚中枢の振動刺激、すなわち、身体による実際の運動や素振りにいつも先立ち、これらの身体運動を準備し、開始することをまさに正常な役割とする振動刺激は、感覚の本当の原因というより、感覚の能力の刻印であり、感覚が実際に効力を発揮するために必要な条件なのである。潜在的なイマージュが具体化する進展過程とは、このイマージュが、身体から、有用な行動を獲得するにいたるまでの、一連の段階にほかならない。いわゆる感覚中枢の刺激は、これらの段階の最終の段階であり、この段階は運動的反応へのプレリュード、空間における行動の発端である。いいかえると、潜在的なイマージュは、潜在的感覚に進展し、潜在的感覚は、現実の運動に展開する。この運動が現実化することで、この運動は、もともと自分が受け継いだ感覚も、感覚と一体化しようとしていたイマージュも、同時に具体化させる。わたしたちはつぎに、これらの潜在的状態を深く究明し、精神活動および精神生理的活動の内部機構に、いっそう深く潜入することによって、過去が、いかなる連続的進展を経て、いったん失われた自己の影響力を取り戻しつつ、顕在化してくるかを示そうと思う。

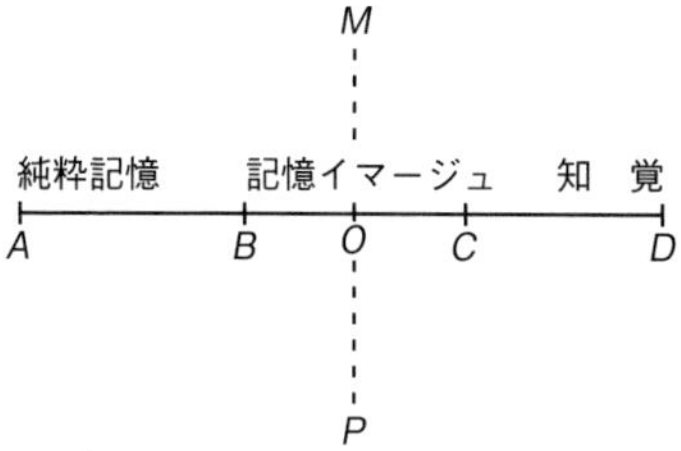

Fig. 2

第Ⅲ章　イマージュの残存について
―記憶力と精神―

1　これまでのところを、簡単に要約しておこう。わたしたちは純粋記憶、記憶イマージュ、知覚の三項を、区別した。しかしながら、実際には、このいずれも、単独で生じるのではない。知覚は決して、精神と、目前の対象との、たんなる接触ではない。知覚には、これを補い、解釈する記憶イマージュが、深く浸透している。また記憶イマージュのほうも、これが具体化させつつある《純粋記憶》と、これから参入しようとしている知覚の、双方の性質を分有しており、この後者の観点から見れば、記憶イマージュは発生状態の知覚、と規定することができるであろう。最後に純粋記憶、これは理論上はたしかに独立したものであるが、しかし通常は、これを生彩ある生き生きとした姿で示すイマージュにおいてのみ現われる。この三項を、同一直線ＡＤ上の連続的線分ＡＢ、ＢＣ、ＣＤで表わすと、わたしたちの思考は、ＡからＤに向かう連続的線運動を描くといえるが、しかし、この三項のひとつがどこで終わり、他方がどこで始まるかを、明確に示すことはできないといえよう。

2† 以上のことはしかし、わたしたちの意識が、現にはたらいている記憶力の運動そのものをたどって、記憶力のはたらきを分析してみれば、いつでも容易に確認できることである。ある記憶を見いだそうとして、わたしたち個人の歴史の一時期を想い起こす場合を考えてみよう。わたしたちは現在を離れて、まず過去全体のうちに身を置き、ついで過去のある特定の領域に身を置く、一種独特のはたらきを実感する。これはちょうど、カメラの焦点合わせに似た、暗中模索の作業である。しかし求める記憶は、まだ依然として隠れた状態にある。わたしたちはこの作業によって、ただ適切な態勢を整え、この記憶を受け入れる準備をしているにすぎない。徐々にこの記憶は、あたかも濃縮して行く雲のように浮かび出てきて、潜在的状態から、現在の状態へと移行する。そして輪郭が現われ、表面が彩《いろど》られてくるにつれて、この記憶は、知覚に似た姿を帯びるにいたる。とはいえ、この記憶は、依然としてその深い根によって過去につながれているのであって、こうして具体的な姿を取りながら、もしもこれが、もともとの潜在的性質をとどめておらず、現在の状態であると同時に、現在とはっきり区別されるなにものかでないとしたら、わたしたちはこれを、決して記憶としては認めないであろう。

3　連合心理学《アトミズム》がいつも犯している誤り、それは、この連続的な生成である生きた現実を、生気のない、並置された、多数の不連続の要素で置き換えることにある。こうして構成された要素のおのおのは、その起源からして、それに先行するものと、後続するもののなにものかを含んでいるから、そのためどうしても、わたしたちの見るところ、混合的でいわば不純な状態のかたちを取らざるをえない。しかし他方、連合心理学の原則は、すべての心理状態が、一種の原子《アトム》、単純不可分の要素であることを要求する。ここからして、区別された諸段階のおのおのに、安定したもののために、不安定なものを、すなわち、結末にあるもののために、発端にあるものを、犠牲にせざるをえない。知覚について見てみよう。連合心理学は、知覚に、知覚を彩っている寄せ集めの感覚しか認めず、知覚の漠とした中心部を形成している、想起されたイマージュを見落としている。つぎに、この想起されたイマージュのほうはどうであろうか？　彼らはこれを、すでに出来上がったもの、弱い知覚の状態で具体化されたものとしてとらえるから、このイマージュが徐々に展開させてきた、純粋記憶を見落としてしまう。したがって、連合心理学が、安定したものと不安定なものとの間にこうして設定する競合では、知覚が、つねに記憶イマージュを排除し、記憶イマージュが、つねに純粋記憶を排除することになる。これゆえ、純粋記憶が、完全に姿を消してしまうのである。連合心理学は、AからDにいたる進展全体を、線MOによって二分し、ODの部分には、その末尾にあるもろもろの感覚しか認めず、これらの感覚が、連合心理学にとっては知覚全体を構成する。——他方、AOの部分もやはり、純粋記憶が発展開花して、すでに具体的な姿を取るにいたったイマージュを割り当てる。こうして、精神生活全体が、感覚とイマージュという、二つの要素に帰着することになる。そして一方で、このイマージュに、その起源の状態である純粋記憶を埋没させ、他方で、このイマージュそのもののあるものを、あらかじめ知覚に持ち込んで、イマージュをさらに知覚に近づけているから、もはやこの二つの状態に、程度の差、あるいは、強度の違いしか見いだせない。ここから、強い状態と弱い状態の区別が打ち立てられ、強い状態は、現在の知覚に仕立てられ、弱い状態は——なぜか理由はわからないが——過去の心像に仕立てられる。しかしじつは、わたしたちが過去に一挙に身を置くのでなければ、わたしたちは決して過去に到達することはできないであろう。もともと潜在的な過去が、わたしたちによって過去としてとらえられるのは、過去が、暗闇から、白日の下に浮かび上がってきて、現在のイマージュに発展開花する運動を、わたしたちが身をもってたどる場合に限られる。過去の痕跡を、なにか現在的なもの、すでに具体化されたもののなかに探しても、むだである。ちょうど、闇を、光の中で探しても、むだであるように。

まさにここに、連合心理学の誤りがある。この学説は、現在に身を置き、具体化された現在の状態のなかに、過去の出所を示す特徴を求めて、記憶を、知覚から区別するために、前もって量的な違いにすぎないと決めつけていたものを、無理にも本性の違いに仕立てようと、はかない努力をしているのである。

4　思い描くことは、思い出すことではない。たしかに記憶は、現在に浮上するにつれて、イマージュの状態でよみがえろうとする。しかし、この逆は真ではないのであって、純然たるイマージュが、わたしを過去に連れ戻すのは、わたしが実際にそのイマージュを求めて過去におもむき、こうして、それを暗闇から明るみにもたらす連続的進展を、わたしがたどる場合にかぎられるのである。このことを、心理学者は、ほとんどいつも忘れて、思い出されたある感覚に、いっそう注意を向けると、この感覚が、ますます現実的になることから、感覚の記憶は、発生状態のこの感覚だったと結論しているのである。たしかに、心理学者が持ち出す事実は、正しい。過去の痛みを、思い出そうとすればするほど、わたしは痛みを実際に感じるようになる。しかしこれは、容易に理解できることなのである。というのは、すでに述べたように、記憶が発展するとは、まさに、記憶が具体化することだからである。問題は、痛みの記憶が、その出発点においても、ほんとうに痛みであったかという点である。催眠術にかけられているひとが、熱い熱いと執拗にくり返されると、ついに熱く感じるからといって、暗示の言葉が、すでに熱かったということにはならない。同様に、ある感覚の記憶が、この感覚そのものに受け継がれることから、この記憶が、発生状態の感覚だったと結論すべきではない。というのは、おそらくこの記憶は、生まれてくる感覚に対して、ちょうど暗示を与える催眠術師の役割をしているからである。したがって、わたしたちがいま批判している推論は、このようなかたちで示されると、すでに説得力をもたない。とはいえこの推論は、記憶が現実化するにつれて変貌するという、議論の余地のない事実に支えられているのであるから、まだこれを、間違いだと決めつけることはできない。しかし、この逆の道をたどって考えてみると――逆の道も、いま置かれている前提からして、やはり成立するはずであるが――、すなわち、純粋記憶の強度を増大させるのではなく、感覚の強度を減少させてみると、この推論の欠陥は明らかになる。実際、感覚と純粋記憶という二つの状態が、たんに度合いのみで異なっているとすれば、こんどはある瞬間に、感覚が、記憶に変貌するということが起こるはずである。たとえば、大きな痛みの記憶が、弱い痛みにすぎないならば、逆に、いま感じている強い痛みは、これをやわらげて行くことによって、ついには思い出された大きな痛みとなるであろう。ところで、いま感じているのは、実際に感じている弱い感覚であるのか、あるいは、思い浮かべている弱い感覚であるのかいえない瞬間は、たしかに来る（これは当然で、心像化した記憶イマージュは、すでに感覚を含んでいるからである）。

しかし、この弱い状態が、ある強い状態の記憶としてわたしに現われることは、決してない。したがって、記憶は、感覚とはまったく別のものである。

5　しかしながら、記憶と知覚に、たんに度合いの違いしか認めないこの錯覚は、たんなる連合心理学の結論とか、哲学史にたまたま現われた誤解というだけのものではない。この錯覚には深い根がある。結局この錯覚の根底には、外界の知覚の本性と目的についての、間違った考え方がある。ひとは知覚に、純粋精神に向けられた情報、まったくたんに知ることだけにかかわる知識しか、見ようとしない。したがって、記憶は、それ自身がもはや対象をもたないので、本質的にこの種の知識であるから、知覚と記憶に、程度の違いしか認められなくなり、知覚が記憶を排除して、これによって現在を構成するのも、ただより強いほうが勝つという基準に従うだけのことになる。しかし、過去と現在には、程度の違いとは別のものが、たしかにある。わたしの現在は、わたしの利害にかかわっているもの、わたしに生き生きとはたらきかけているもの、要するに、わたしに行動するように呼びかけているものである。これに対して、わたしの過去は、本質的に無力なのである。この点について、つぎに詳しく述べよう。現在の知覚と対比するだけでも、わたしたちが《純粋記憶》と呼ぶものの本性が、いっそうよく理解できるであろう。

6†　というのは、まず現に存在するものの具体的特徴を、意識に認められるままに明確にしないで、過ぎ去った状態の記憶を規定しようとしても、むだだからである。わたしにとって、現在の瞬間とはなにか？　時間に固有の性質は、流れることである。そしてすでに流れた時間は、過去であり、現に時間が流れつつある瞬間を、わたしたちは現在と呼ぶ。とはいえ、数学的な瞬間は、ここでは問題とはなりえない。たしかに、観念的な現在、過去と未来を分ける不可分の境界として、ただ考えられるだけの現在はある。しかし現実の、具体的な、体験される現在、わたしが自分の現在の知覚について語るときに問題となる現在、この現在はどうしても、ある持続時間を占めている。それでは、この持続はいったい、どこに位置づけられるのであろうか？　この持続は、わたしが現在の瞬間を考えるとき、観念的に規定する数学的点の、前にあるのか、後ろにあるのか？　明らかにこの持続は、この数学的点の前と後ろに同時にあり、わたしが《わたしの現在》と呼ぶものは、わたしの過去と、わたしの未来に、同時に浸食している。まずわたしの過去にとは、《この瞬間、とわたしがいうとき、これはすでにわたしを遠ざかっている》からである。つぎにわたしの未来にとは、この瞬間は、未来に重心を移しつつあり、わたしが向かっているのは、未来だからであって、もしかりに、この不可分の現在を固定して、時間曲線を微分できるとすれば、それが示すのは、未来の方向だからである。したがって、《わたしの現在》と呼ぶ心理状態は、直接的過去の知覚であると同時に、直接的未来の確定化である。ところで、直接的過去は、これが知覚されるかぎりは、わたしたちが後に見るように、感覚である。というのは、すべての感覚は、要素的振動の非常に長期の継起を表わしているからである。また直接的未来は、これが決断されるかぎりは、行動すなわち運動である。したがってわたしの現在は、感覚であると同時に、運動である。そしてわたしの現在は、切れ目のない一体をなしているのであるから、運動はこの感覚に起因し、この感覚を行動へと受け継いでいるはずである。ここからわたしは、わたしの現在は、感覚と運動が組み合わされたひとつの組織体であると結論する。わたしの現在は、本質的に、感覚-運動的なのである。

7　ということはつまり、わたしの現在とは、わたしが自分の身体についてもつ意識だということになる。空間に広がりをもつわたしの身体は、感覚を感じると同時に、運動を行なっている。感覚と運動は、この身体の広がりの特定の場所に位置づけられるから、特定の瞬間には、ただひとつの運動と感覚の組織体しかありえない。これゆえ、わたしの現在は、空間に完全に限定されているもの、わたしの過去とは、はっきり対照をなすものとしてわたしに現われる。わたしの身体に影響をおよぼす物質と、わたしの身体が影響をおよぼす物質との間に位置するわたしの身体は、行動の中心であり、ここは受け取られた印象が、巧みにその進路を選んで、実際の運動に変換される場所である。したがって、わたしの身体はまさに、わたしの生成の現在の状態、わたしの持続における形成途上にあるものを表わしている。より一般的にいえば、現実そのものである生成のこの連続において、現在の瞬間は、わたしたちの知覚が、この流れつつある流動体全体に行なう、ほとんど一瞬の切断面で構成されており、この切断面が、まさにわたしたちが物質の世界と呼ぶものなのである。わたしたちの身体は、この切断面の中心を占めている。わたしたちの身体は、この物質の世界のうちで、流れつつあることをわたしたちがじかに感じているものである。わたしたちの身体の現在の状態に、わたしたちの現在というものがもつ現実感がある。空間に広がっている物質が、わたしたちの見地では、絶えず新たに始まる現在と定義されるべきだとすれば、逆に、わたしたちの現在は、わたしたちの存在の物質面そのもの、すなわち、感覚と運動の集合体であって、それ以外のなにものでもない。そしてこの感覚と運動の集合体は、持続の各瞬間に、ただひとつに確定されている。それはまさに、感覚と運動が空間の場所を占めているからであり、したがって同じ場所に、いくつものものが、同時に存在することはできないからである。――どうして、これほど単純で、これほど明白な事実、要するに常識の見解にすぎない事実を、ひとは見誤ることになったのであろうか？

8　その理由はまさに、現在の感覚と、純粋記憶に、本性の違いをひとは認めず、あくまで、程度の違いしか見ようとしないからなのである。この違いは、わたしたちの見るところ、根本的なのである。わたしが現に感じている感覚は、わたしの身体表面の特定の部分を占めているものである。これに対して、純粋記憶は、わたしの身体の、いかなる部分とも関係しない。たしかに純粋記憶は、具体化されると、感覚を生み出す。しかしちょうどこの瞬間に、純粋記憶は、記憶であることをやめて、現実に体験される、現在の事物の状態に移行する。そしてわたしがこの状態に、記憶という性格を再び認めるのは、ただわたしが、わたしの過去の奥底から、潜在的なこの記憶を呼び起こしたはたらきに、みずから身を置いた場合にかぎられる。わたしが、純粋記憶を、活動的にしたからこそ、純粋記憶は、現実になった、すなわち、運動を引き起こしうる感覚になったのである。これに対して、大部分の心理学者は、純粋記憶に、より弱い知覚、発生状態の感覚の集合しか見ていない。こうして、あらかじめ感覚と記憶の本性の違いをすべて消してしまうので、彼らのこの前提からの論理に従って、記憶を物質化し、感覚を観念化するにいたる。記憶について見てみよう。心理学者は、記憶を、イマージュのかたちで、すなわち、すでに発生状態の感覚に具体化したものとしてしか認めない。こうして記憶に、感覚に本質的なものを導入し、記憶の観念性には、感覚そのものとははっきり異なる、別のなにものかがあることを見ようとしないから、彼らが純粋感覚に立ち帰ってきた場合、すでに発生状態の感覚に、こうして暗黙のうちに与えておいた観念性を、この純粋感覚に残さざるをえない。実際、もともと、もはや行動することのない過去が、弱い感覚の状態で存続しうるとすると、それは行動上無力な感覚があるということになる。もともと、身体のいかなる特定部分とも関係のない純粋記憶が、発生状態の感覚だとすると、感覚は本質的に、身体の一点には位置づけられないということになる。ここから、感覚を、遊離した広がりのない状態だとみて、この広がりのない状態が広がりを獲得して身体内に定着するのは、たんなる偶然によるとみる錯覚が生まれる。この錯覚が、すでに見られたように、外界の知覚についての理論を、根本的にゆがめてしまい、物質についてのさまざまな形而上学相互間で、いつまでも解決できない多くの問題を引き起こしているのである。したがってつぎのことは、どうしても避けられないこととして受け入れなければならない。すなわち、感覚は、本質的に広がりをもち、特定の場所に位置づけられ、これは運動の源泉であること、——純粋記憶は、広がりをもたず、無力であって、少しも感覚の性質をもってはいないこと。

9　わたしがわたしの現在と呼んでいるものは、直接的未来に対する、わたしの態度であり、差し迫ったわたしの行動である。したがってわたしの現在は、まさに感覚-運動的である。わたしの過去のうち、イマージュとなり、したがって少なくとも発生状態の感覚となるのは、この行動に協力できるもの、この身体的態勢に入りうるもの、要するに、役に立ちうるものだけである。しかしわたしの過去が、まさにイマージュとなるとき、この過去は、純粋記憶の状態を去って、わたしの現在のある部分と混じり合っている。したがってイマージュとして顕在化した記憶は、純粋記憶とは根本的に異なる。イマージュは、現在の状態であり、このイマージュが、過去の性質をもちうるのは、ただこのイマージュの出所である記憶によってのみである。これに対して、無用なままであるかぎり無力な記憶は、感覚のいかなる混入もないし、現在とのつながりもないし、したがって広がりもない純粋なままにとどまる。

10†　純粋記憶のこの根本的な無力さということ、まさしくこのことが、なぜこの記憶が、潜在的状態で保存されているかについての理解を、助けてくれるであろう。まだこの問題の核心には入れない。さしあたり指摘しておきたいことは、無意識の精神状態というものを、わたしたちが非常に受け入れにくいのは、主として、わたしたちが意識を、精神状態の本質的特性とみなし、したがって、ある精神状態が、意識されることをやめれば、この精神状態は、存在することもやめるように思われるところからきている点である。しかし、意識とは、現在、すなわち、現に体験されているもの、要するに、はたらいているものの特徴にすぎないとすれば、はたらいていないものが意識に属さなくなったからといって、これは必然的にいかなる仕方でも存在しなくなる、ということにはならないであろう。いいかえると、心理学の領域では、意識は、存在と同義語ではなく、たんに現実の行動、あるいは直接的有効性と同義語であるにすぎない。意識という言葉の意味がこのように限定されれば、無意識の精神状態、要するに無力な精神状態を考えることに、それほど大きな困難はないであろう。なんらの拘束もなく活動したときに現われるような意識が、それ自身どのようなものであると考えるにせよ、身体的機能を果たす生物における意識が、とくに行動をコントロールし、選択を照らす役割をもっていることには、異論はないであろう。意識はこれゆえ、その光を、行動の決断直前のいきさつ、およびこれと有効に結びつきうる過去の記憶のすべてに投じる。残りの記憶は、闇に埋もれたままである。ところで、わたしたちはここで、新しいかたちで絶えず現われてくる錯覚、わたしたちが本書で最初から追及している錯覚に再び直面する。ひとは意識が身体的機能と結ばれることがあっても、それはたまたま実践的になっているのであって、本質的には、意識は純粋な知識を目指す能力だと主張する。したがって、純粋認識を目指すはずの意識が、自分のもっている知識を意識外に排除することの利点がわからないので、意識にとって完全に失われているのではないものを、意識が照らすことをやめるということが、理解できない。ここからして、意識が現に所持しているものだけが、もともと意識に属するのであって、意識の領域では、実在するものはすべて現在的だということになってしまう。しかし意識には、その本当の役割を、返してやらなければならない。いったん知覚された過去が、消滅するという根拠がないのは、ちょうどわたしが、物質対象を知覚することをやめたら、その物質対象は存在しなくなると考えることに根拠がないのと、同じなのである。

11　この最後の点について、詳しく述べよう。というのは、ここに、もろもろの困難の中心があり、無意識の問題をめぐる曖昧さの根源があるからである。無意識の心像という観念は、広く見られる偏見にもかかわらず、明白である。わたしたちはこれを、いつも使っているし、これほど常識に親しい考えはないとさえいえる。実際、わたしたちの知覚にいま現われているイマージュが、物質の全体でないことは、すべてのひとが認めるであろう。しかし他方、知覚されていない物質対象、イマージュとしてとらえられていないイマージュとは、一種の無意識の精神状態でなくて、何でありうるだろうか？　いま知覚している部屋の壁の向こうには、となりの部屋があり、ついでこの家の残りの部分があり、さらに住んでいる通りがあり、町がある。どんな物質理論に加担しようとかまわない。実在論者であろうと、観念論者であろうと、町や、通りや、この家の他の部屋について語るとき、明らかにわたしたちは、わたしたちの意識にはないけれども、わたしたちの意識外には存在している同数の知覚を考えている。これらの知覚は、わたしたちの意識が、これらを受け入れるにつれて、創り出されるのではない。したがってこれらの知覚は、すでになんらかの仕方で存在していたのであり、もともとこれらは、わたしたちの意識が把握していたのではないのであるから、無意識の状態以外で、どうしてそれ自身、存在しうるだろうか？　それでは、意識外の存在が、なぜ、対象物が問題のときは明白に思われ、主体について語るときは難解に思われるのだろうか？　わたしたちの知覚は、現実的なものも、潜在的なものも、二つの線にそって伸びている。一方の水平線ＡＢは、空間内で同時に存在する対象物をすべて含んでいる。他方の垂直線ＣＩ上には、時間内でつぎつぎに配列されてきた記憶が並んでいる。この二つの直線の交点Ｉは、わたしたちの意識に現在与えられている唯一の点である。なぜわたしたちは、直線ＡＢ全体の実在は、知覚されてはいないのに躊躇なく認め、逆に、直線ＣＩでは、現に知覚されている現在Ｉが、わたしたちに真に実在するようにみえる唯一の点なのであろうか？　時間空間の二系列を、このように根本的に差別する根底には、混乱した観念や間違って導かれた観念、理論的価値のまったくない仮説がたくさんあるので、わたしたちはこれらを一挙に分析しつくすことはできない。この錯覚の正体をことごとく明るみに出すには、この錯覚の根源にさかのぼって、意識と無関係に客観的実在を想定し、客観的実在性のない意識状態を想定するにいたる二重の運動を追跡し、空間が、ここに並置されたもろもろの事物を、果てしなく保持していると思われるのに対して、時間は、ここで相次いで生じる諸状態を、つぎつぎに消滅させるように思われてくる動きを、そのすべての曲折にそって

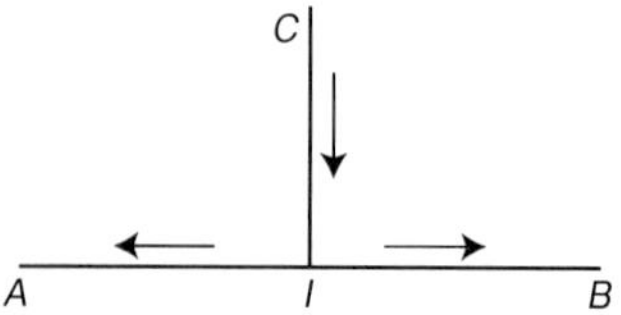

Fig. 3

たどってみなければならない。この仕事の一部分は、すでに第I章で、客観性一般について論じたとき行なったが、他方の部分は、本書の最後の章で、物質観について論じるときに果たされるであろう。ここでは、いくつかの主要な点を指摘するにとどめたい。

12　まず、この直線ABにそって配列されているもろもろの対象は、わたしたちがこれから目前で知覚するものであるのに対して、直線CIのほうは、すでに知覚されたものしか含んではいない。ところで、過去はもはや、わたしたちにとって利害をもってはいない。過去はすでに、その行動の可能性をくみ尽くしたもの、あるいはたんに現在の知覚の活力を借りたときだけ、影響力を回復するにすぎないものである。これに対して、直接的未来は、差し迫った行動であり、まだ消費されていないエネルギーである。したがって物質界のうち、知覚されていない部分、期待や恐れで満ちている部分は、わたしたちにとって、現に知覚されてはいない過去の生活区間がもちえないし、またもつはずもない実在感があるわけである。しかし、この区別、すなわち、まったく行動上の有用性と、実生活での物質的欲求に相関的な区別が、わたしたちの精神において、ますます鮮明な形而上学的区別の様相を帯びてくるのである。

13　実際、すでに示したように、わたしたちの周囲にあるもろもろの事物は、わたしたちがそれらの事物に行ないうる行動、あるいは、それらの事物からわたしたちが受けなければばならないであろう作用を、異なった度合いで表わしている。この可能性としての行動や作用が、実際に行なわれる時は、ちょうど、対応する対象の距離の大小によって示されているので、したがって空間における距離は、時間における恐れや期待の近さを表わしていることになる。このように空間は、わたしたちの近い未来の見取り図を、一挙に示す。そしてこの未来は、果てしなく流れて行くはずのものであるから、未来を象徴する空間は、不動の状態で、どこまでも開かれているという特性をもつ。ここからして、わたしたちの知覚に直接与えられている視野は、知覚されていなくても存在する、さらに大きな環で囲まれていなければならないように思われるし、この大きな環自身がまた、これを取り囲むさらに大きな環を予想させ、以下同様にして無限にいたるように思われる。したがって、空間的広がりとしての、わたしたちの現在の知覚の本質は、この知覚を含むより広い、無限でさえあるような経験領域に対して、つねにひとつの中身にすぎないということにある。そしてこの広大な経験領域は、知覚されている視野をはみ出しているから、わたしたちの意識にはないが、それでもやはり、現に与えられているように思われる。しかし、一方でわたしたちは、こうして現在の実在に仕立て上げた物質対象には、自分自身が組み込まれていると感じるのに対して、逆に、過ぎ去ったものであるわたしたちの記憶は、後ろにひきずっている足手まといなものであり、できればこれは、厄介払いしたものと思いたい。わたしたちの目前に、限りなく空間を開かせるのと同じ本能が、わたしたちの背後の時間は、これが流れ去るにつれて、つぎつぎに閉じさせる。そして空間的広がりとしての実在は、わたしたちの知覚を無限にはみ出しているように思われるのに対して、逆にわたしたちの内面生活では、ただ現在の瞬間とともに始まるものだけが、現実と思われ、それ以外は、事実上、破棄されてしまう。その結果、なにかの記憶が再び意識に現われるようなとき、この記憶はまるであの世から戻ってきたもののような印象をわたしたちに与えるので、その不可解な出現は、なにか特別の原因で説明する必要があるように思われる。しかしじつは、この記憶と、わたしたちの現在の状態とのつながり方は、知覚されていない物体と、現に知覚している物体とのつながり方とまったく同様であって、無意識は、この二つの場合、同じ行動上の役割をしているのである。

14　しかしわたしたちは、現実をこのように考えることに大変な抵抗を感じるが、それはわたしたちが、空間内で同時に並べられている事物の系列と、時間内でつぎつぎに展開される状態の系列の、相違点は強調し、反対に、類似点は消去する習慣を身につけてしまったからなのである。空間における系列では、もろもろの事物は、完全に決まった仕方で影響し合っており、したがって新しい事物の出現は、いずれも予見されえたものである。たとえばわたしは、自分の部屋を出ると、つぎにどの部屋を通過することになるかを知っている。これに対して、わたしの記憶は、見かけ上、気まぐれな順序で現われる。したがって、意識に現われる順序は、空間の系列では必然、時間の系列では偶然である。そして、あらゆる意識外の諸事物の存在について語るとき、わたしがいわば実体化しているのは、この必然性なのである。知覚されていない諸事物は、その全体が与えられていると想定して、わたしがなんらの不都合も感じないのは、これらの事物の厳格に決定された規則性が、わたしの現在の知覚は、そのひとつの環にすぎないとする相互連鎖の様相を、知覚されていない諸事物にもおよぼし、こうしてこの現在の知覚の環が、その実在感を残りの環の連鎖にも伝染させているからなのである。――しかし注意深く観察してみると、わたしたちの記憶も、同じ種類の連鎖をなしていること、そして、わたしたちが行動を決定するたびにいつも現われるわたしたちの性格とは、まさしく、わたしたちの過去の状態すべての、現在の総合であることがわかるであろう。このような、濃縮されたかたちでのわたしたちの過去の精神生活は、わたしたちにとっては、むしろ外界以上に実在する。なぜなら、外界は、そのほんの一部分を知覚しているにすぎないのに対して、わたしたちの過去の経験は、その全体を利用しているからである。たしかに、わたしたちは自分の過去の経験全体を、このように要約したかたちでもっているにすぎず、それぞれ異なる個性をもつものとして見られた、わたしたちの過去のもろもろの知覚は、すっかり消えてしまったか、あるいは、気まぐれに姿を現わすにすぎない印象を与えるのは、事実である。しかし、このように外見上、完全に消滅したり、気まぐれによみがえったりするようにみえるのは、たんに、現在の意識が、それぞれの瞬間ごとに、有用なものは受け入れ、不用なものは一時的に排除しているからにすぎない。現在の意識は、つねに行動に向かっているので、これが具体化してよい過去の知覚は、ただ現在の知覚とうまく組織化されて、目的とする行動の決定に協力できるものだけなのである。わたしの意図することが、空間の特定の場所で実現するためには、いわゆる空間における距離を構成している、すべての中間の介在物あるいは障害物を、わたしの意識はひとつひとつ越えて行かなければならないが、これに反して、この行動を照らすには、現在の状況と、これと類似の過去の状況とを隔てる時間間隔は、これを飛び越えるほうが、わたしの意識にとっては有利なのである。わたしの意識は、こうしてひと飛びで過去の類似の状況に身を置くので、過去の中間の部分は、いっさい意識にはとらえられない。わたしたちの知覚を、空間内で厳格に連続して配列させるのと同じ行動上の理由によって、わたしたちの記憶は、時間内ではこうして不連続的に照らされることになる。知覚されていない空間内の事物と、意識されていない時間内の記憶に対して、わたしたちは二つの根本的に異なった存在形態にかかわっているわけではない。しかし、行動の要求するところが、時間における場合は、空間における場合の、逆になっているのである。

15　ところで、わたしたちはここで、存在の主要問題にかかわってくる。この問題は、かるく触れるだけにしないと、問題が問題を呼んで、形而上学の核心そのものに入り込んでしまうであろう。ただ指摘しておきたいことは、経験にかかわる事柄――ここで問題にしている唯一の事柄――についていうと、存在はつぎの二つの条件を、ともに満たしていると思われる点である。1^0 意識に現われていること。2^0 こうして意識に現われたものが、それに先行するもの、および後続するものと、論理的あるいは因果的な結合関係にあること。ある精神状態や、ある物質対象が、わたしたちにとって実在するということは、わたしたちの意識がそれらを知覚していることと、それらは諸項が互いに決定し合っている時間的あるいは空間的系列に属していること、この二重の事実によって成り立っている。しかしながら、この二つの条件には、度合いはありうるのであって、どちらの条件も必要ではあるが、満たされる度合いは、等しくないことがわかるであろう。たとえば、現在の内面的状態の場合、結合関係のほうは、あまり緊密ではなく、過去による現在の決定は、偶然に大きな余地を残しているので、数学的演繹の性格はもっていない。――その代わり、意識への現われ方は完全であって、現在の精神状態は、わたしたちがこの状態を感知するはたらきそのものに、精神内容の全体を投入しているのである。これに対して、外界の対象の場合、完全なのは結合関係のほうである。というのは、これらの対象は、必然的な法則に従っているからである。しかし、もうひとつの、意識への出現という条件は、たんに部分的に満たされているにすぎない。

なぜなら、物質対象は、これを他のすべての物体に結びつけている、知覚されていない要素の多いことからして、この対象がわたしたちに見せている側面より、はるかに多くのものを内部に含み、背後に隠しているように思われるからである。――したがって経験的な意味での存在は、意識による把握と、規則的な結合関係を、つねに二つ同時に、しかし異なった度合いで含んでいるといわなければならないであろう。しかし、わたしたちの知性（理知）は、明確な区別を打ち立てる役割をしているから、事態を決してこのようにはとらえない。わたしたちの知性は、すべての場合に、これらの二つの要素が、さまざまな割合で混合して現われることを認めるより、むしろこれら二つの要素を切り離し、こうして本来は、ただどちらの条件が優勢かと率直に明言すべきなのに、それぞれが排他的な条件の現われだけで特徴づけられた、二つの根本的に異なった存在様式として、一方は外界の対象に、他方は内面的状態に割り当てようとする。こうして精神の諸状態の存在は、完全に、意識によるそれらの状態の把握にあることになるし、また外界の諸現象の存在も、やはり完全に、それらの現象の空間的並置と時間的継起の厳格な規則性にあることになる。ここからして、知覚されずに存在している物質対象には、ほんのわずかな意識への関与も認められなくなるし、意識されていない内面的状態には、ほんのわずかな存在への関与も認められなくなるのである。わたしたちは本書のはじめに、第一の錯覚からの帰結については述べた。この錯覚は結局、わたしたちの物質のとらえ方を、ゆがめてしまっている。また第一の錯覚と互いに補う関係にある第二の錯覚は、わたしたちの精神のとらえ方をゆがめ、無意識の観念に、人為的な雲を覆いかけている。わたしたちの過去の精神生活の全体は、わたしたちの現在の状態を、必然的な仕方で決定することはしないが、しかしこれを方向づけている。またこの過去の精神生活は、そのいかなる状態も、わたしたちの性格にはっきり姿を現わすわけではないが、その全体は、わたしたちの性格に現われている。ともに結ばれたこの二つの条件が、過去の精神状態のおのおのに、意識されていなくても現実の存在であることを保証している。

16　しかしわたしたちは、実践上の利益を最優先しているため、現実の本当の配列順序をひっくり返すことにとても慣れているし、空間から引き出されたイメージに、あまりにもこだわっているので、記憶は、どこに保存されているかということを、問題にしないではいられない。さまざまな物理化学的現象が、脳のなかで生じていること、脳は、身体のなかにあり、身体は、これを浸《ひた》している大気のなかにあること、等々は理解できる。しかし、いったん過ぎ去った過去が、保存されているとすると、この過去は、どこにあるのだろうか？　分子変化の状態で、過去を大脳組織のなかに置くこと、これは単純で明快なようにみえる。なぜなら、この場合、わたしたちには現に与えられた貯蔵庫があることになるし、これを開けるだけで、隠れているイマージュを意識に流出させるのに、十分だとされるだろうから。しかし、脳がそのような機能を果たせないとすると、わたしたちは集められたイマージュを、どのような倉庫に入れようというのだろうか？　ここでひとびとが忘れていること、それは容器と中身の関係が、一見明快で普遍性をもつようにみえるのは、わたしたちが絶えず目前に空間を開き、絶えず背後の持続を閉じなければならないところからきているという点である。ある物が他の物のなかにあることを示したからといって、決して、この物の保存という現象を、明らかにしたことにはならない。それでもいまかりに、過去は、脳のなかに貯蔵された記憶の状態で残存していると認めてみよう。この場合、脳が記憶を保存するためには、少なくとも脳自身が、保存されていなければならないであろう。しかしこの脳は、空間に広がりをもつイマージュであるかぎりは、ただ現在の瞬間を占めているにすぎない。脳は、物質宇宙の残り全体とともに、宇宙の生成の絶えず新たな切断面を構成している。したがってこの宇宙は、持続のあらゆる瞬間ごとに、文字どおり奇跡によって、消滅しては再生すると想定するか、あるいは、意識には認めない存在の連続性を、この宇宙に持ち込んで、宇宙の過去は、現在にいたるまで滅びずに残存している実在だとしなければならなくなるであろう。したがって、記憶を物質のなかに貯蔵してみても、なにも得るところはないし、むしろ逆に、精神の諸状態には拒絶した過去の完全な独立的残存を、物質界の諸状態の全体に拡張しなければならなくなるであろう。したがって、過去のこの残存それ自体は、どのようなかたちであれ、どうしても受け入れざるをえないのである。過去のこの残存そのものを理解するのに、わたしたちが困難を感じるのは、含むと含まれるという、空間内で瞬時に知覚される物体の集合体に関してしか適用できない必然的関係を、時間における、もろもろの記憶の系列に対しても適用することから来ているにすぎない。根本的な錯覚は、流れつつある持続そのものに、わたしたちがこの持続の流れに行なう瞬間的切断面の形式を持ち込んでいる点にある。

17† しかしながら、もともと存在することをやめた過去が、どうしてそれ自身で存続できるのだろうか？　ここにはまったくの矛盾があるのではないだろうか？　――これに対してわたしたちは、過去は、存在することをやめたのか、あるいは、たんに有用であることをやめたにすぎないかという点が、まさに問題だと答えよう。現在は、存在しているもの、と独断的に定義されている。しかし現在は、たんに形成されつつあるものなのである。現在の瞬間を、過去と未来を分ける不可分の境界の意味でとらえるなら、これほど存在しないものはない。わたしたちがこの現在を、存在するはずのものと考えるとき、これは、まだ存在しない。またこの現在を、現に存在すると考えるとき、これは、すでに過ぎ去っている。これに対し、意識によって実際に体験される具体的現在を考えてみると、この現在は、その大部分が、直前の過去だということができる。光が知覚されうるぎりぎりの一瞬の持続の間にも、何兆もの振動が生じていたのであり、その最初と最後は、莫大な数で分けられた間隔によって隔てられている。したがって知覚は、どれほど瞬間的であっても、数えきれないほど多数の記憶要素で成り立っているのであって、じつをいえば、知覚のはたらきはすべて、すでに記憶力のはたらきなのである。わたしたちは事実上は過去しか知覚していない。純粋現在は、過去が未来を浸食する、とらえがたい進展だからである。

18　したがって意識は、自分の光で、未来に傾いている、この直前の過去の部分、未来を実現させて、これを自己に加えようとしている直前の過去の部分を、絶えず照らす。未確定の未来を、こうして確定することだけに没頭しているので、意識は、わたしたちの遠い過去の状態のうちでは、現在の状態、すなわち直前の過去と、有効に結びつきうるものに、わずかな光を投じることはあるけれど、それ以外の過去の状態は、暗闇にとどまったままである。わたしたちがいつも身を置いているのは、わたしたち各自の歴史の、この照らされた部分であって、それは、実生活の根底にある法則、すなわち行動の法則に従っているからなのである。まさにこのことから、闇に隠れて保存されている記憶を考えるとき、わたしたちが感じる困難が生じる。つまり、過去がことごとく残存していることを、わたしたちが受け入れがたいのは、もろもろの状態の展開そのものである、わたしたちの精神生活の方向自体からきているのである。精神生活においては、わたしたちは展開しつつあるものを注視することには関心があるけれども、すでにすっかり展開されたものには、関心がないからである。

19　わたしたちはこうして、長い回り道をして、出発点に戻ってきた。すでに述べたように、二つの、根本的に異なった記憶力がある。ひとつは、身体内に組み込まれた記憶力。これは、巧みに組み立てられた機構の全体以外のものでは決してないが、しかしこの機構の全体が、生じうるさまざまな呼びかけに対して、適切な対応を確保している。この記憶力によって、わたしたちは現在の状況に適応するのであって、わたしたちが受けた作用はそれ自身が、あるときは実際の反応に、またあるときはたんなる発生状態の反応に、しかし程度の差はあれ、つねに適切な反応へと受け継がれる。これは記憶力というより、むしろ習慣であって、わたしたちの過去の経験を演じはするが、過去のイマージュを呼び起こしはしない。もう一方の記憶力が、真の記憶力である。意識と同じ広がりをもつこの記憶力は、わたしたちの状態をすべて、生じる順に記憶にとどめ、これらをつぎつぎに配列して、おのおのの出来事にその場所を残し、したがってその出来事に日付を記《しる》す。この記憶力は、まさに過去そのもののうちで活動しているのであって、第一の記憶力のように、不断に新たに始まる現在において活動しているのではない。ところで、わたしたちは、この二つの形態の記憶力を、徹底的に区別はしたが、両者の関係は、明らかにしてこなかった。身体と、過去の行動を蓄積した努力を象徴する身体機構の上で、思い浮かべて再生する記憶力が、空中で浮いていたわけである。しかし、わたしたちは直前の過去以外のものは、決して知覚せず、わたしたちの現在の意識は、すでに記憶力であるとすると、はじめにわたしたちが区別した二つの記憶力は、互いに親密に結びつくことになるであろう。というのは、この新しい見地から見ると、わたしたちの身体は、わたしたちが知覚するイマージュの、不断に新たに現われる部分、つねに現在にある部分、というよりむしろ、いつも過ぎ去ったばかりの部分にほかならないからである。この身体自身が、イマージュであり、もろもろのイマージュの一部なのであるから、イマージュを蓄えることはできない。これゆえ、過去の知覚や、あるいは現在の知覚であっても、これらを脳に位置づけようとする試みには、根拠はないのである。これらの知覚は、脳の中にはない。脳が、これらの知覚の中にあるのである。しかしこのまったく特殊なイマージュ、すなわち、つねに他のもろもろのイマージュの中心であり続けるイマージュ、わたしが自分の身体と呼ぶイマージュは、すでに述べたように、時々刻々、宇宙の生成の横断面を構成する一部となっている。したがってわたしの身体は、受けて返される運動が通過する場であり、わたしに作用をおよぼす事物と、わたしがはたらきかける事物との間のトレ・デュニオン（連結符）、要するに、感覚-運動現象の座である。いま、わたしの記憶力に蓄えられた記憶の全体を、

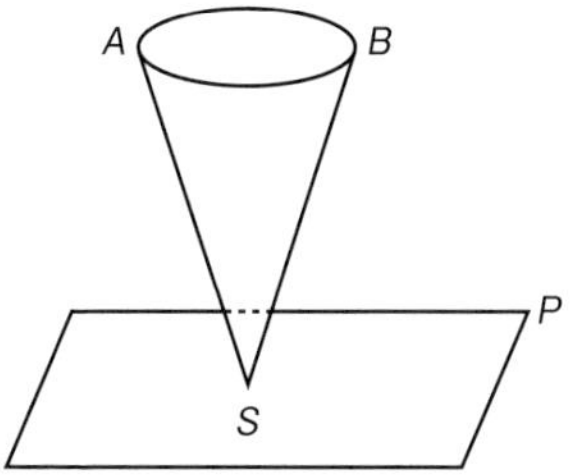

Fig. 4

円錐SABで示すなら、過去に位置づけられる底面ABは、不動のままであるのに対して、わたしの現在を時々刻々表わしている頂点Sは、絶えず前進し、また絶えず、宇宙についてのわたしの現在の知覚面を表わす移動する平面Pと接触している。この頂点Sに、身体のイマージュは集結している。そしてこのイマージュは、P面の一部であるから、このP面を構成するすべてのイマージュから発せられる作用を、ただ受けて返しているだけである。

20　したがって、習慣が整えた感覚‐運動組織全体からなる身体の記憶力は、ほとんど瞬間的な記憶力であって、この記憶力の底面の役割を果たしているのが、過去の本来の記憶力である。この二つの記憶力は、二つの別々の「物」を構成しているのではなく、第一の身体の記憶力は、すでに述べたように、第二の本来の記憶力が、経験の流動的平面に差し込んでいる移動する最先端にほかならないから、当然この二つの機能は、相互に支え合っている。実際、一方で、過去の記憶力は、感覚‐運動機構に対して、この機構をなすべき仕事に導き、経験の教訓が勧《すす》める方向に、運動的反応を向かわせることのできる記憶をすべて提示する。まさにここで、類似による連合と近接による連合がはたらいている。しかし他方、感覚‐運動機構のほうは、無力な記憶、すなわち無意識の記憶に対して、これが形を取り始めて、具体化する手段、要するに現在化する手段を提供する。実際、ある記憶が、再び意識に現われるためには、この記憶は、純粋記憶力の高みから、行動が行なわれているまさにその地点まで、降りてこなければならない。いいかえると、現在から呼びかけが発せられ、この呼びかけに記憶が応答する、そして現在の行動の感覚-運動要素から、記憶は熱を取り入れて、活力を与えられる。

21《よく調和のとれた》精神の持ち主、すなわち、実生活に申し分なく適合したひとを、わたしたちが識別するのは、この協調の緊密さ、相補的なこの二つの記憶力の、相互浸入の的確さによってではないだろうか？　行動家を特徴づけていること、それは現に与えられている状況に対して、この状況と関連のある記憶のすべてを呼び起こして役立てる機敏さである。しかし行動家の特徴はまた、無用、あるいは無関係な記憶が、識閾《しきいき》を越えて意識内に入ろうとしても、これを妨げる、越えがたい障壁でもある。純粋現在だけに生きること、刺激に対して、これを受け継ぐ直接的反作用で応答することは、下等動物の特性であり、このように行動するひとは、衝動的なひとである。しかし、過去に生きる喜びのために過去に生きているひと、もろもろの記憶が、現在の状況に役立たないのに姿を現わしてきて意識に照らされるひとも、やはりほとんど行動には向いていない。こちらのひとは、衝動的なひとではなく、夢見るひとである。この両極の中間に、現在の状況の輪郭を正確にたどって進むには十分柔軟で、他のすべての呼びかけをはねつけるには十分力強い、望ましい記憶力の状態がある。良識、あるいは実践感覚とは、おそらくこれ以外のものではあるまい。

22　たいていの子供で、自発的なイマージュ記憶力が異様に発達しているのは、子供たちがまだ、この記憶力を自分の行動と連係させていないところから、まさに来ているのである。子供はふつう、その時その時の印象を追っている。そして子供の行動は、記憶の指示に従ってはいないから、逆に彼らの記憶も、行動に必要なものに限定されない。子供のほうがより容易に記憶するようにみえるのは、彼らがあまり選別をしないで思い出すからにすぎない。知性が発達するにつれて、記憶力が見かけ上減退するのは、したがって記憶と行動がますます組織化されることから来ている。このように、意識的な記憶力は、洞察力が増す分だけ、広がりを失うことになる。この記憶力ははじめ、夢の記憶力のような容易さをもっていたが、それはまさしく、実際に夢を見ていたからなのである。それに自発的なイマージュ記憶力の、同じような過度の高揚が、知的発達がほとんど子供の発達段階を超えていない人々にも観察される。ある宣教師は、アフリカ未開人に長い説教をしたあとで、未開人のひとりが、いまの説教を、一言一句違《たが》えず、同じジェスチャーで、最初から最後までくり返すのを見ている[1]。

23　ところで、わたしたちの過去が、ほとんどすべて隠れたままでいるのは、現在の行動に必要なものによって抑制されているからだとすると、わたしたちが有効な行動に無関心になって、いわば夢想の生活に戻る場合、いつでもこの過去は、識閾を越えて意識内に入る力を取り戻すであろう。睡眠は、自然なものにせよ、人為的なものにせよ、ちょうどこの種の遊離状態を引き起こす。最近の報告によると、睡眠中は、感覚神経要素と運動神経要素の接触が遮断されているという。[2]かりにこの独創的な仮説を採用しないとしても、覚醒時には、受けた刺激を、いつでも適切な反応運動に受け継ぐ状態にあった神経組織の緊張が、睡眠中は、少なくとも機能的にゆるむことは、認めざるをえない。ところで、ある種の夢や、夢遊病状態で、記憶力が《高揚》することは、よく観察される事実である。このようなとき、消滅したと思われていた記憶が、驚くほど正確によみがえってきて、まったく忘れていた子供のころの光景がすみずみまで思い出されたり、習ったことさえ忘れていた言語を話したりする。しかしこの点に関しては、おぼれたり、首をつったひとが、突然窒息するような場合に生じることほど、学ぶところの多いものはない。体験者が生きかえって証言するところでは、ごくわずかな時間に、自分の人生の忘れられていたすべての出来事が、きわめて微細な状況に

1　KAY, *Memory and how to improve it*, New York, 1888, p. 18.

2　Mathias DUVAL, Théorie histologique du sommeil (*C. R. de la Soc. de Biologie*, 1895, p. 74).——また、LÉPINE, *ibid.*, p. 85, および *Revue de Médecine*, août 1894, とくに、PUPIN, *Le neurone et les hypothèses histologiques*, Paris, 1896 参照。

いたるまで、これらの出来事が生じた順序のまま、連続してつぎつぎに目の前に出現する。[1]

24† 自分の人生を生きるのではなく、自分の人生を夢見ているひとは、おそらくこのように、自分の過去の出来事の無限に多くの細部を、絶えず見続けているであろう。これに対して、この記憶力、および、この記憶力が生み出すものすべてを排除しているひとは、自分の人生を実際に思い浮かべることをせず、絶えず人生を演じているであろう。このようなひとは、意識をもった自動装置のように、有用な習慣の傾向に従って、刺激に対しては、いつもぴったり合った反応で応じるであろう。第一のひとは、特殊なものからも、さらには個々のものからも、決して離れない。おのおののイマージュに、時間における日付と、空間における場所を残したままであるから、このイマージュが、どの点で他のイマージュと異なるかは認めても、どの点で似ているかは認めないであろう。これに対して、他方の第二のひとは、いつも習慣によって動かされているから、ある状況に、行動上の点からみて、以前の状況と似ている側面しか見分けないであろう。このひとはおそらく、一般的なものを考えることはできない。というのは、一般観念は多数の想起されたイマージュの、少なくとも潜在的な心像を前提としているからである。それにもかかわらず、この第二のひとの一連の行動は、一般においてである。習慣と行動の関係は、一般性と思考の関係に等しいのである。しかし、この二つの極端な状態、すなわち、自分の視野に他と異なるものしかとらえない、まったく観想的な記憶力の状態と、自分の行動に一般性の刻印を押す、まったく運動的な記憶力の状態は、例外的な場合にしか、完全に分離して現われることはない。正常な生活では、この二つの状態は親密に混じり合っており、こうして双方とも、本来の純粋さをいくらか捨てている。第一の状態は、異なったものの記憶として現われ、第二の状態は、類似したものの知覚として現われる。この二つの流れが合流する所に、一般観念が現われる。

25　ここでは、一般観念の問題を、まとめて一挙に解決しようとしているのではない。一般観念のうちには、知覚だけを唯一の起源にしてはいないものや、物質対象と、きわめて遠くからしか関係しないものがある。それらの一般観念は、ここでは考慮しないで、わたしたちが類似したものの知覚と呼ぶものに基づく、一般観念だけを考察しようと思う。わたしたちは純粋な記憶力、すなわちすべてを保存している記憶力が、みずからを運動習慣に浸入させるまでの足跡を、その連続的努力にそってたどってみたい。これによって、この記憶力の役

1　WINSLOW, *Obscure Diseases of the Brain*, p. 250 et suiv.—RIBOT, *Maladies de la mémoire*, p. 139 et suiv.—MAURY, *Le sommeil et les rêves*, Paris, 1878, p. 439.—EGGER, Le moi des mourants (*Revue philosophique*, janvier et octobre 1896).—また、Ball は《記憶力とは、なにものも失わず、すべてを記録しておく能力である》といっている（ROUILLARD, *Les amnésies*, Thèse de méd., Paris, 1885, p. 25 から引用）。

割と本性が、いっそうよく理解できるであろうし、またこれによって、類似と一般性という、どちらも等しく不明瞭な二つの観念を、きわめて特殊な見地から考察することで、おそらく明らかにできるであろう。

26　一般観念の問題をめぐって引き起こされる心理学領域の困難を、できるだけ突きつめて考えてみると、この困難は結局、つぎの循環論に帰結すると考えられる。すなわち、一般化するためには、まず抽出しなければならない、しかし、有効な抽出をするためには、すでに一般化できていなければならない。唯名論と概念論という二つの学説は、意識的にせよ無意識的にせよ、おのおのが互いに相手に欠けているほうに身を置いて、この循環のまわりを回っている。実際、唯名論者は、一般観念に、その適用範囲の拡張しか考慮しないから、この観念に、際限なく開かれた一連の個別的対象を認めるだけである。したがって唯名論者にとって、観念が同一であるとは、たんに、これら別々の対象のすべてを区別なく指し示す、記号が同じだということになるであろう。唯名論者の主張に従えば、わたしたちはまず、ある個物を知覚する。ついでこの個物に、ある言葉を与える。この言葉は、他の無数の個物に拡大適用される能力または習慣によって強化されて、一般観念に高められる。しかしながら、この言葉が拡大適用され、しかも、この言葉が指し示すもろもろの対象に限定されるためには、これらの対象が、わたしたちに類似点を示し、この類似点が、これらの対象を互いに近づけ、この言葉が適用されない対象のすべてから、これらの対象を区別するのでなければならない。したがって一般化は、共通の性質の抽出を考慮しなければ、行なわれないと思われる。こうしてしだいに唯名論は、一般観念を、その内容によって規定せざるをえなくなり、最初に望んでいたように、もはやその適用範囲だけでは規定できなくなる。概念論が出発するのは、この内容からである。概念論によると、知性は、個物がもつ表面上の統一を、さまざまな性質に解体する。これらの性質のおのおのは、これを閉じ込めていた個物から分離されると、この分離によって、ひとつの類を表わすものとなる。おのおのの類が、多くの対象を、顕在的に包むと考えるのではなく、こんどは反対に、おのおのの対象が、ちょうどこの対象が閉じ込めていたさまざまな性質の数だけの類を、潜在的に含むと主張する。しかし、問題はまさに、さまざまな個別的性質は、抽象化の努力によって分離されても、依然として、個別的なままではないかということ、そしてこれらの性質を、類に仕立てるためには、精神の別の新しいはたらきが必要であって、このはたらきによって精神は、おのおのの性質にまず名前を与え、ついでこの名前の下に、多くの個別的対象を寄せ集めるのではないか、という点である。百合の白さは、一面の雪の白さと、同じではない。これらは、かりに百合や雪から分離されても、依然として百合の白さであり、雪の白さである。これらがおのおのの独自性を捨てるのは、わたしたちがそれらの類似を考慮して、それらに共通の名前を与える場合に限られる。こうしてこの名前を無数の類似対象に適用することで、わたしたちは、先ほどは言葉が、もろもろの個物に適用されるということに求めていた一般性を、ちょうどボールをはね返すように、性質にはね返しているのである。ところで、このように考えることは、はじめに放棄していた適用範囲の観点に、戻ることではないだろうか？　こうしてわたしたちは、まさしく循環のまわりを回ることになり、唯名論は、わたしたちを概念論に導くし、概念論は、わたしたちを唯名論に連れ戻す。一般化は、共通の性質を抽出することによってしかなされない、しかし、性質が共通のものとして現われるためには、すでに一般化の作用を受けていなければならない。

27　ところで、唯名論と概念論という、この二つの対立した学説を掘り下げてみると、両者に共通の暗黙の前提が見いだされるであろう。すなわち、唯名論も概念論も、わたしたちはもろもろの個別的対象の知覚から出発する、と前提していることである。唯名論は、類を、列挙によって構成する。概念論は、類を、分析によって引き出す。しかし、分析と列挙が対象としているのは、いずれも直接的直観に与えられている実在とみなされた、もろもろの個物である。これが、共通の暗黙の前提である。この前提は、見かけ上は明白にみえるが、真実だとは思われないし、事実に合致してもいない。

28　というのは、ア・プリオリに（先入観を排除して）みれば、一般観念の明瞭な把握が、知性による洗練であるのと同様、個別的対象の鮮明な区別は、知覚の余剰産物であると考えられるからである。類の完全な把握は、おそらく人間の思考に固有のものである。この把握には、反省的努力が必要であって、この努力によってわたしたちは、ある心像から、時間や場所の特殊な点を消し去る。しかし、これら特殊な点についての反省、対象の個別性をとらえるのに不可欠な反省は、相違点に気づく能力、それゆえまた、もろもろのイマージュを記憶しておく能力を前提としている。このイマージュの記憶力は、おそらく人間と高等動物の特性であろう。したがってわたしたちは、個物の知覚から出発するのでもないし、類の把握から出発するのでもなく、中間の識別能力、すなわち際立った性質あるいは類似の漠然とした印象から出発すると思われる。この印象は、十分に把握された一般性からも、鮮明に知覚された個別性からも、同じくらい離れているが、相互分離的にこの両者を生み出してくる。反省的な分析が、この印象を一般観念へと洗練純化させ、判別的な記憶力が、この印象を個物の知覚へと凝固させて行く。

29　ところでこのことは、わたしたちが諸事物についてもつ知覚の、まったく実用的な起源に立ち帰ってみれば、明瞭になるであろう。現に与えられている状況において、わたしたちにかかわりのあるもの、わたしたちがここでまずとらえなければならないもの、それは、なんらかの好み、あるいは欲求に、答えてくれるような側面である。ところで、欲求というものは、まっすぐに類似や性質に向かう。個々の相違点などは、どうでもよい。この有用なものを見分けることに、動物の知覚は、ふつう、限定されているにちがいない。草食動物を引きつけるのは、牧草一般である。牧草の色や香りは（性質や類として、考えられるとまではいえないが）、力として、感じられ、受け取られている。これだけが、草食動物の外界の知覚に、直接与えられているものである。この一般性、あるいは、類似を背景に、この動物の記憶力のはたらきが、コントラストを際立たせ、ここから、さまざまな区別が生まれてくる。こうしてこの動物は、ある景色を、他の景色から、ある野原を、他の野原から区別するようになる。しかしながら、この区別は、さきほども述べたように、知覚の余剰産物であって、必要不可欠なものではない。ひとは、わたしたちがたんに問題を後退させているだけで、類似が引き出され、類が構成されるはたらきを、無意識の中に投げ返しているにすぎない、といわれるだろうか？　しかしわたしたちは、なにも無意識に投げ返してはいない。その理由はきわめて単純であって、ここで類似を引き出すのは、わたしたちの見るところ、心理的な性質の努力ではないからである。この類似は、力として客観的に作用して、同じ反作用を引き起こす。それは、同じ結果はすべて、同じ根本原因から来るという、まったく物理的な法則に従っているにすぎない。塩酸が、炭酸カルシウム――大理石にせよ、チョークにせよ――に、いつも同じように作用するからといって、酸が、これらの種《しゅ》のあいだに、ひとつの類の特徴を見分けるというひとがいるだろうか？　ところで、この酸が、塩《えん》から塩基《えんき》を分離する作用と、植物が、きわめて多様な土壌から、養分として役立つはずの同じ諸要素を不断に分離するはたらきには、本質的な違いはない。さらに一歩進めて、水滴のなかで活動しているアメーバの意識のような、未発達な意識を考えてみよう。この微小動物は、自分が同化しうる、さまざまな有機物の、違いではなく、類似を感じ取っているであろう。要するに、鉱物から植物、植物から意識をもつもっとも単純な動物、動物から人間にいたるまで、これらの事物や生物が、周囲から、自分を引きつけるもの、自分に実用上かかわりのあるものをとらえる作用の発達をたどることができる。これらの事物や生物が、分離抽出しようとする必要がないのは、たんに周囲にある他のものが、これらに影響力をもたないというだけの理由による。表面上異なったさまざまな作用に対して、反作用が同じであるということ、これが、人間の意識が、一般観念へと発展させる萌芽《ほうが》なのである。

30　実際、わたしたちの神経組織は、その構造からして、どのような役割をしていると考えられるだろうか？　わたしたちにはきわめて異なる感覚器官があり、これらの感覚器官はすべて、中枢を介して、同じ運動器官に結ばれている。感覚というものは移ろいやすく、これはきわめて多様なニュアンスを帯びる。これに対して、運動機構は、いったん組織化されると、いつも同じように作動する。したがって、もろもろの知覚が、それらの表面的な細かい点で、どれほど異なっていても、これらの知覚が、同じ反応運動で受け継がれ、身体が、これらの知覚から、同じ有用な結果を引き出し、これらの知覚が、身体に、同じ態度を刻印するならば、これらの知覚から、共通のなにものかが引き出されることになり、こうして一般観念は、この観念が精神に把握される以前に、感じられ、体験されていたことになる。――こうしてついにわたしたちは、最初閉じ込められたかにみえた循環論から、解放されたわけである。一般化するためには、類似点を抽出しなければならない、しかし、類似を有効に引き出すためには、すでに一般化できていなければならない、とわたしたちはいった。しかしじつは、循環などはない。というのも、精神が最初に抽出する、そもそもの出発点にある類似は、精神が意識的に一般化するとき到達する類似ではないからである。精神の出発点にある類似は、感じられ、体験される類似、というよりむしろ、自動的に演じられる類似である。精神が再び帰ってくる類似は、知的に見いだされた類似、または考えられた類似である。そしてちょうどこの進展の途上で、記憶力と知性の二重の努力によって、個物の知覚と、類についての観念が形成される、――記憶力は、ひとりでに抽出されたもろもろの類似に、区別を付け加え、知性は、もろもろの類似の習慣から、一般性についてのはっきりした観念を引き出す。この一般性の観念は、もともとは、たんに状況が多様であるのに、対応が同じだという、わたしたちの意識にすぎなかった。この観念は、運動の領域から、思考の領域に遡及してくる習慣そのものだったのである。しかしこのように、習慣によって自動的に輪郭を現わした類から、わたしたちは、この自動的な活動そのものについてなされた反省の努力によって、類についての一般観念へと移行した。いったんこの類についての一般観念が形成されると、わたしたちは、こんどは意図的に、無限に多くの一般観念を構成した。ここでは、この構成の詳細にわたって知性のはたらきをたどる必要はない。つぎの点を述べるにとどめたい。知性もまた、自然のはたらきを模倣して、こんどは人為的な運動機構を組織し、限られた数のこれらの運動機構を、無限に多くの個別的対象に対応させているということ、そしてこれらの運動機構の全体が、分節して話される言葉だということ。

31　しかしながら、個物を見分け、類を形成するという、方向の異なる精神の二つのはたらきは、同じ努力を必要とするのでもないし、同じ速さで進歩するのでもない。記憶力の介入しか必要としない第一のはたらきは、わたしたちの経験の最初から行なわれている。第二のはたらきは、限りなく続けられ、決して完成にいたることはない。第一のほうは、安定したイマージュを構成し、これらのイマージュは、記憶力のなかに蓄えられる。第二のほうは、不安定で消散しやすいもろもろの観念を形成する。この最後の点について、詳しく述べよう。わたしたちはここで、精神生活の本質的な現象に触れることになる。

32　というのは、一般観念の本質は、行動の領域と、純粋記憶力の領域との間を、絶えず行き来することにあるからである。ここで、すでに描いた図式に立ち帰ってみよう。頂点Sには、わたしの身体、すなわちある感覚-運動的均衡についてわたしがもつ、現在の知覚がある。底面AB上には、わたしの記憶が、すべて残らず配列されているとしよう。このように規定された円錐のなかで、一般観念は、頂点Sと底面ABの間を、絶えず揺れ動く。頂点Sでは、身体のある態度や、発音されたある言葉という、きわめて明確なかたちをとる。底面ABでは、やはり明確ではあるが、無数の個別的イマージュの姿をとり、一般観念の壊れやすいまとまりは、これら無数の個別的イマージュへと砕けて行く。これゆえ、出来上がったもので満足し、ただ事物だけを認めて、進展を認めない心理学は、この揺れる運動の両端しか見ようとしない。このような心理学は、一般観念を、あるときはこれを演じる行動、あるいはこれを表わす言葉と同一視し、またあるときは多様な無数のイマージュと同一視して、これらのイマージュが、記憶力のなかの一般観念の等価物だとする。しかしじつは、この両極のいずれかに固定しようとすれば、一般観念はたちまちわたしたちの手から逃れ去ってしまう。一般観念は、一方の極から他方の極に行く、二重の流れのなかで成立するのである。――この観念はいつでも、結晶して発音された言葉になることも、分散してもろもろの記憶に向かうこともできる状態にある。

33 このことは結局、頂点Sで示される感覚-運動機構と、底面ABに配列されている記憶

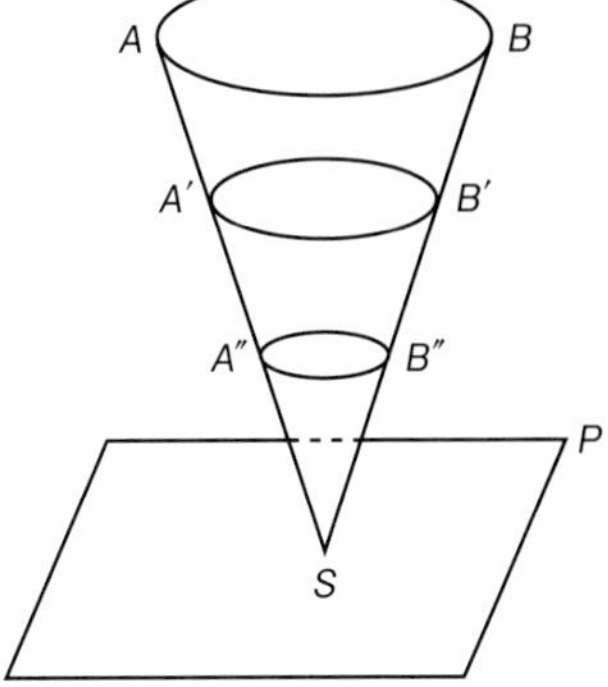

Fig. 5

の全体との間には、すでに前章で示唆したように、同じ円錐の断面A′B′、A″B″、等々でそれぞれ表わされる、わたしたちの精神生活が無数に反復再生される余地があるということになる。感覚と運動の状態をいっそう離れて、夢想生活に生きようとするにつれて、わたしたちは底面ABに向かって分散して行くし、目前の現実により強く専念して、感覚的刺激に運動的対処で応じようとするにつれて、わたしたちは頂点Sに向かって集中して行く。実際にはしかし、正常な自我が、この両極の位置のいずれか一方に固定されることは決してなく、この両極の間を行き来して、中間のもろもろの断面で表わされた位置にかわるがわる身を置いている。いいかえると、正常な自我は、自己の意識野に、ちょうど十分なだけのイマージュと、ちょうど十分なだけの観念を与えて、これらのイマージュや観念が、現在の行動に有効に協力できるようにしているのである。

34† 低いレベルの精神生活についてのこのとらえ方から、観念連合（連想）の法則が導き出される。しかしこの点を究明するまえに、連想に関する現在の学説の不十分な点を指摘しておきたい。

35　精神に思い浮かぶすべての観念が、それに先立つ精神状態と類似あるいは近接関係があるということ、このことに異論の余地はない。しかしこの種の主張は、連想のしくみについて、わたしたちになにも説明してくれないし、じつをいえば、まったくなにも教えてはくれないのである。実際、互いになんらかの類似点をもたない二つの観念、あるいは互いにどこかで隣接しない二つの観念は、探してもむだだからである。類似について見てみよう。二つのイマージュを隔てる相違がいかにはなはだしくても、ある程度上位にさかのぼれば、この二つのイマージュが属する共通の類がつねに見いだされ、したがって両者を結びつける役割をする類似がつねに見いだされるであろう。近接についてはどうだろうか？　すでに述べたように、知覚Aが《近接》によって過去のイマージュBを連想させるのは、まず知覚Aが、自分に似ているイマージュA′を想起させる場合だけである。というのは、記憶力のなかで実際にBに隣接しているのは、記憶A′であって、知覚Aではないからである。したがってAとBという二つの項が、互いにどれほどかけ離れていると想定しても、挿入される項A′が、Aとある程度漠然とした類似を保っていれば、いつでもAB間に近接関係が打ち立てられるであろう。要するに、無作為に選ばれた任意の二つの観念間には、つねに類似があるし、またつねに近接があるということになる。したがって、相次ぐ二つの観念間に、近接関係あるいは類似関係を見いだしたとしても、なぜ一方が他方を連想させるかを説明したことにはまったくならない。

36 問題はまさに、現在の知覚と、いずれもどこかで似ている無数の記憶のなかで、どのようにに選択が行なわれ、またなぜ、これら無数の記憶のなかのひとつが――あの記憶ではなくこの記憶が――意識の明るみに浮かび上がってくるのか、という点である。しかしこの問題に、連合心理学《アトミズム》は答えることができない。なぜなら、連合心理学は、もろもろの観念やイマージュを、エピクロスの原子《アトム》のように、ある内部空間を浮遊する独立の実体とし、これらが偶然、互いの引力圏に入ると、相互に接近して引っ掛かり合うとしているからである。この点でこの学説を掘り下げてみると、この学説の誤りは、もろもろの観念を、あまりにも知性化しすぎたこと、これらの観念に、純粋に認識上の役割を与えたこと、観念が存在するのは、観念自身のためであって、わたしたちのためではないと信じて、これらの観念が、意志の活動に関係していることを見落とした点にあることがわかるであろう。もろもろの記憶が、生気のない無気力な意識のなかを不活性状態で漂《ただよ》っているとするると、現在の知覚が、そのうちのどれかをとくに好んで引きつける理由は、なにもない。したがってわたしたちはただ、いったん偶発的接触が生じたらこれを確認し、類似や近接について語ることしかできないであろう。――これは結局、もろもろの意識状態が、互いに対して親和力をもつことを、漠然と認めるというだけのことである。

37　しかし、近接と類似という二重のかたちを取るこの親和力そのものについて、連合心理学はなにも説明を与えることができない。この学説では、互いに連合しようとする一般的傾向が、連合の特殊な形態と同様に、不明瞭なままなのである。連合心理学は、個々の記憶イマージュを、わたしたちの精神生活のなかにそのまま与えられた既成の事物としてしまうので、これら事物の間に、神秘的な引力を想定しなければならなくなる。それにこの引力が、どのような現象によって現われることになるかを、物理的引力の場合のように、あらかじめ示すことさえできない。実際、この学説では、イマージュはそれ自身で自足しているのに、なぜこのイマージュが、類似しているにせよ、隣接して与えられているにせよ、他のイマージュを自分に付加しようとするのだろうか？　しかしじつは、この独立のイマージュというものは、精神によって後から人為的に作り出された産物なのである。わたしたちは実際には、互いに類似している個物を知覚する以前に、類似を知覚しているし、また隣接した諸部分の集合では、部分以前に、全体を知覚しているのである。わたしたちは類似から、類似のもろもろの対象へと進む。それは類似というこの共通の布地の上に、多様な個別的相違を刺繡《ししゅう》することによってなのである。またわたしたちは全体から、もろもろの部分へと進む。これは後ほどその法則が見られるように、分割するはたらきによるのであって、そのはたらきとは、実生活にきわめて便利なように、実在の連続を細分化することなのである。したがって結合することが、原始事実なのではない。わたしたちは分割することから始めるのであって、すべての記憶が他のもろもろの記憶を寄せ集めようとする傾向は、分割される以前の知覚の統一に、精神が自然に復帰することによって説明できるのである。

38　ところで、ここでわたしたちは、連合心理学の根本的欠陥を明らかにすることができる。すでに述べたように、現在の知覚が、さまざまな記憶とつぎつぎに連合して行くとき、この連合のしくみを理解するのに、二つの方法がある。まず、知覚はそれ自身不変の、文字どおりの心理的原子《アトム》であって、この原子が、他の諸原子がすぐ近くを通過するにつれて、これらを自分に付加して行く、とも考えることができる。連合心理学の観点はこれである。これに対して、第二の観点がある。それはまさに、わたしたちが再認の理論において示した観点である。わたしたちは、わたしたちの人格全体が、もろもろの記憶の全体を伴って、未分割のまま現在の知覚に入ってくると考えた。したがって、この知覚が、つぎつぎに異なった記憶を連想させるのは、知覚が不変不動のまま、自分の周囲にますます多くの要素を引きつけて、これらを機械的に付加することによってではない。この連想は、わたしたちの意識全体の膨張によって行なわれるのである。すなわち意識は、この膨張によって自己所有の豊富な内容をより遠くに押しやって、内容の詳細がより広大な面上に分散されて現われるようにしているのである。ちょうど、星雲を、望遠鏡の解像度をしだいに高めて見て行くと、星雲がますます多くの星に分かれて行くように。第一の仮説（この仮説の長所は、見かけのやさしさと、誤解された原子論との類似程度であるが）、ここでは、おのおのの記憶は、独立で不活性な「物」であるから、この記憶がなぜ、他の記憶を自分に付加しようとするのかも、近接あるいは類似によって連合するために、同じ資格身分の無数の記憶のなかで、この記憶がどのように選択するのかも、いうことができない。そこでもろもろの観念は、偶然ぶつかり合うと想定するか、あるいは観念相互間には、神秘的な力がはたらいていると想定せざるをえなくなるが、これもやはり、意識の証言に反する。意識は、もろもろの心理的事実が、独立の状態で浮遊しているとは、決して告げない。第二の仮説では、わたしたちはたんに、もろもろの心理的事実と、これらがつねに未分割の全体として、直接的意識に与えられていること、そしてこの未分割の全体を別々の断片に分割するのは、ただ反省のはたらきだけであることを、確認しているにすぎない。したがって説明しなければならないこと、それはもはや、内的諸状態の凝《ぎょうしゅう》集ではなく、収縮と膨張によって、意識がその内容の展開度を狭めたり拡大したりする、二重の運動である。しかしこの運動は、これから見られるように、実生活上のもろもろの基本的な必要から導き出されるものなのである。したがってまた、なぜ、わたしたちがこの二重の運動にそって形成しているとみられる《連想》が、近接と類似の相次ぐすべての段階を利用するかも、容易に理解できるであろう。

39† いまかりに、実際にわたしたちの精神生活が、感覚-運動機能だけに限定されているとしてみよう。いいかえると、すでに描いた図式（p. 279）において、可能なかぎり単純化したわたしたちの精神生活に対応する頂点Sに身を置いてみよう。この状態では、すべての知覚が、ひとりでに適切な反応に受け継がれる。というのは、以前の類似のもろもろの知覚が、すでに多少とも複雑な運動機構を組織化しており、これらの機構はただ、同じ呼びかけがくり返されるだけで、活動を開始するからである。ところでこのしくみには、類似による連合がある。現在の知覚は、過去の知覚との類似によって活動しているからである。またここには、近接による連合もある。この過去の知覚の結果として生じた運動が再生されるし、さらにこの最初の行動と連係した無数の行動を、続けて引き起こすことさえあるからである。したがって、わたしたちはここで、二つの連合の発生源そのものにおいて、そして二つがほとんど入り混じったかたちで――考えられたというより、演じられ、体験されるかたちで――類似による連合と、近接による連合をとらえることができる。これらは、わたしたちの精神生活に、たまたま現われる形態ではない。この二つの連合は、同じひとつの基本的な傾向、すなわち、すべての生物が、与えられた状況から、有用なものを引き出し、場合によっては起こりうる反応を、運動習慣のかたちで蓄えて、これを同種のもろもろの状況に役立てようとする傾向の、相補的な二つの側面を示している。

40　こんどは一足飛びに、わたしたちの精神生活の、もうひとつの極限に身を置いてみよう。わたしたちの方法に従って、ただ《演じられる》だけの心理的生活から、もっぱら《夢みられる》だけの心理的生活に、移行してみよう。いいかえると、わたしたちの過ぎ去った生活のすべての出来事が、そのきわめて微細な部分も姿を現わしている記憶力の底面AB（p. 279）に身を置いてみよう。行動から身を引いて、こうして自分の過去の全体を眺めている意識は、この過去のある部分に、他の部分よりとくに注意を向ける理由は、なにもない。ある意味では、所有するすべての記憶が、現在の知覚とは異なっている。というのは、多様な細部をもつ記憶のいずれをとってみても、二つの記憶がまったく同一であるということは、決してないからである。しかし別の意味では、どんな記憶でも、現在の状況に近づけることができる。この知覚と記憶におけるもろもろの細部を、必要なだけ無視して、ただ類似だけが現われるようにすればよいからである。しかもいったん記憶が知覚と結ばれれば、これとともに、この記憶に隣接している多数の出来事が――わたしたちが意図的に止めようとしないかぎり、際限なく多くの出来事が――この知覚に結びついてくるであろう。ここにはもはや、類似作用や、したがってまた近接作用を規制する生活上の必要がないし、それに結局のところ、すべてが互いに似ているのであるから、すべてが連合しうるということになる。先ほどの場合は、現在の知覚は、特定の運動に受け継がれていた。こんどの場合は、現在の知覚は、いずれも等しく可能な無数の記憶へと分散して行く。連合はしたがって、頂点Sでは必然的な運動を生じさせ、底面ABでは気まぐれな選択を生じさせる。

41　しかしながら、これは二つの極限にすぎない。心理学者は、研究の便宜上、この両極に交互に身を置いてみなければならないが、わたしたちが実際にこの両極に到達することは、決してない。少なくとも人間には、純粋に感覚-運動的な状態はないし、漠然とした行動的基盤のない夢想の生活というものもない。すでに述べたように、わたしたちの正常な精神生活は、この両極のあいだを揺れ動く。一方の感覚-運動状態Sは、記憶力に、進むべき方向を示す。この状態は結局、記憶力の現在の行動的先端にほかならない。他方、この記憶力そのものは、わたしたちの過去の全体を伴って、この先端に向かって突き進み、自己の所有するできるだけ大きな部分を、現在の行動に挿入しようとする。この二重の努力によって、時々刻々、記憶力の際限なく多くの状態、わたしたちの図式で断面A′B′、A″B″、等々で示した状態が生じることになる。すでに述べたように、これらの断面はいずれも、わたしたちの過去の生活全体の再生である。しかしそれぞれの断面は、底面ABにいっそう近づくか、頂点Sにいっそう近づくかに応じて、内容の豊かさは異なる。しかも、わたしたちの過去のこの完全な再生面のそれぞれが意識の光にもたらすのは、感覚‐運動状態に入りうるもの、したがって行なうべき行動という観点で、現在の知覚と似ているものに限られる。いいかえると、すべてを保存している記憶力が、現在の状態の呼びかけに対して、同時に二つの運動で応じている。ひとつは平行移動で、この移動によって、記憶力全体が経験の方向に移行し、こうして行動を目指して未分割のまま多少とも収縮する。もうひとつは旋回運動で、この運動によって、記憶力全体は現時点の状況に向けられて、この状況にもっとも有用な側面を提示する。これらのさまざまな収縮度に応じて、類似による連合の多様な形態がある。

42† したがって、もろもろの記憶は、わたしたちの過去の生活の無数に生じうる縮図のなかで、いく度でも限りなく反復再生されると考えられる。これらのイマージュ記憶は、記憶力がいっそう収縮すると、より一般的なかたちをとり、記憶力が膨張すると、より個性的な姿を帯びる。こうしてもろもろの記憶は、限りなく多くの異なった《組織》に入る。わたしがある外国語の単語の発音を聞いたとき、この単語は、その外国語一般のことをわたしに考えさせることもあるし、かつてこの単語をなんらかの仕方で発音した、ある音声のことを考えさせることもある。類似によるこの二つの連合は、二つの異なった観念が、たまたま交互に現在の知覚の引力圏に引き入れられて、偶然到来したことに起因するのではない。この二つの類似連合は、二つの異なった精神の構え、二つの異なった記憶力の緊張度に対応しており、後者は、純粋なイマージュにより近いし、前者は、直接的な対応、すなわち行動によりいっそう向かっているのである。これらの組織を分類し、そのおのおのを、わたしたちの精神生活のさまざまな《音調》に結びつけている法則を探究し、各音調それ自身が、どのようにその時々の必要や、またわたしたち個人の努力のさまざまな度合いによって決定されるかを明らかにすること、これは、困難な課題である。このような心理学的探究はすべて、これからなされなければならないであろうが、いまわたしたちがそれをあえて試みるつもりはない。しかしこのような法則が存在するということ、この種の安定した関係があるということは、わたしたちのだれもがはっきりと感じている。たとえば、ある心理小説を読むとき、そこに描かれているある観念連合は、真実だ、実際に体験されえたものだ、と納得する。他方、わたしたちを不快にさせたり、現実感を与えない観念連合もある。それは精神の異なった水準間を、機械的に関連づけた結果が感じられて、作者は、自分が選んだ精神生活の水準に、踏みとどまることができなかったように思われるからである。したがって記憶力には、緊張度あるいは活力の相次いで異なった段階が、明らかにある。これらの段階を定義することはたしかに難しいが、しかし人間の心を描く作家が、これらを混同したのでは、非難はまぬがれないであろう。それに病理学もここで――たしかにありふれた例に基づいてではあるが――わたしたちのだれもが気づいている事実を裏づけている。たとえばヒステリー患者の《組織的健忘》において、消失したようにみえるもろもろの記憶は、実際には現存している。しかしこれらの記憶はすべて、おそらく知的活力のある特定の音調に結ばれていて、ここに患者はもはや、身を置くことができなくなっているのである。

43　このように、類似による連合には、無数の異なった平面があるが、近接による連合についても、事情は同じである。記憶力の底面を示す極限の平面では、いずれの記憶をとってみても、これに先立つ出来事全体、およびこれに後続する出来事全体と、近接によって結ばれていない記憶はない。これに対して、わたしたちの行動力が空間に集中する点では、近接は、運動のかたちで、ただ以前の類似の知覚を直接受け継いだ反応を、再び生じさせるだけである。実際には、近接による連合はすべて、この二つの極限の中間にある精神の位置で行なわれる。ここでもまた、わたしたちの記憶の全体が、無数に反復される可能性を想定してみると、わたしたちの過ぎ去った生活を示すこれらの再生面のおのおのは、それぞれの仕方で決まった断面に切り分けられるので、ある再生面から、他の再生面に移行すれば、面内の様相は、同じではない。なぜなら、これらの再生面のおのおのは、いくつかの中心となる記憶の性質によってはっきりと特徴づけられており、それ以外の記憶は、ちょうど支点に寄りかかるように、これらの中心となる記憶にもたれかかっているからである。たとえば、わたしたちが行動に近づけば近づくほど、近接はますます類似の性質を帯びるようになり、こうしてたんなる時間的継起の関係とは、区別されるようになる。だからたとえば、ある外国語の単語が、つぎつぎに記憶力のなかで喚起されるとき、これらの単語は、類似によって連合しているのか、近接によって連合しているのかを、いうことはできない。これに対して、わたしたちが現実の行動や行ないうる行動から離れれば離れるほど、近接による連合はますます、わたしたちの過去の生活の相次ぐイマージュを、ただたんに再生するだけになって行く。ここでは、これらの多様な組織の深い研究に入ることはできない。ただ指摘しておきたいことは、これらの組織は、もろもろの記憶が、それぞれ原子《アトム》として、並置されて構成されているのではない点である。つねに、いくつかの中心となる記憶が、真の輝く点としてあって、これらの点のまわりに、他の記憶は、漠然とした雲を作っている。これらの輝く点は、わたしたちの記憶力が膨張するにつれて、数を増して行く。たとえば、ある記憶の過去における日付を突き止める過程は、決して、あるひとがいわれたように、わたしたちがもろもろの記憶の全体のなかに、まるで袋に入るようにもぐり込んで、ここからますます接近した記憶を取り出してきて、これらの接近した記憶のあいだに、位置づけるべき記憶が納まるのではない。どんな幸運によってわたしたちは、ますます増えつづける介在記憶をうまく見つけることができるのだろうか？　実際には、ある記憶を位置づけるはたらきとは、拡張の努力をしだいに増して行くことなのであって、この努力によって、つねにそれ自身で全体が現存している記憶力は、自己の所有するもろもろの記憶を、ますます広大な面上に展開し、こうしていままで混沌としていた星雲内に、ついに位置づけられていなかった記憶を見分けるにいたるのである。それにここでもまた、記憶力の病理学は、わたしたちに教えるところの多い情報を提供している。逆行健忘において、意識から消失しているもろもろの記憶は、おそらく記憶力の極限の諸平面には保存されており、患者は、これらの記憶を、催眠状態におけるような例外的な努力によって、それらの平面で見いだすことができる。しかし下位の諸平面では、これらの記憶は、自分を支えてくれる中心となるイマージュを、いわば待ち望んでいたのである。なんらかの突然のショックや、なんらかの激しい感動が決定的な出来事となって、ここに、これらの記憶は付着してくるであろう。そしてもしこの出来事が、その唐突な性格のために、わたしたち個人の歴史の他の部分から分離するようなことになると、これらの記憶も引きずられて、ともに忘却の淵に沈むであろう。ここからして、肉体的にせよ、精神的にせよ、あるショックの結果生じる忘却は、その直前のもろもろの出来事も含んでいることが、理解できる。——この現象は、これ以外のいかなる記憶力理論でも、説明することはきわめて困難であろう。ついでに指摘しておくと、もし最近の記憶や、さらに比較的遠い記憶にも、なにかこの種の待機状態があることを認めなければ、記憶力の正常なはたらきは理解できなくなるであろう。というのは、思い出が記憶力のなかに刻印された出来事はすべて、どれほど単純な出来事を考えてみても、ある一定の時間を占めたものだからである。したがって、この時間間隔の初期を満たしていた知覚、そしていま、後続部分の知覚とともに、ひとつの切れ目のない記憶を作りつつある知覚は、この出来事の決定的部分がまだ生み出されていないかぎりは、文字どおり《宙に浮いて》いたのである。したがって、ある記憶が、その下準備をしていたさまざまな細部とともに消失することと、逆行健忘によって、ある特定の出来事に先立つ多少とも大量の記憶が消失することには、たんなる程度の違いがあるだけで、本性の違いはない。

44† 低いレベルの精神生活に関するこれらのさまざまな考察から、知的均衡についてのある考え方が出てくる。この均衡は、明らかに、その素材となっている諸要素の変調によってのみ、狂わされるであろう。ここで精神病理学の諸問題に、深入りすることはできない。しかし、これらの問題を、まったく避けて通ることはできない。というのは、わたしたちは、精神と身体の厳密な関係を明確化しようとしているからである。

45 わたしたちは、精神がその二つの極限、すなわち行動の平面と夢想の平面のあいだを、絶えず行き来していると考えた。ある決断をする場合を考えてみよう。精神は、自己の経験全体を、いわゆる性格に結集し、組織化して、この全体を行動へと収束させる。この行動には、その素材となっている過去とともに、各人が刻印する予想外の形態が見いだされるであろう。しかし行動が実現可能であるのは、この行動が、現在の状況に入りうる場合、すなわち、身体が、時間的および空間的に、ある特定の位置を占めることから生じる状況全体のなかに、これが入りうる場合に限られる。知的なはたらき、すなわち概念を形成し、多様な記憶から多少とも一般的な観念を引き出す場合はどうであろうか？　一方では想像力に、他方では論理的区分に、大きな余地が与えられる。しかし観念は、これが生きたものであるためには、なんらかの側面で、目前の現実と接触していなければならない。すなわち、徐々に、観念自身が縮小あるいは収縮して、精神に思い浮かべられると同時に、身体によって多少とも演じられうるものでなければならない。したがって、一方で感覚を受け取り、他方で運動を行なうことのできる身体は、まさにわたしたちの精神を固定し、これに底荷《バラスト》と均衡を与えるものにほかならない。精神の活動は、蓄積された記憶全体を無限に超えるし、また、この記憶の全体そのものが、現在の感覚と運動を無限に超えている。しかし、この感覚と運動が、実生活への注意力と呼びうるものを方向づけている。これゆえ、精神の正常なはたらきにおいては、すべてが、ちょうど頂点に支えられて立つピラミッドのように、この感覚と運動の関係の緊密さに、支えられているのである。

46†　それに、最近の発見が明らかにしてきた、神経組織の微細構造に目を向けてみよう。伝導体は、いたるところに認められるが、中枢は、どこにもないことがわかるであろう。端と端をつなげて張りめぐらされた神経線維、そしてそれらの先端は、流れが通過するとき、おそらく互いに接近すること、これが、認められることのすべてである。それに身体は、受け取られた刺激と、実行される運動との連絡場所にすぎないとすれば、おそらく以上が、存在するもののすべてであって、わたしたちも本書の全体を通じて、一貫してそのように前提してきたのである。しかし、外界から振動や刺激を受け取って、これらを適切な反応のかたちで外界に送り返している線維、末梢から末梢へときわめて巧妙に張りめぐらされているこれらの線維は、まさにそれらの連結の確実さと、交差の正確さによって、身体の感覚‐運動的均衡、すなわち目前の状況への身体の適応を、確保している。この緊張をゆるめたり、均衡が破られれば、あたかも注意力が実生活から遊離してしまったような状態になるであろう。夢や、精神異常は、これ以外のものであろうとは思われない。

47　さきほど、睡眠はニューロン間の連結の遮断だとする、最近の仮説について述べた。かりにこの仮説は認めないとしても（しかし興味深い実験によって立証されているけれども）、深い眠りのあいだは、神経組織に確立されている刺激と運動的反応との関係が、少なくとも機能的に遮断されることは、認めざるをえないであろう。したがって、夢はやはり、注意力が、身体の感覚‐運動的均衡によって、固定されていない精神の状態だということになる。

そして神経組織のこの緊張のゆるみの原因は、覚醒時の正常な神経活動によって生じた分泌物が除去されないために、神経組織の諸要素が中毒症状を起こすことにあるというのが、おそらく確かだと思われてくる。ところで、夢は、あらゆる点で、精神異常と似ている。狂気のあらゆる精神的症状が、夢で見られるだけではなく――この二つの状態の比較は、すでに珍しくなくなっている――、精神異常もやはり、大脳の衰弱に原因があると思われるし、この大脳の衰弱も、ふつうの疲労と同じく、神経組織の諸要素に、ある特殊な毒素が蓄積することによって引き起こされるのであろう。[1] 精神異常は、しばしば、感染症の結果起こるし、それにまた、狂気のあらゆる現象が、毒物によって、実験的に再現できることも知られている。[2] したがって、精神異常における、精神的均衡の喪失は、ただたんに、身体内に組み込まれた感覚-運動関係が乱されることだけに、原因があるのではないだろうか？　この関係の乱れは、それだけで、一種の精神のめまいを引き起こし、こうして記憶力と注意力が、現実と接触できないようにしてしまうであろう。ある精神病者たちが語る、その疾患の始まりについての記述を読むと、彼らがしばしば、なにか奇妙な感じ、彼らの言葉によると、《現実でない》感じを体験し、あたかも、知覚されている事物が、凹凸も、固さも、失ったようであることがわかる。[3] 実際、わたしたちの分析が正しいとすると、わたしたちが目前の現実に対していだく具体的感情は、刺激に対して、わたしたちの身体がひとりでに呼応して行く、有効な運動の意識にある。——したがって、感覚と運動の間のこの関係がゆるんだり、損なわれたりすると、現実感が弱まり、あるいは消え失せてしまうのである。[4]

48　しかし、精神異常のさまざまな形態相互間だけではなく、狭い意味での精神異常と、最近のある心理学が非常に興味深くこれと対比した人格の分離との間にも、ここで多くの区別をしなければならないであろう。[5] これらの人格障害では、いくつかの記憶群が、中心となる記憶力から分離して、他の記憶群との連帯関係を断っているようにみえる。しかしまた、これと同時に、感覚機能と運動機能の解離が観察されないことは、まれである。[6] わたしたちはこの感覚-運動の解離現象に、人格の分離現象の、真の物質的基盤を認めざるをえない。わたしたちの知的生活は、全体がその先端、すなわち感覚-運動機能の上に乗っていて、この

1　この見解は、最近、さまざまな研究者によって展開されている。Cowles, The mechanism of insanity (*American J. of Insanity*, 1890-91) には、この見解の、きわめて組織的な展開が見られる。

2　とくに、Moreau de Tours, *Du hachisch*, Paris, 1845 参照。

3　Ball, *Leçons sur les maladies mentales*, Paris, 1890, p. 608 et suiv.—また、Visions, a personal narrative (*Journal of mental science*, 1896, p. 284) のきわめて興味ある分析を参照されたい。

4　本書の p. 241 (III-6) 参照。

5　Pierre Janet, *Les accidents mentaux*, Paris, 1894, p. 292 et suiv.

6　Pierre Janet, *L'automatisme psychologique*, Paris, 1889, p. 95 et suiv.

機能を介して、目前の現実に参入して行くということが正しいとすると、知的均衡は、この感覚-運動機能が、どのような仕方で損なわれるかに応じて、さまざまに異なった狂わされ方をするであろう。ところで、感覚-運動機能の活力全体を損ない、わたしたちが現実感と呼んだものを衰弱させたり消失させたりする障害のほかに、ただたんに、感覚と運動の連結のあるものが、他の連結から解離したかのように、この機能の、力動的な減退ではなく、機械的な減少として現われる障害がある。わたしたちの仮説が正しいとすると、記憶力のはたらきは、この二つの場合、非常に異なった仕方で、損なわれるであろう。前者の場合には、いかなる記憶も、全体から切り離されることはない。しかし、すべての記憶がおもりを失って行き、現実の世界への方向づけが、堅固になされなくなってしまう。ここから、精神的均衡の喪失そのものが生じる。後者の場合には、均衡は喪失しない。しかし、その複雑さを失う。もろもろの記憶は、正常な様相を保っているが、しかし、それら相互の連帯関係を、部分的に断ってしまう。なぜなら、記憶の感覚-運動的基盤が、いわば化学的に変質するのではなく、機械的に減少するからである。しかしいずれの場合においても、記憶が直接傷つけられたり、損なわれたりするのではないであろう。

49†　したがって、身体が、もろもろの記憶を、脳内の配置のかたちで保存するという考え、記憶力の喪失や減退は、この機構の破壊の大小であり、反対に、記憶力の高揚や幻覚は、この機構の活動過多だとする見解は、推論によっても、事実によっても、証明されない。じつはただひとつ、観察が、一見、この見解を示唆するようにみえる症例がある。それは失語症、より一般的には、聴覚あるいは視覚の再認の障害である。これだけが、疾患に、一定の場所を特定の脳回に指定できる、唯一の例である。しかしこの例はまた、なんらかの記憶の機械的かつ決定的な破壊が認められるのではなく、むしろここに関与する記憶力全体の、段階的な機能の減退が認められる例にほかならない。わたしたちは、脳の損傷が、どうしてこの減退を引き起こしうるかを説明したが、その際、脳内に蓄積された大量の記憶を仮定する必要は、まったくなかった。実際に傷つけられるのは、同じ種類の知覚に対応する感覚と運動の領域であり、とくに内側（主体の側）から、この感覚と運動の領域を作動させることができる隣接中枢である。この結果、記憶はもはや浸入拠点を見いだすことができなくなって、結局行動上、無力になる。ところで、心理学では、無力とは、無意識を意味する。これ以外の症例ではすべて、損傷は、観察されたり、想定はされても、決して明確に場所を位置づけられてはいないが、この損傷が、感覚-運動の結合関係全体に変調をもたらして、この全体を変質させたり、分断したりする。ここから知的均衡の喪失、あるいは簡略化が生じ、さらにこれが波及して、もろもろの記憶の乱脈、あるいは分離が生じる。したがって、記憶力を、脳の直接的機能とする学説、解決できない理論上の困難を引き起こす学説、想像を絶する複雑さをもち、その帰結が自己観察に与えられている事実にも反する学説は、脳病理学の支持を当てにすることさえ、できないのである。あらゆる事実、あらゆる類推が、脳に、感覚と運動の媒介だけを認めて、この感覚と運動の集合を、精神生活の最先端、目前の状況の布地に絶えず差し込まれている刀身の切っ先とし、こうして身体には、記憶力を現実の世界に向けさせて、これを現在に結びつけるという、ただひとつの機能だけを認めて、この記憶力そのものは、物質（脳）から完全に独立しているとする説を支持している。この意味で、脳は、行動上有用な記憶を想起することに、一役演じてはいるが、むしろはるかに、それ以外のすべての記憶を、一時的に排除する役割をしているのである。わたしたちは、記憶力のはたらきが、どうして物質（脳）に宿るかということは、理解できない。しかし――現代のある哲学者の洞察力の深い表現を借りるなら――《物質が、わたしたちに忘却を生じさせる》[1]ことは、よく理解できるのである。

1　Ravaisson, *La philosophie en France au XIXe siècle*, 3e éd., p. 176.

第Ⅳ章　イマージュを区切ることと定着すること
――知覚と物質・心と身体――

1　本書のこれまでの三つの章から、ひとつの全体的結論が出てくる。すなわち、つねに行動に向けられている身体の主要な役割は、行動のために、精神生活を制限することである。身体は、イマージュに対しては、選別の道具、それもただ、選別の道具であるにすぎない。身体は、知的状態を生み出すことも、引き起こすこともできない。知覚について見てみよう。わたしたちの身体が、宇宙において時々刻々占める位置によって指し示すのは、わたしたちがはたらきかけうる物質の部分と側面である。まさに諸事物におよぼしうるわたしたちの行動を示す知覚は、したがって現にわたしたちの諸器官に影響をおよぼし、わたしたちの運動を準備する諸対象に限られる。記憶力の場合はどうであろうか？　身体の役割は、もろもろの記憶を蓄えることではなく、たんに有用な記憶を選ぶこと、そしてこの記憶に現実の効力を与えて、これを明確な意識にもたらし、目的とする行動のために、目前の状況を補って、これを照らすことができるようにすることである。たしかに、この第二の選別は、第一の選別より、はるかに厳格さに欠けるが、それは、わたしたちの過去の経験が、個人的経験であって、もはや共通の経験ではないからであり、また、わたしたちはいつも、現在の同じ状況に等しく適合しうる、多くの異なった記憶をもっているからであって、本来ここには、知覚の場合のように、わたしたちの心像を限定する厳格な規則がないからなのである。したがってここでは、どうしても、ある程度気まぐれに余地が残されることになる。そして動物が、物質的欲求にとらわれて、この余地をほとんど利用できないのに対して、人間の精神は、自己の記憶力全体を伴って、身体がこれに向けてわずかに開《あ》けようとしている扉に向かって、絶えず押し寄せているようにみえる。ここから、空想のたわむれや、想像力のはたらきが生まれる、――これらはその分だけ、精神が自然に対してもつ余裕を示している。しかしいずれにせよ、わたしたちの意識が行動に向けられていること、これがわたしたちの精神生活の根本法則であることは、たしかだと思われる。

2† わたしたちはここで、もしどうしてもといわれるなら、論述を打ち切ってもよい。というのは、わたしたちがこの研究をくわだてたのは、精神生活における身体の役割を明確にするためだったからである。しかし、一方でわたしたちは、途中である形而上学的問題を提起したが、この問題を未解決のままにしておいてはならないと思うし、他方、わたしたちの研究は、主として心理学的なものではあるが、この問題を解く、手段とはいえないまでも、少なくともどの側面からこの問題に取り組んだらよいかについて、たびたび見通しを与えてくれてもいたのである。

3　この問題とはまさに、心物・心身の結合の問題である。この問題は、わたしたちには鋭いかたちで提起される。なぜなら、わたしたちは精神と物質を、根本的に区別しているからである。それでもわたしたちは、これが解決できない問題だと考えることはできない。なぜなら、わたしたちは精神と物質を、肯定的性質によって規定しているのであって、否定によって規定しているのではないからである。純粋知覚のはたらきによってわたしたちが身を置いているのは、まさしく物質のなかであるし、また、わたしたちが記憶力のはたらきによってすでに入り込んでいるのは、じつに精神そのもののなかである。そのうえ、物質と精神の区別を示したこの同じ心理学的観察が、わたしたちに両者の結びつきも証言している。したがって、わたしたちの分析が、もともと根本的に間違っているならともかく、この分析は、これが提起している困難から抜け出す助けをしてくれるにちがいない。

4　すべての学説における、この問題の不明瞭な点は、わたしたちの知性（理知）が、一方で延長と非延長のあいだに、他方で質と量のあいだに打ち立てる、二重の対立からきている。たしかに、精神はまず、純粋な一として、もともと分割可能な多である物質と対立し、またわたしたちの知覚は、異質な諸性質で構成されているのに対して、知覚されている宇宙は、計算可能な等質的変化に帰着するはずであるようにみえる。したがって、一方に非延長と質が、他方に延長と量があることになるであろう。わたしたちは、後者から、前者を導き出そうとする唯物論を退けた。しかし、後者を、たんに前者の構築物にすぎないと主張する観念論も、やはり受け入れることはできない。唯物論に対してわたしたちは、知覚は脳の状態を限りなく超えていると主張する。しかし、観念論に対してわたしたちが明確にしようとしたのは、物質は、わたしたちが物質についてもつ心像、すなわち、ある知的な選択によって、精神がいわば物質世界から摘み取ったものである心像を、あらゆる面ではみ出しているということである。対立するこの二つの学説のうち、一方は身体に、他方は精神に、文字どおり天与の創造の能力を与えている。すなわち唯物論は、わたしたちの脳が、心像を生み出すと主張し、観念論は、わたしたちの知性が、自然の図面を描き出すと主張する。この二つの学説に対して、わたしたちはいつも同じ証言、すなわち、意識の証言に訴える。意識はわたしたちに、わたしたちの身体が、他のもろもろのイマージュと同じひとつのイマージュであること、また、わたしたちの知性は、分離し、区別し、論理的に対立させるある能力ではあるが、しかし、生み出したり、構築したりする能力ではないことを示している。こうしてわたしたちは、みずから進んで、心理学的分析、したがって常識に固執し、通俗的な二元論が提起する対立を激化させたので、形而上学がわたしたちに開くことができるすべての活路を、閉ざしてしまったようにみえる。

5　しかしわたしたちが、二元論をまさに極限まで押し進めたからこそ、おそらくわたしたちの分析は、二元論の相反する要素を分離したのである。したがって、一方の純粋知覚論、他方の純粋記憶力論は、非延長と延長、質と量が歩み寄る道を用意していることになるであろう。

6　純粋知覚について見てみよう。脳の状態は、行動の始まりであって、知覚像が存在するための条件ではないとすることによって、わたしたちは知覚される諸事物のイマージュを、わたしたちの身体のイマージュの外に押し返した。つまり、知覚を、もろもろの事物そのものに戻したのである。しかしそうすると、わたしたちの知覚は、諸事物の一部なのであるから、これらの事物は、わたしたちの知覚の性質をもっていることになる。物質空間はもはや、幾何学者のいう、多くの部分からなる空間ではないし、また、そのようなものではありえない。物質空間は、むしろはるかに、わたしたちの知覚心像のもつ、切れ目のない広がりに似ている。つまり、純粋知覚の分析からわたしたちは、この広がりという考えによって、延長と非延長の歩み寄りが可能だと推測できるのである。

7　ところで、これと対応した道を通って、わたしたちの純粋記憶力の考え方は、第二の対立、すなわち、質と量の対立を、緩和する方向に導いてくれるにちがいない。実際わたしたちは、純粋記憶を、これを受け継いで実効のあるものに変換する脳の状態から、根本的に区別した。したがって記憶力は、いかなる段階においても、決して物質から出てくるものではない。むしろ逆に、具体的知覚でとらえられる物質は、つねにある持続時間を占めているから、この物質は、その大部分が、記憶力からきていることになる。それでは、わたしたちの具体的知覚につぎつぎに現われる異質な諸性質と、科学がこれらの知覚の背後空間に置く等質的な運動変化には、結局どこに違いがあるのだろうか？　第一の異質な諸性質は、不連続であるから、その一方から他方を導き出すことはできない。これに対して、第二の等質的な運動変化は、計算でそれが可能である。しかし、変化が計算できるためには、変化を純粋な量だとする必要は、まったくない。それは、運動変化を無にするに等しいであろう。もろもろの変化の異質性が、いわば十分薄められて、わたしたちが実際に計算するうえで、無視できる程度になればよいのである。ところで、すべての具体的知覚は、どんなに短時間のものを想定してみても、これはすでに、記憶力のはたらきによる、つぎつぎに生じる無数の《純粋知覚》の総合だとすれば、感覚的諸性質のもつ異質性は、無数の純粋知覚が、わたしたちの記憶力のなかで濃縮されることからくるし、客観的諸変化のもつ相対的等質性は、これら無数の純粋知覚が、本来の状態へと弛緩することからくると考えるべきではないだろうか？

したがって、量と質の隔たりは、緊張度を考慮することで縮小されうるのではないだろうか？　ちょうど、延長と非延長の隔たりが、広がりを考慮することで縮小されるように。

8†　この道に入るまえに、わたしたちが用いようとする方法の一般原則を述べておこう。この方法は、すでに以前の書物でも用いたが、じつは暗黙のうちには、本書でも用いてきたものである。

9　一般に事実と呼ばれているものは、直接的直観に現われているままの現実ではなく、現実を、実用上の利益と、社会生活上の要求に適合させたものである。純粋直観は、外面においても内面においても、切れ目のない連続の直観である。わたしたちはこの連続の直観を、並置された諸要素に分割する。これらの要素は、社会生活においては、明確なもろもろの言葉に対応し、実用においては、独立のもろもろの事物に対応している。しかし、わたしたちはまさに、こうして本来の直観がもつ統一を分断したために、これらの切り離された諸項間に、関係を打ち立てなければならないと感じる。しかしこの関係は、もはや外から付加されたものでしかありえないであろう。内的な連続から生まれる生きた統一の代わりに、作りものの統一である空虚な枠、統一される諸項と同じく、生気を欠いた枠を置く。経験論も、独断論も、結局、こうして再構成された諸現象から出発する点では、一致している。異なるのはただ、独断論が、この外枠によりこだわり、経験論が、その中身によりこだわる点だけである。じっさい経験論は、諸項を相互に統一する関係に、なにか人為的なものを漠然と感じるので、これらもろもろの項だけにとどめて、関係をおろそかにする。経験論の誤りは、経験を重視しすぎることではなく、むしろ逆に、真の経験、精神と対象との直接的接触から生まれる経験の代わりに、ばらばらにされ、したがっておそらく、ゆがめられた経験、いずれにせよ、行動と言語活動にきわめて便利なように、改造された経験を置くことである。現実のこの細分化は、まさに実生活上の必要のために行なわれたものであるから、諸事物の構造の内的な輪郭をそのままたどったものではない。それゆえ経験論は、大きな問題については、なにひとつ精神を満足させることができないし、自分自身の原則を十分に自覚するようになると、そのような問題を提起することさえやめてしまう。——独断論は、経験論が見ようとしない諸問題を見いだして、これを際立たせる。しかしじつをいうと、独断論は、それらの問題の解決方法を、経験論がすでにたどった道に探し求めている。独断論もやはり、経験論も満足するばらばらになった不連続な諸現象を受け入れている。そしてこれらの現象を総合しようと努力だけはするが、この総合は、直観に与えられていたものではないから、つねに恣意的なかたちをとらざるをえない。いいかえると、形而上学がたんなる構築物にすぎないとすれば、同じようにもっともらしい形而上学がいくつもあることになり、この結果、これらの形而上学は互いに論駁し合うことになるであろう。そして最後の決定権が批判哲学に残されて、この哲学が、いっさいの認識は相対的で、諸事物の根底に精神は到達できないとみなすことになる。実際これが、哲学的思考の、決まってたどる経過である。わたしたちは自分が経験だと思うものから出発して、一見この経験を構成しているようにみえるもろもろの断片間で、さまざまな調整の可能性を試みる。そしてわたしたちの構築物がすべてもろいものだと気がつくと、ついには構築することを断念してしまう。——しかし最後にもうひとつ、試みるべきことがあるであろう。それは経験を、その源泉に求めて行くこと、というよりむしろ、経験が、わたしたちの役に立つ方向に向きを変えて、まさしく人間の経験となる、この決定的転回点を超えて、その先に突き進んでみることである。カントが証明したような、理論理性の無力は、おそらく実際は、身体的生活のさまざまな必要にしばられ、わたしたちのもろもろの欲求を満足させるために、物質を解体しなければならなかった、知性の無力にすぎない。したがって、もろもろの事物についてのわたしたちの知識は、もはやわたしたちの精神の根本構造と相対的なのではなく、たんに、精神に後天的に染みついた表面的な習性、わたしたちに身体的諸機能や、低次元の欲求があることから精神が持ち込む、二次的形式と相対的であるにすぎない。したがって知識の相対性は、決定的ではない。これらの欲求が作り出したものを、排除することで、わたしたちは直観（直知）を、その本来の純粋さにおいて回復し、実在と再び接触することができるであろう。

10　この方法は、これを実際に適用する場合、絶えず新たに生じる多大な困難を突きつけてくる。なぜなら、この方法は、新しい問題を解決しようとするたびに、まったく新しい努力を要求するからである。ある思考習慣を断つということ、さらに知覚習慣をも断つということが、すでに容易なことではない。しかもこれはまだ、なすべき仕事の、消極的部分にすぎない。これをなしとげ、わたしたちが経験の転回点と呼ぶところに身を置いて、わたしたち人間の経験の始まりを告げる、直接的なものから有用なものへの移行部を照らすかすかな光をとらえることができたら、残るは、こうして実在の曲線にかいま見た無限小の要素でもって、その背後の暗闇に広がる曲線そのものの形態を復元しなければならない。この意味で、哲学者の仕事は、わたしたちの見るところ、微分から出発して関数を決定する数学者の仕事に、非常に似ている。哲学的探究の究極の作業は、文字どおり積分の作業なのである。

11　わたしたちはかつて、意識の問題にこの方法の適用を試みたが、そこでは、精神の実用へと向かうはたらきとは、わたしたちの内面生活の知覚に関していえば、純粋持続が空間を貫いて行く一種の屈折作用であること、すなわち、わたしたちの精神の諸状態を分離し、これらの状態をますます非個人的なかたちに導き、これらに名前を押しつけて、ついにはこれらを社会生活の流れに参入させる、そのような屈折作用だと思われた。経験論と独断論は、これらの内面の諸状態を、この不連続のかたちでとらえている。経験論は、これらの状態そのものにとどめて、自己意識のなかに、ただ一連の並置されている事実しか見ないが、独断論は、ここになにか関係がなければならないことは理解する。しかしこの関係を、もはやなんらかの型、あるいは力としてしか、見いだすことができない——つまり、外部に型があって、ここに諸要素の集合体が組み込まれていると考えるか、不明瞭ないわば物理的な力が、諸要素の結びつきを確保していると考える。ここからして、自由の問題について、二つの対立した見解が出てくる。すなわち、決定論にとって、行為とは、要素相互の機械的な合成の結果であるし、決定論に反対する者にとっては、もしみずからの原則に忠実に従うなら、自由な決断とは、気まぐれな意志の命令（*fiat* arbitraire）、文字どおりの無からの創造（création *ex nihilo*）とならなければならない。——わたしたちは取るべき第三の道があるだろうと考えた。それは、純粋持続に戻ること、すなわち、ある状態から他の状態へと、感知されない推移によって移行する切れ目のない流れの純粋持続に、わが身を置きなおすことである。これは現実に生きられる連続である。しかしこの連続が、日常的知識のとびぬけた便利さのために、人為的に分解されているのである。当時わたしたちに見えたことは、行動が、それ以前の諸状態から、一種独特の進展によって出てくること、したがってこの行動には、これを説明する先行状態が見いだせること、にもかかわらずこの行動は、この先行状態にまったく新しいなにものかを盛り込んでおり、ちょうど花が果実になって行くように、先行状態をもとにして発展しつつある、ということである。自由はこれによって、あるひとのいわれたように、感情的自発性に還元されるということには、決してならない。それはせいぜい、心理生活がおもに感情的なものである動物の場合であろう。しかし、思考する存在である人間における自由な行為とは、感情と観念の総合であり、この自由な行為へと導く進展は、理性的な進展だということができるのである。この方法の要《ポイント》は結局、日常的あるいは有用な知識の観点と、真の知識の観点を、率直に区別することにある。わたしたちが行動する自分を眺めている持続、自分の姿を眺めることが有用である持続は、諸要素が分離され、並置されている持続である。しかしわたしたちが行動している持続は、わたしたちの諸状態が互いに溶け込んでいる持続である。そして行動の本性について思索する唯一例外的な場合、すなわち自由について論じる場合には、わたしたちは思考力を傾けて、この持続にわが身を置きなおすように努めなければならない。

12　この種の方法は、物質の問題に適用できるであろうか？　問題は、カントが語った《現象の多様性》において、広がりへの傾向をもって相互に混入している物質は、等質空間の手前でとらえられるのであって、物質はこの等質空間に押し当てられ、この空間を介して、わたしたちは物質を細分するのではないかという点である——ちょうどわたしたちの内面生活が、際限のない空虚な時間からみずからを引き離して、純粋持続に戻るように。たしかに、外界の知覚の基本的条件から解放されたいというのであれば、それは空想的な試みであろう。しかし問題は、わたしたちがふつう基本的とみなしているある種の条件は、わたしたちが諸事物についてもつことのできる純粋な知識に関係するというより、むしろはるかに、事物を使用し、これを実用的に利用することに関係するのではないかという点である。さらに詳しくいうなら、具体的で切れ目のない広がり、多様であると同時に有機的なつながりをもっている広がりに関していえば、この広がりが、その基盤とされる無定形で不活性な空間、いくらでも分割でき、どのようなかたちでも切り取ることのできる空間と固く結ばれているとは、認めがたいのではないだろうか？　このような空間では、運動そのものも、以前よそでも述べたように、過去と現在の結びつきを保証するものがなにもないので、多数の瞬間的な位置として現われることとしかできないのである。したがってわたしたちは、広がりにとどまったまま、ある程度、このような空間から解放されることができるし、またこれによって、直接的なものに復帰していることにもなるであろう。というのは、わたしたちがほんとうに知覚しているのは、この広がりであって、いわゆる空間は、図式のように思い描いているだけだからである。この方法は、直接的な知識に特別の価値を勝手に与えているといって、非難されるであろうか？　しかし、わたしたちがある知識に対して疑問の念をいだくのは、どのような理由のあるときだろうか？　ある知識を疑う考えそのものも、反省が教える困難や矛盾、哲学が提起する難問なしには、決して生じないのではないだろうか？ したがって、もしこれらの困難や矛盾、難問が、おもに直接的知識を覆っている記号的図式から生まれており、この図式が、わたしたちにとって現実そのものになっていて、この図式の厚みを突きぬけることができるのは、ただ並みはずれた強い努力だけであることを明らかにできるなら、直接的知識はそれ自身のうちに、その正しいことの裏づけと証明を見いだせるのではないだろうか？

13 それではさっそく、この方法を適用して導き出せる結果のうち、わたしたちの研究に関係のあるものを選び出してみよう。ただし、いくつかの手がかりとなる点にとどめたいと思う。物質理論を構築することは、ここでは問題となりえないからである。

14† I ―すべての運動は、休止から休止への移行であるかぎり、絶対に分割できない。

15 これは仮説ではなく、仮説というものが一般に覆い隠している、ひとつの事実である。

16 たとえば、いまわたしの手がA点に置かれているとしよう。わたしはこの手を、隔たりを一気に通過して、B点まで移動させるとする。この運動には、わたしの視覚に与えられるイマージュと、わたしの筋肉意識がとらえる行為が、同時に存在する。この意識は、ある単純な事実の内部感覚をわたしに与える。というのは、A点には休止があったし、B点にも休止がある、そしてAとBのあいだには、ある不可分の行為、少なくとも分割されていない行為、休止から休止への移行、要するに運動そのものがあるからである。しかし、わたしの視覚は、この運動を、通過される線分ABのかたちで知覚する。そしてこの線分は、あらゆる空間と同様に、際限なく分割することができる。したがって、一見わたしは、この運動を、空間内で考えるか、時間内で考えるかによって、すなわち、わたしの外で描かれるイマージュとしてみるか、わたし自身が行なう行為としてみるかによって、多くの部分からなるとも、不可分であるとも、好きなようにみなすことができるように思われる。

17　しかしながら、いっさいの先入観を排除してみると、わたしに選択の余地はないこと、わたしの視覚そのものも、AからBへの運動を、不可分の全体としてとらえていること、そしてわたしの視覚がなにかを分割するとすれば、それは通過されたと思われる線分であって、この線分を通過する運動ではないことに、すぐに気がつく。たしかに、わたしの手がAからBに行くには、もろもろの中間点を通過しなければならないし、それにこれらの中間点は、道路沿いにいくらでも多く置かれた休憩地に似ている。しかし、こうして印をつけられた中間点と、いわゆる休憩地には、根本的な違いがある。それは、休憩地では、ひとは立ち止まるのに対して、動体は、中間点を通過することである。ところで、通過は運動であり、停止は不動である。停止は、運動を中断するが、通過は、運動そのものと一体である。たしかに、動体が、ある点を通過するのを見ると、動体は、この点で止まりうる、と考えることはできる。そして、この点で止まらないときでも、わたしは動体の通過を、非常に短い休止と考えたくなる。なぜなら、少なくとも、この通過を考える時間が、わたしには必要だからである。しかし、ここで休止するのは、たんにわたしの想像力にすぎないのであって、動体のはたらきは反対に、動くことなのである。空間のあらゆる点は、どうしても固定しているように思われるので、ほんの一瞬、動体と一致させる、この点の不動状態を、動体そのものに認めないでいることは、たいへん困難なのである。これゆえ運動全体を再構成するとき、動体は、その軌道上のあらゆる点で、無限に短い時間、停止したようにみえるのである。しかし運動を知覚している感覚に与えられている事実と、この運動を再構成する精神の巧妙な作為とを、混同してはならないであろう。感覚はそれ自身では、二つの実際の停止のあいだの現実の運動を、切れ目のない緊密な全体としてわたしたちに示す。分割は想像力の産物であって、この想像力が、ちょうど夜間の雷雨の情景を照らし出す瞬間的な稲妻のように、わたしたちが通常経験する動いているイマージュを、固定する役割をしているのである。

18　わたしたちはここで、現実の運動の知覚につきまとって、これを覆っている錯覚を、その根源そのものにおいてとらえることができる。運動は、明らかに、ある点から他の点に移動し、したがって、空間を通過する。ところで、通過された空間は、際限なく分割できる。

そして運動は、いわば運動が進行する線分にそって行なわれるので、運動はこの線分と一体であり、線分と同じく、分割できるように思われる。この線分は、運動自身が描いたではないか？　運動は、つぎつぎに並んでいる点を順に通過したではないか？　なるほどそのとおりだが、しかしこれらの点は、描かれた線分、すなわち不動の線分のなかでしか、存在しない。そして運動を、これらのさまざまな点で、ただつぎつぎに思い浮かべるということだけで、それは必然的に、運動を、これらの点で止めることになるのである。つぎつぎにたどった位置というものは、じつは、想像上の停止にほかならない。移動が、軌道に置き換えられている。そして、移動の下に、軌道が伸びているから、移動は、軌道と同じだと思うのである。しかし、進展と事物が、運動と不動が、どうして同じものでありえようか？

19　ここでこの錯覚を助けているのは、動体の移動上に、もろもろの位置を区別するように、わたしたちが持続の流れに、もろもろの瞬間を区別することである。ある点から他の点への運動が、切れ目のない全体をなしているにしても、この運動はやはり、一定の時間を占める。そしてこの持続から、ある不可分の一瞬を区別すれば、動体がちょうどこの瞬間に、ある位置を占めるとするのに十分である。こうしてこの位置は、他のあらゆる位置から切り離されることになる。したがって、運動が不可分であるとは、瞬間というものが、ありえないことを意味する。実際、持続の観念についてのきわめて簡単な分析によって、なぜ、わたしたちは、持続にもろもろの瞬間があるとみなすのかということと、なぜ、持続は、瞬間をもちえないかということが、同時に明らかにされるであろう。たとえば、いまわたしの手がAからBに移動する運動のような、単純な運動があるとしよう。この移動は、切れ目のない全体として、わたしの意識に与えられる。この移動は、たしかに持続する。しかしこの手の移動の持続、この移動がわたしの意識にいだかせる内面の様相と一致する持続は、意識の内面の様相と同じく、緊密で切れ目のないものである。ところで、わたしの手の移動は、運動であるかぎり、単純不可分な事実として示されるのに対して、空間では、この移動はひとつの軌道を描き、わたしはこの軌道を、事柄を簡単にするために、幾何学的な線分とみなすことができる。そしてこの線分の両端は、抽象的極限としては、もはや線分ではなく、不可分の点である。ところで、動体が描いた線分が、わたしにとって、動体の運動の持続を示すとすれば、いったいこの線分の先端の点が、どうして、この持続の先端を示さないはずがあろうか？　そしてこの点が、ひとつの不可分の長さであるとすれば、手の移動の持続は、どうして、ひとつの不可分の持続で終了しないはずがあろうか？　線分全体が、持続全体を表現するのであれば、この線分の諸部分は、持続の諸部分に対応し、線分上の諸点は、時間の諸瞬間に対応するはずだ、とこのように思われる。したがって、持続の不可分の諸要素、あるいは時間の諸瞬間というものは、対称の欲求から生まれる。持続の全面的な表現を、いったん空間に求めると、ひとは自然に、これらの不可分の要素に行き着くことになる。しかし、まさに、これが、間違いなのである。線分ＡＢが、ＡからＢに行なわれた運動の、流れた持続を示しているとしても、不動であるこの線分が、行なわれつつある運動、流れつつある持続を表現することは、決してできない。この線分が、諸部分に分割できること、また、この線分の両端が点であることから、対応する持続も別々の部分によって構成されると結論してはならないし、瞬間によって限定されると結論してもならない。

20　エレアのゼノンの議論は、まさに、この錯覚に起源をもつ。いずれの議論も、時間と運動を、それらの背後に横たわる線分と同一視し、時間と運動に、線分と同じ下位区分を割り当て、結局はそれらを線分として扱っている。ゼノンのこの混同を助けているのは、ひとつは常識で、常識は通常、運動に、運動の軌道がもつ特性を持ち込んでいる。もうひとつは言語で、これはいつも、運動と持続を、空間の言葉に翻訳している。しかし、常識と言語はここで、正当なことをしているし、むしろ、いわばなすべきことをしているのである。というのは、常識と言語は、成り行くものを、つねに利用しうる事物とみなすものであるから、ちょうど職人が、自分の道具の分子構造を気にかける必要がないように、運動の内部構造を気にかける必要はないからである。運動が、その軌道と同じく、分割できるとみなすことによって、常識はたんに、実生活においてのみ重要な、つぎの二つのことを述べているにすぎない。1^0　すべての運動は、ひとつの空間を描く。2^0　この空間のそれぞれの点で、動体は止まりうる。しかしながら、運動の本性を思索する哲学者は、運動に、運動の本質である、動きを回復しなければならない。ゼノンがしていないのは、これである。第一の議論（二分法）では、休止状態にある動体を想定し、あとはもう、ただこの動体が通過するはずの線分上に、無数の段階を考えるだけである。そして動体が、どうしてこの隔たりを飛び越えられるかを求めても、むだだという。しかしこれによって証明されるのは、たんに、運動を、もろもろの不動のものでア・プリオリに構成することはできないという、だれも疑ったことのないことだけである。ただひとつの問題は、運動を事実として認めておいて、いわば振り返ってみると、無数の点が通過されたということには、不合理があるのではないかという点である。しかしここに不合理な点はなにもない。というのは、運動は分割されない事実、あるいは分割されない一連の事実であるのに対して、軌道のほうは際限なく分割できるからである。第二の議論（アキレウス）では、運動があることを認め、しかも二つの動体に運動を割り当てる。しかし、いつも同じ誤りによって、これらの運動は、その軌道と完全に一致し、軌道と同じく、任意に分割できると主張する。したがって、亀は亀の歩みをし、アキレウスはアキレウスの歩みをし、その結果、不可分のいくらかの行為あるいは跳躍の後に、アキレウスは亀を追い越しているとは認めず、アキレウスの運動も好きなように分断できるし、亀の運動も好きなように分断できると思い込んでいる。こうして任意の構成という原則にしたがって、二つの運動を再構成して楽しんでいるが、この原則は、動きそのものの基本条件とは、相いれないものなのである。同じ詭弁は、第三の議論（矢）において、さらにいっそう明瞭に現われる。この第三の議論の本質は、発射された矢の軌道上に、もろもろの位置を固定できることから、矢の移動の持続に、もろもろの不可分の瞬間を区別できると結論するところにある。ところで、ゼノンの議論のなかで、もっとも教訓となるのは、おそらく第四の議論（走路）であろう。わたしたちの見るところ、この議論は不当に軽視されてきたが、この議論の不合理がいっそう明白であるのは、他の三つの議論では隠されている暗黙の前提が、ここではきわめて率直に暴露されているからにほかならない[1](p. 323)。いまはふさわしい場所ではないので、この議論にここでは立ち入らない。ここではただ、直接的に知覚される運動は、きわめて明白な事実であること、エレア派によって指摘された困難あるいは矛盾は、運動そのものにかかわるというより、むしろはるかに、精神による運動の人為的で生命力のない再構成にかかわっていることを確認するにとどめたい。それでは、これまで述べたこと全体の結論を引き出しておこう。

21　Ⅱ　――現実の運動が存在する。

22　数学者は、常識の見解をより明確に表現して、位置を、原点または座標軸からの距離で定義し、運動を、この距離の変化で定義する。したがって数学者は、運動については、長さの変化しか認めない。だからたとえば、ある点と座標軸との間で変化する距離の絶対値は、点に対する軸の移動も、軸に対する点の移動も、まったく同様に表わすわけであるから、数学者は、同じ点に、休止と動きの、どちらでも認めることができる。したがって、運動が、距離の変化に帰着するとすれば、同じ対象が、これに関係づけられる原点にしたがって、動いていることにも、不動であることにもなり、絶対運動は存在しないことになる。

23　しかしながら、数学から物理に移って、運動の抽象的研究から、宇宙で起きている具体的変化の考察に移ると、すでに事態は様相を変える。個別に選ばれた、いずれの質点に休止を認めようと運動を認めようと、自由であるにしても、それでもやはり、物質宇宙の様相は変わるし、現実の組織全体の内部構成も変わり、ここではもはや、動きと休止の、どちらかを選ぶということは、できない。運動は、その本性がいかなるものであるにせよ、疑うことのできない、実在となる。全体の、どの部分が動いているとはいえないにしても、それでもやはり、全体には運動がある。したがって、個々の運動はすべて相対的だとみなす同じ思想家が、もろもろの運動の全体については、絶対についてであるかのように論じても、驚くにはおよばない。この矛盾は、デカルトに対しても指摘されている。彼は、相対説にきわめて

1 (p. 321)　この議論を、簡単にふり返ってみよう。ある列車(un mobile)が、一定の速度で移動している。この列車が、別の二つの列車、すなわち、ひとつは、静止している列車、もうひとつは、反対方向から、同じ速さで移動してくる列車の前を、同時に通過するとしよう。この列車は、第一の静止列車の、一定の長さを通過する間に、第二の列車に対しては、当然、この二倍の長さを通過する。ここからゼノンは、《ひとつの持続が、自分自身の二倍である》と結論する。——幼稚な議論だ、とひとはいわれるかもしれない、というのは、ゼノンは、一方の速さが、他方の二倍であることを考慮しないからだ、と。——もっともである。しかしゼノンがどうして、そのことに気づくことができるかを考えていただきたい。ある動体が、同じ時間に、静止物体に対してと、運動物体に対してとでは、異なった長さを通過するということ、このことは、持続というものを、一種絶対的なものとし、この持続を、意識あるいは意識をもつなにものかのなかに置くひとにとっては、明瞭である。実際、この意識の持続、あるいは、絶対的な持続の、ある一定部分が流れる間に、同じ動体が、他の二つの物体にそって、一方は1、他方は2の距離を通過するからといって、ここから、ひとつの持続が、自分自身の二倍であると結論することはできない。というのは、持続というものは、一方の距離とも、他方の距離とも、独立のなにものかであり続けるからである。ところで、ゼノンの論法全体の誤りとは、まさに、この真の持続を見落とし、これが空間に残した客観的痕跡だけを見ている点にある。このような立場からすれば、どうして、同じ動体が残した二つの痕跡が、持続の単位として、同等の考慮に値しないはずがあろうか？　また、この二つの痕跡が、かりに一方が他方の二倍であったにしても、どうして、同じ持続を表わしていないはずがあろうか？　ここから、ひとつの持続が《自分自身の二倍である》と結論することによって、ゼノンは、自己の仮説の論理に、一貫してとどまっていたのであり、彼のこの第四の議論は、他の三つの議論とまったく同等の価値をもっているのである。

根本的なかたちを与えて、すべての運動は《相互的である》[1]と主張したあとで、運動の法則を、あたかも、運動が絶対であるかのように述べている。[2]ライプニッツ、および彼以後のひとは、この矛盾を指摘しているが、[3]この矛盾はたんに、デカルトが、幾何学者として運動を定義したあとで、物理学者として運動について論じるところからきているにすぎない。運動はすべて、幾何学者にとっては相対的であるが、その意味は、わたしたちの見るところ、動いているのは、動体であって、動体に関係づけられる、座標軸や原点ではないことを表現できる、数学的記号がないというだけのことである。それにこれは、きわめて当然であって、もともと数学的記号は、つねに計測のためのものであるから、距離しか表現できないわけである。しかし、現実の運動が存在すること、これは、だれも、本気で疑うことはできない。もしもこれが疑われるなら、宇宙では、なにも変化しないことになるし、またとくに、わたしたちが自分自身の運動についてもつ意識が、なにを意味するのかわからなくなるであろう。デカルトとの論争において、ヘンリ・モアは、この最後の点を面白おかしく指摘している。《わたしが、静かに座っていて、別のひとが、千歩も遠ざかりながら、疲れて顔を赤らめているとき、運動しているのは、まさしく彼であり、休止しているのは、わたしである》[4]。

24　ところで、もし絶対運動があるならば、運動に、あくまでも場所の変化しか認めないでいることが、できるだろうか？　できるとすれば、場所の違いは、絶対的な違いだとしなければならないし、絶対空間に、絶対的な位置を区別しなければならないであろう。ニュートンは、そこまで行ったし[5]、さらにオイラー[6]その他が後に続いた。しかし、これは考えられることだろうか？　というより理解できることだろうか？　ある場所が、他の場所から、絶対的に区別されるのは、その場所の性質によるか、あるいは、その場所の空間全体に対する関係によるかの、いずれかしかない。したがって、この仮説では、空間は、異質の諸部分で構成されているか、有限であるかの、いずれかになる。しかし、有限な空間には、その限界として、別の空間を想定することになるし、また空間の異質な諸部分の下には、支えとして、等質空間を想定することになるであろう。いずれの場合にも、どうしても戻らなければならなくなるのは、等質で無限の空間である。したがってわたしたちは、すべての場所は相対的だと考えざるをえないし、絶対運動の存在を信じざるをえないのである。

1　DESCARTES, *Principes*, II, 29.
2　*Principes*, IIe partie, §37 et suiv.
3　LEIBNIZ, Specimen dynamicum (*Mathem. Schriften*, Gerhardt, 2e section, 2e vol., p. 246).
4　H. MORUS, *Scripta philosophica*, 1679, t. II, p. 248.
5　NEWTON, *Principia* (éd. Thomson, 1871, p. 6 et suiv.).
6　EULER, *Theoria motus corporum solidorum*, 1765, p. 30-33.

25　ここでひとは、現実の運動が、相対的な運動から区別されるのは、現実の運動が現実の原因をもっていること、ある力から発している点である、といわれるだろうか？　しかし、この最後の力という言葉の意味について、お互いに合意しておかなければならない。自然科学では、力は、質量と速度の関数にすぎず、これは加速度によって測定される。つまり力は、これが空間に生み出すとみなされる、もろもろの運動によってしか、知られないし、測定もされない。これらの運動と結ばれることで、力は、運動と相対的になる。それゆえに、絶対運動の原理を、このように定義された力に求める物理学者は、自分たちがまず避けようとした絶対空間の仮説に、自己の体系の論理によって連れ戻されるのである。[1]そこで仕方なく、力という言葉の形而上学的意味にたよって、空間で認められる運動を、深い原因、わたしたちの意識が、努力の感情でとらえていると感じている原因と類似の原因で支えざるをえなくなるであろう。しかし、努力の感情は、ほんとうに、深い原因の感情であろうか？　この感情には、すでに身体の末梢で行なわれている運動、あるいは開始された運動の意識以外、なにもないことを、決定的な分析も明らかにしたのではなかっただろうか？　したがって、運動の実在の根拠を、運動とは異なる原因に求めても、むだである。分析はつねに、わたしたちを運動そのものへと連れ戻すのである。

26　しかしなぜ、運動の原因を、運動とは別のところに探す必要があるのだろうか？　運動を、運動が通過する線分に押し当てているかぎり、同じ点が、これに関係づけられる原点しだいで、休止あるいは運動として、交互に現われる。しかし運動から、運動の本質である動きを抽出するなら、事情はもはや同じではない。わたしの目が、ある運動の感覚をわたしに与えるとき、この感覚は現実であって、対象が、わたしの目に対して移動するにせよ、わたしの目が、対象の前を動くにせよ、実際なにかが起こっている。ましてわたしが、自分で運動を行なおうとして行なうとき、そして筋肉感覚が、運動の意識をわたしにもたらすとき、わたしは運動の実在を確信している。要するに、運動が、わたしの内部で、状態あるいは性質の変化として現われるとき、わたしは運動の実在に触れている。しかしそうだとすると、わたしがもろもろの事物に性質の変化を知覚するときも、どうして同じでないことがあろうか？　音は静けさとは、まったく異なるし、またある音は、他の音とは異なる。光と闇の違い、さまざまな色や、色合い相互の違いは、絶対である。これらの一方から他方への推移も、やはり絶対に実在する現象である。したがってわたしは、連鎖の両側、すなわち、わたしの内部のもろもろの筋肉感覚と、わたしの外部の物質の感覚的諸性質をとらえている。そしてこのいずれの事態においても、運動があるとは、わたしは運動を、たんなる関係としてとら

1　とくにNewton.

えているということではない。運動は、絶対である。——この両側の中間に、いわゆる外界のもろもろの物体の運動が割り込んでくる。ここでは、見かけ上の運動と、現実の運動を、どのように区別したらよいのだろうか？　外界で知覚されるどの物体が動き、別のどの物体が不動であるといえるのだろうか？　このような問いを発することは、もろもろの物体は相互に独立であり、そのそれぞれが、個々の人間と同じように、個別性をもつとする、常識の設ける不連続を、正当な区別として、承認することになる。というのは、これに反対の仮説では、物質のある特定部分で、位置の変化が、どのように生じるかは、もはや重要ではなく、全体において、様相の変化が、どのように行なわれるかが、重要になるからである。これからこの様相の変化の本性を明確にしなければならない。そこでさっそく、わたしたちの第三の命題を述べることにしよう。

27　Ⅲ　——物質を、輪郭が完全に明確な、もろもろの独立物体に分割することは、すべて、人為的な分割である。

28　ある物体、すなわち、独立の物質対象は、最初は諸性質の統一体として、わたしたちに現われる。ここでは抵抗感と色彩——触覚と視覚に与えられているもの——が中心を占めており、これらが他のすべての性質を、いわば支えている。他方、視覚と触覚に与えられているものは、もっとも明らかに空間に広がっているものである。そして空間のもっとも重要な特徴は、連続である。音と音のあいだには、静けさの間《ま》がある。というのは、聴覚は、いつもはたらいているわけではないからである。香りと香り、味と味にも空隙があって、嗅覚と味覚は、まるでたまたまはたらくだけであるかのようである。これに対して、わたしたちが目を開ければ、たちまち視野全体が色彩を帯びて現われる。またもろもろの固体は、かならず相接しているから、わたしたちの触覚は、表面や辺を、決して真の中断に出合うことなくたどって行くはずである。どうしてわたしたちは、最初は連続として見ていた物質の広がりを、もろもろの物体に分割し、そのおのおのが、その実質と個別性をもつとするのだろうか？　たしかにこの連続は、時々刻々と様相を変える。しかしなぜわたしたちは、あたかも万華鏡を回したように、全体が変わったと、率直に認めないのだろうか？　なぜわたしたちは、全体の動きのうちに、結局は運動する物体がたどった跡を探すのだろうか？　わたしたちに与えられているのは、連続的な動きであり、ここでは、すべてが変化しつつ存続している。どうしてわたしたちは、存続と変化というこの二つの項を切り離して、存続を、物体で、変化を、空間における等質的運動で表わすようになるのだろうか？　これは、直接的直観に与えられているものではない。しかしこれは、科学が要求していることでもない。というのは、科学はむしろ反対に、わたしたちが人為的に分割した宇宙に、本来の関連を見いだそうとしているからである。それに、あらゆる質点が相互におよぼす作用を、ますます明らかにすることによって、科学は、見かけに反して、やがて見られるように、宇宙の連続という観点に、戻っている。結局のところ、科学と意識は、意識を、そのもっとも直接的に与えられているものにおいて考察し、科学を、そのもっとも遠い理想において考察するならば、一致している。それでは、はっきり切り分けられた輪郭をもつ諸物体で、不連続の物質宇宙を構成し、これらの物体が、位置、すなわち、相互の関係を変えるとみなしたい、抗しがたい傾向は、どこからくるのだろうか?

29　意識と科学のほかに、生活がある。哲学者たちがきわめて注意深く分析した思索の諸原理の下には、研究がおろそかにされてきたもろもろの傾向、ただわたしたちが生活しなければならないという必要、すなわちじつは、行動しなければならないという必要からのみ、説明できる諸傾向がある。行為によって自己を現わすという、個々の意識に与えられた能力からしてすでに、別々の物質領域の形成が必要であり、これらの領域のおのおのが、もろもろの生物体に対応している。この意味で、わたし自身の身体、およびこれとの類推で、他のもろもろの生物体は、宇宙の連続のなかで、もっとも根拠をもってわたしが区別する物体である。しかし、いったんこの身体が形成され、区別されると、身体が感じるもろもろの欲求が、他の諸物体を区別し、形成することへと向かわせる。いちばん下等な生物でも、栄養摂取のため、手さぐりし、ついで接触し、最後にある中心に集中する一連の努力が要求される。この中心がまさに、食べ物として役立つはずの独立の対象となるであろう。物質の本性がいかなるものであれ、生命はすでにここで、欲求と、これを満たすのに役立つはずのものの二つを表わす、最初の不連続を物質に設けるといえるであろう。しかし、栄養摂取の欲求だけが、唯一の欲求ではない。この欲求のまわりには、他のもろもろの欲求が結ばれており、これらはすべて、個体の保存あるいは種の保存を目的としている。これらの欲求のおのおのが、わたしたち自身の身体とは別に、わたしたちが追い求めたり、避けたりしなければならない独立の諸物体を、区別することへと向かわせるのである。したがって、わたしたちのもろもろの欲求は、それぞれが光線の束《ビーム》であって、この光線の束が、感覚的諸性質の連続に向けられて、ここにはっきりしたもろもろの物体を描き出す。わたしたちの欲求が満たされるのは、この連続のなかで、まず自分の身体を獲得し、ついで他の諸物体を切り取って、わたしの身体が、ちょうど人々に対するように、これらの物体と関係を結ぶ場合だけである。感覚される現実世界のこうして切り取られた諸部分と、このようなまったく特殊な関係を打ち立てて行くこと、これがまさに、わたしたちが生活すると呼んでいることなのである。

30　ところで、現実の世界のこの最初の細分化が、直接的直観よりは、むしろはるかに、生活にとって重要なもろもろの欲求に対応しているとすると、この分割をさらに押し進めることで、どうして現実により接近した知識がえられようか？　それは生活に不可欠な活動を続行することであって、真の知識には背を向けている。これゆえ、物体を、これと同じ性質の諸部分に分割する粗雑な操作は、わたしたちを袋小路に導き、なぜこの分割は止まるのかも、どうすれば無限に続くのかも、わたしたちはたちまち不可解に感じることになる。実際この分割は、有用な行動のための通常の手続きであるのに、これが間違って、純粋認識の領域に導入されているのである。したがって、粒子というものでは、それがいかなるものであれ、物質の単純な特性は決して説明されないであろう。せいぜい、物体そのものと同じく人為的な微粒子の段階まで、この物体と、他のすべての物体との、作用と反作用をたどれるくらいであろう。これがまさに、化学の目的である。化学は、物質よりは、むしろ物体を研究する。したがって化学が、まだ物質の一般的特性をもつ原子の段階でとどまるのは、理解できることである。しかし、原子の物体性は、物理学者の目から見ると、しだいに解体して行く。たとえば、原子が、液体や気体ではなく、固体だと考えるいかなる理由もないし、もろもろの原子の相互作用が、衝突であって、まったく別の仕方ではないと考えるいかなる理由もない。なぜわたしたちは、固体の原子を考え、またなぜ衝突を考えるのだろうか？　それは、わたしたちがもっとも明らかに影響力をもつ物体である固体が、外界との関係において、わたしたちの関心をもっとも引くからであり、また接触は、わたしたちが自分の身体を、他の物体に作用させるために使えると思われる、ただひとつの手段だからなのである。しかし、きわめて簡単な実験が示すように、押し合っている二つの物体間に、真の接触は決して存在しないし、[1]他方また、固さが、物質の絶対に明確な状態であるとすることは、とてもできない。[2]したがって、固さと衝突は、その見かけの明瞭さを、実生活上の習慣と必要から得ている。――この種のイマージュは、諸事物の根底になんらの光も投じない。

31　それに科学が、いかなる異論の余地もなく認めている事実があるとすれば、それは物質のすべての部分が、相互に作用し合っているという事実である。物体と想定された分子相互間には、引力と斥力がはたらいている。重力の影響は、惑星間の空間を貫いて広がって行く。したがって原子相互間には、なにかが存在する。ひとは、これはもはや物質ではなく、力だというであろう。そして原子相互間に張りめぐらされた糸を想定し、この糸をだんだん細くして行って、ついに目には見えないものとし、さらにはこの糸を、非物質的であるとさえ考えるであろう。しかしこの粗雑なイマージュが、何の役に立つだろうか？　たしかに、生命

(224)

1　このことについては、Maxwell, Action at a distance (*Scientific papers*, Cambridge, 1890, t. II, p. 313-314) 参照。

2　Maxwell, Molecular constitution of bodies (*Scientific papers*, t. II, p. 618).――他方、Van der Waals は、液体状態と気体状態の連続性を証明した。

維持の必要上、わたしたちの日常経験においては、自動力のないもろもろの事物と、これらの事物が空間内でおよぼす作用を、区別しなければならない。事物の位置を、わたしたちが触れうるはっきりした場所に固定することが、わたしたちにとって有用であるから、手で触れることのできる事物の輪郭が、わたしたちにとっては事物の実際の境界となり、こうして事物の作用には、なにかわからないが、事物から切り離されたもの、事物とは異なるものを見るようになる。しかしながら、物質理論が目指すのはまさに、すべてわたしたちの欲求にかかわっているこれらの日常的なイマージュの下に、実在を見いだすことであるから、物質理論はまず、これらのイマージュから、自分自身を解放しなければならない。そして実際、力と物質は、物理学者が、力と物質の作用を深く究めるにつれて、互いに近づき、合流するのがみられる。力は物質化し、原子は非物体化し、この二つの項が共通の極限に向かい、こうして宇宙が再びその連続を回復するのがみられる。原子という言葉は、まだ使われるであろうし、原子は、これを切り離すわたしたちの精神にとっては、その個別性を保ちさえするであろう。しかし、原子の固さや不動性は、あるいは運動に、あるいは力線に解消され、これらの緊密な相互関係が、宇宙の連続を取り戻すであろう。十九世紀に、物質構造にもっとも肉薄した二人の物理学者、トムソン（W.）とファラデーは、まったく異なる点から出発したにもかかわらず、どうしてもこの結論に行き着かざるをえなかった。ファラデーにとって、原子は《諸力の中心》である。これによって彼がいおうとすることは、原子の個別性は、数学的点にあること、この数学的点で、空間を貫いて放射する無数の力線が交差し、現実には、これらの力線が、原子を構成しているということである。各原子はこうして、彼の表現を用いるなら、《重力のおよぶ空間全体》を占めており、《すべての原子は、相互に浸透し合っている》[1]。トムソンは、まったく別種の考え方に立って、連続的・均質的で圧縮不可能な完全流体が、空間を満たしていると想定している。わたしたちが原子と呼んでいるものは、この連続のなかで渦を巻く、変わらない形をした環であって、この環の特性は、環の形からきているし、環の存在、したがって環の個別性は、環の運動からきている[2]。ところで、このいずれの仮説においても、物質の最終の要素に近づくにつれて、わたしたちの知覚が表面に設けていた不連続は、消失して行くのがみられる。すでに心理学的分析は、この不連続が、わたしたちのもろもろの欲求と相関的であることを示したが、すべての自然哲学も、この不連続は、物質の一般的特性とは、相いれないことを見いだすにいたっているのである。

32　じつをいえば、渦動と力線は、物理学者の精神においては、計算を図式化するための、

1　FARADAY, A speculation of concerning electric conduction (*Philos. magazine*, 3e série, vol. XXIV).

2　THOMSON, On vortex atoms (*Proc. of the Roy. Soc. of Edinb.*, 1867).——同様の仮説は、すでに GRAHAM, On the molecular mobility of gases (*Proc. of the Roy. Soc.*, 1863, p. 621 et suiv.) に述べられていた。

(226)

便利な記号にすぎない。しかし哲学は、なぜこれらの記号が、他の記号より便利で、さらに前進することを可能にするかを、みずからに問わなければならない。もしこれらの記号に対応する概念が、少なくとも実在の表現を求めるべき方向をわたしたちに教えてくれないとしたら、これらの記号を使用することによって、わたしたちは再び経験に復帰することができるであろうか？　ところで、これらの記号が指し示す方向は、明らかである。すなわち、これらの記号がわたしたちに示すのは、具体的空間を進み続けるさまざまな変様であり、変動であり、張力あるいはエネルギーの変化であって、それ以外のなにものでもない。とくにこの点で、これらの記号は、わたしたちが運動についてまず最初に考察した、純粋に心理学的な分析と、合流する傾向にある。この分析は、運動を、物体間のたんなる関係の変化として、たまたま物体に付加されるものではなく、運動を真の実在、いわば独立の実在としてわたしたちに示したからである。したがって、科学も、意識も、つぎの最後の命題を拒否はしないであろう。

33†　Ⅳ　――現実の運動は、物の移動ではなく、状態の推移である。

34　じつは、これらの四つの命題を述べることによって、わたしたちはただ、互いに対立させられている二つの項、すなわち、性質あるいは感覚と、運動との隔たりを、徐々に狭めてきたにすぎない。一見したところ、この隔たりは、越えられないようにみえる。性質は、互いに異質であり、運動は、均質である。感覚は、もともと不可分であり、計測はできない。運動は、つねに分割可能で、方向と速さという計算できる相違によって、区別される。ひとは性質を、感覚というかたちで、意識に置きたがるのに対して、運動は、空間でわたしたちとは独立に行なわれている。これらの運動は、互いに組み合わされても、運動以外のものを決して生み出しはしないであろう。わたしたちの意識は、運動に触れることはできないが、ある神秘的な過程を経て、これらの運動をもろもろの感覚に翻訳し、ついでこれらの感覚が、空間に投影されて、どのようにしてかはわからないが、自分が翻訳している運動を覆いに戻ってくる。ここから、奇跡による以外には連絡不可能な二つの異なった世界が生まれる。すなわち一方に、空間における運動の世界、他方に、感覚をもつ意識。そしてたしかに、以前わたしたち自身が示したように、一方に性質、他方に純粋な量を置くなら、この相違はいつまでも乗り越えることはできない。しかし、問題はまさに、現実の運動は、互いに量の違いしか示さないのであるか、あるいは、現実の運動は、性質そのものであり、この性質そのものが、いわば内部的に振動して、自分自身の存在を、しばしば数えきれないほど多数の瞬間に区切っているのではないか、という点である。力学が研究している運動は、抽象の産物であり、現実のあらゆる運動を相互に比較できるようにするための記号、共通の尺度、共通分母にすぎない。しかし、これらの運動を、それ自身において見るならば、これらの運動は不可分のものであって、持続を占め、以前以後を必要とし、時間の相次ぐ諸瞬間を、わたしたち自身の意識の連続といくらか似ているにちがいないさまざまな性質の糸で、互いに結び合わせているのである。たとえば、知覚される二つの色がもつ独自性は、主として、この二つの色が行なう何兆もの振動が、わたしたちの諸瞬間のうちの一瞬に濃縮されている、この密着した持続からくるとは考えられないだろうか？　この密着した持続を引き伸ばすことができれば、つまりこの持続をもっとゆっくりしたリズムで感じつくすことができれば、リズムが緩慢になるにつれて、これらの色は薄くなり、まだ色を帯びてはいるが、ますます純粋な振動運動に近い状態で、つぎつぎに印象が続いて行くのが見られるのではないだろうか？運動のリズムが十分緩慢になって、わたしたちの意識の習慣と合致するような場合――たとえば、音階の低い音を聞くとき感じられるように――、知覚される性質が、相次いで反復される振動へと、内部の連続によって互いに結ばれたまま、それ自身で分かれて行くことが感じられるのではないだろうか？　一般に性質と運動の接近を妨げているのは、運動を、もろもろの要素――原子その他――に結びつけたいという染みついた習慣であって、これらの要素が、運動そのものと、運動が濃縮されている性質との間に、要素の固さを差しはさんでいるのである。わたしたちの日常の経験は、運動している物体をわたしたちに示すので、一見、もろもろの性質が帰着する要素的運動を支えるためには、少なくとも微粒子がなければならないように思われる。こうして、運動はもはや、わたしたちの想像力では、たんなる偶然、一連の位置、関係の変化にすぎないものとなる。そして、安定したものが不安定なものを排除するというのが、わたしたちの思考の法則であるから、重要で中心となる要素が、わたしたちにとって原子となり、運動はもはや、この原子がつぎつぎにたどる位置を、ただ結ぶだけのものとなる。しかしこの考え方は、物質が提起するすべての問題を、原子のレベルでむし返すという難点があるだけではない。また主として生活上の必要に応じているとみられる物質の分割に、絶対的な価値を与えるという点で誤っているだけではない。この考え方はさらに、知覚作用において、わたしたちが自分の意識の状態と、わたしたちとは独立の実在を同時にとらえるはたらきを、理解できないものにしてしまう。わたしたちの直接的知覚がもつこの混合的性格、一見矛盾したことが現実に起こっているということ、これが、わたしたちの知覚と完全には一致しない外界があるとわたしたちが考える、主要な理論的根拠である。したがって、感覚を、運動とはまったく異質で、感覚はただ運動の意識的な翻訳にすぎないとする学説は、この理論的根拠を認識していないのであるから、この学説は、与えられた唯一のものだとした感覚だけに、ひたすら従わなければならないし、感覚と接触できず、もはや感覚の無用な複写にすぎなくなった運動を、感覚に付け加えてはならないはずである。こうして、このような意味での実在論は、自滅する。結局のところ、わたしたちに選択の余地はないのである。感覚的諸性質の多少とも均質的な基盤が存在するとわたしたちが信じていることに、もし根拠があるとすれば、その根拠とは、あたかもわたしたちの感覚には、推測はされるが、知覚されない細部が含まれているかのように、わたしたちの感覚を超えるなにものかを、性質そのもののうちにとらえさせ、見抜かせる、そのようなはたらきによる以外にはありえない。したがって、感覚の客観性、すなわち、感覚が実際に示している側面を超える側は、まさしく、すでにそれとなく触れたように、感覚が、いわばその繭の内部で行なっている、莫大な数の運動から成るにちがいない。感覚は、表面では、静かに広がっている。しかし、その奥では、生きて、振動しているのである。

35　じつをいうと、質と量の関係について、だれも、これと異なった考え方をしているわけではない。知覚される実在と区別される実在があることを信じるとは、主として、わたしたちの知覚のもつ規則性が、この実在に依存していて、わたしたちに依存しているのではないと認めているということなのである。したがって、ある特定の瞬間を占める知覚全体のうちには、つぎの瞬間に生じることの根拠があるはずである。機械論はただ、この信念をより明確に表現して、物質の諸状態は、互いに他方から導き出せるといっているにすぎない。たしかに、この演繹は、感覚的諸性質のもつ表面的な異質性の下に、計算可能な均質的諸要素を見いださなければできない。しかし他方、これらの均質的要素が、規則性を説明すべき諸性質の外部にあるというのでは、これらの要素はもはや、求められている役には立たないことになる。というのは、その場合、もろもろの性質は、ただ一種の奇蹟によって、これらの要素に付け加わり、予定調和によって、これらの要素と対応するにすぎなくなるからである。したがって運動変化は、どうしてもこれらの性質のうちに、内的振動というかたちで置かなければならないし、また一見して考えられるほど、これらの振動は、均質的ではないし、これらの性質も、それほど異質的なものではないとしなければならない。そしてこの二つの項の外見上の違いは、振動がいわば無限であるのに対して、諸瞬間を区切るにはあまりにも狭い持続のうちに、振動のこの無限の諸瞬間が、濃縮されなければならないところからくるとしなければならない。

36　この最後の点について、詳しく述べておこう。これはすでによそで簡単に触れたことであるが、わたしたちはこれを非常に重要だと考えている。わたしたちの意識が体験する持続は、特定のリズムをもつ持続であって、これは、物理学者のいう時間、一定の間隔に、好きなだけ多くの現象をつめ込むことができる時間とは、非常に異なる。赤色の光――波長最大、したがって、振動数最小の光――は、一秒間に相次いで四〇〇兆（400×10^{12}）の振動をしている。この数を、イメージとして思い浮かべようとしたらどうなるであろうか？　そのためには、これらの振動を、相互に十分に引き離して、わたしたちの意識が、これらの振動を数えられるようにするか、あるいは少なくとも、この相次ぐ振動を、はっきり記録できるようにしなければならない。こうしてわたしたちは、この相次ぐ振動が、何日、何ヵ月、何年を占めるかを求めることができるであろう。ところで、わたしたちの意識空白の最小の時間間隔は、エクスナーによると、2/1000（＝1/500）秒である。とはいえ、わたしたちがこれほど短い間隔を、いくつもたて続けに知覚できるとは考えられない。しかし、これが際限なく続けられると仮定してみよう。つまり、見分けるのに必要な1/500秒の間隔で区切られている、すべて瞬間的な四〇〇兆の連続的振動を、たて続けに見ることができる意識を想定してみよう。きわめて簡単な計算でわかるように、これを見終わるには二五〇〇〇年以上が必要である。このように、わたしたちが一秒間に感じる赤い光の感覚は、それ自体が、わたしたちの持続でもっとも時間を節約して展開されても、わたしたち個人の歴史の二五〇世紀以上を占めるような一連の現象と対応している。これは考えられることだろうか？　ここで、わたしたち自身の持続と、時間一般とを、区別しなければならない。わたしたちの持続、わたしたちの意識が知覚する持続には、一定間隔に、限られた数の意識現象しか含みえない。この中身が、増えると考えられるだろうか？　また、わたしたちが際限なく分割可能な時間についてついて語るとき、わたしたちが考えているのは、ほんとうに、この持続であろうか？

37　空間に関するかぎり、好きなだけ分割を進めることができるし、またこうすることで、分割されるものの本性を変えることはまったくない。それは、空間がもともと、わたしたちの外にあるからであり、また空間のどの部分も、わたしたちがこれに関与することをやめても、そのまま存続しているようにみえるからである。したがって、空間の部分が分割されないまま置かれていても、わたしたちはこの部分がそのまま待機できること、そして新たな想像力がはたらけば、これをさらに分割するであろうことを知っている。それに、この空間部分が空間でなくなることは決してないから、これはつねに並置の幅をもち、したがって分割できるはずである。とはいえ、じつはこの空間は、無限に分割できることを示す図式にすぎないが。しかし、持続に関しては、事情はまったく異なる。わたしたちの持続の諸部分は、この持続を分割する行為の相次ぐ諸瞬間と一致する。わたしたちがこの持続に諸瞬間を区別すれば、区別した数だけこの持続は部分をもつことになる。そしてわたしたちの意識が、ある間隔に、一定数の要素的行為しか見分けることができないとき、つまりわたしたちの意識が分割をどこかでやめるとき、分割の可能性も、ここで止まる。わたしたちの想像力をはたらかせて、もう一歩進め、その最終的な諸部分をさらに分割しようとしてもむだだし、わたしたちの内的現象の流れを、いわば活性化しようとしてもむだである。わたしたちが自分の持続の分割をさらに押し進めようとする同じ努力が、この持続をその分だけ伸ばすことになる。にもかかわらずわたしたちは、無数の現象が、わたしたちがそのうちのいくつかをかろうじて数える間にも、つぎつぎに生じていることを知っている。このことを教えてくれるのは、物理学だけではない。感覚による粗雑な経験でも、すでにこのことは察知できる。わたしたちは、自然界には、わたしたちの内的状態の移り変わりより、はるかに速い移り変わりがあることを感じ取っている。この移り変わりを、どのように理解したらよいであろうか？そしてあらゆる想像を超えた容量をもつこの持続とは、どのようなものであろうか？

38　この持続は、確かに、わたしたちの持続ではない。しかしこれはまた、非個人的・等質的で、あらゆるもの、あらゆるひとにとって同一の持続、持続するものの外で、これと無関係にむなしく流れる持続でもない。このいわゆる等質的時間は、わたしたちが他のところで証明を試みたように、言語が生み出した偶像であり、作り物であって、その起源は、容易に見いだせるものなのである。実際には、持続のただひとつのリズムがあるのではない。多くの異なったリズムを想像することができる。そしてこれら緩急さまざまに異なったリズムが、それぞれ意識の緊張あるいは弛緩の度合いを示し、もろもろの存在全体のうちに、それらのリズムおのおのの場所を占めているであろう。これら相異なる緊張度をもつ持続を想像することは、わたしたちの精神には、骨の折れることかもしれない。わたしたちの精神は、意識によって体験される真の持続の代わりに、等質で独立の時間を用いる実用的習慣を身につけてしまったからである。しかしまず、すでに示したように、この想像を困難にしている錯覚を明らかにすることは容易であるし、それにじつは、この考えには、わたしたちの意識が、暗黙の同意を与えてもいるのである。わたしたちは睡眠中、わたしたち自身のなかで、同時に別のふたりの人間が、一方は数分眠っているのに、他方の夢は何日にも、何週間にもおよんでいることに気づくことがあるのではないだろうか？　そして歴史全体は、わたしたちの意識より張りつめた意識にとっては、きわめて短い時間内におさまるのであって、そのような意識は、人類の発展を、いわば自己の進展の主要な段階のなかに縮約して眺めるのではないだろうか？　したがって、知覚するとは結局、無限に希薄な存在のもつ莫大な期間を、より充実した生活のより異質化したいくつかの瞬間に、凝縮することであり、こうして非常に長い歴史を、要約することである。知覚するとは、固定化することなのである。

39　つまりわたしたちは、知覚する行為において、知覚そのものを超えるなにものかをとらえているが、しかしそれでも、物質宇宙は、わたしたちが物質宇宙についてもつ知覚像と、本質的に異なるのでも、区別されるのでもない。ある意味では、わたしの知覚は、たしかに、わたしの内部にある。というのは、わたしの知覚は、わたしの持続の一瞬のうちに、それ自身では数えきれないほど多くの瞬間に分散するものを、縮約しているからである。しかしながら、わたしの意識が取り除かれても、物質宇宙は、あったままに存続する。ただし、もろもろの事物に対するわたしの行動にとっての必要条件であった、持続の特殊なリズムが排除されたのであるから、これらの事物はそれ自身に戻って、科学が区別するとおりの多くの瞬間に分かれ、また感覚的諸性質も、消えることはないが、おびただしく分割された持続に拡散して、希薄になって行く。物質はこうして、無数の振動となり、これらの振動はすべて、絶え間ない連続で結ばれて、すべてが相互に連係を保ちながら、ちょうど戦慄が走るように、あらゆる方向に広がって行く。――要するに、わたしたちが日常経験する不連続の諸物体を互いに結び合わせ、ついでこれら物体の諸性質の静止した連続を、その場の振動運動に分散させて、これらの運動に注目し、運動を支える分割可能な空間から自分自身を解放して、もはやただそれらの動きだけ、わたしたちが自分自身で行なう運動において意識がとらえる切れ目のない動き、そのような動きだけを注視してみよう。これはわたしたちの想像力では骨の折れることではあるが、しかしこうすることで、物質についての純粋な、そしてわたしたちが生活の必要上、外界の知覚において物質に付加したものを排除したヴィジョンが得られるであろう。――こんどは、わたしの意識を回復させ、同時に生活上の要求を回復させてみよう。そうすると非常にとびとびに、そしてそのたびに、事物の内部のそれまでの莫大な期間を乗り越えた、ほぼ瞬間的な視覚が得られるであろう。この視覚は、こんどは生彩に富んでいるが、この一段と際立つ色彩には、無数の要素的反復運動や変化が、濃縮されているのである。たとえば、走者がつぎつぎにとる無数の位置が凝縮され、ただひとつの象徴的な姿となって、これをわたしたちの目が知覚し、芸術はそれを再現し、そしてすべてのひとにとって、走る人間のイマージュとなるように。したがって、周囲に向けるわたしたちの視線が時々刻々とらえているのは、奥の無数の反復と進展の結果だけ、したがって不連続の結果だけであり、わたしたちはその連続性を、空間内の《もろもろの物体》に付与する相対的な運動によって復元しているのである。変化は、いたるところにある。しかしそれは、深くに存在する。わたしたちは変化を、あちらこちらに位置づけるが、しかしこれは表面的なものなのである。こうしてわたしたちは、性質に関しては安定していると同時に、位置に関しては移動する諸物体を構成するけれども、わたしたちの見解では、たんなる場所の変化が、内部に宇宙の変化を凝縮しているのである。

40†　ある意味で、多くの物体があること、ある人は、他の人から区別され、ある木は、他の木から、ある石は、他の石から区別されること、これはたしかである。これら生物のおのおの、これら事物のおのおのは、それぞれ固有の特性をもち、特定の進展の法則に従っているからである。しかし、事物と、その周囲との境界は、完全に明確ではありえない。しらずしらずに、一方から他方に移って行く。物質宇宙のあらゆる物体を結ぶ緊密な連帯関係、はてしなく続く物体相互の作用と反作用は、これらの物体に、わたしたちが付与するような明確な境界線がないことを、十分に証明している。わたしたちの知覚は、もろもろの物体の、いわば抜け殻のかたちを描き出している。わたしたちの知覚は、これらの物体におよぼしうるわたしたちの行動が止まるところ、したがってこれらの物体が、わたしたちの欲求と関係がなくなるところに、境界線を引いている。これが、知覚する精神の、いちばん最初の、そしていちばん目につくはたらきである。知覚する精神は、空間の連続に、分割線を引くけれども、それはたんに、欲求に示唆され、実生活上の必要から、そうしているにすぎない。しかし、こうして現実の世界を分割するためには、わたしたちはまず、現実の世界が、好きなように分割できると、信じ込んでいなければならない。したがってわたしたちは、感覚的諸性質の連続である具体的空間の下に、いくらでも変形でき、いくらでも縮小できる網の目をもった網を張りめぐらさなければならなくなる。この、たんに想定されるにすぎない基底、好きなように際限なく分割できることを示すまったく観念的な図式、これが、等質空間なのである。——ところで、わたしたちの現在のいわば瞬間的な知覚が、物質を独立の諸物体に分割すると同時に、わたしたちの記憶力は、事物の連続的な流れを、感覚的諸性質へと凝固させる。わたしたちの記憶力は、過去を受け継いで現在につなげて行く。それは、わたしたちの行動が未来を自由にできる度合いが、ちょうど、記憶力で厚みをもつわたしたちの知覚が、過去を凝縮する度合いと、比例するからなのである。受けた作用に対し、その作用のリズムに合わせて、同じ持続時間だけ続く直接的反作用で答えること、現在、それも、絶えずくり返す現在に存在すること、これが、物質の根本法則であり、必然性の本質である。自由な行動、あるいは少なくとも、部分的に非決定の行動があるとすると、このような行動が可能であるのは、自分自身の生成が身を置いている生成を、とびとびに押しとどめて、この生成を異なった諸瞬間に凝固させ、こうして生成の素材を濃縮し、この素材を自分に同化して、これを反作用の運動に整え、この反作用の運動が、自然の必然の網の目を通過できるようにする生物だけなのである。このように、生物の高低さまざまな持続の緊張度、つまりは、生物の生活力のさまざまな強さを示す緊張度が、生物の知覚の凝集力と、生物の自由の度合いを決定する。周囲の物質に対する生物の行動の独立性は、生物が、物質の流れが従うリズムから自己を解放するにつれて、ますます明確に現われてくる。かくて、記憶力のはたらきで裏打ちされた、わたしたちの知覚に現われている感覚的諸性質は、現実の世界を凝固させることで得られた、継起的諸瞬間にほかならないのである。しかしながら、これらの瞬間を区別し、またこれらの瞬間を、わたしたち自身の存在と、諸事物の存在に共通の糸で結びつけるためには、わたしたちはどうしても、継起一般を示す抽象的図式、すなわち等質的で中立の媒体を、物質の流れに対して、空間を横の方向に想定したように、縦の方向に想定しなければばならない。これが、等質時間である。したがって、等質空間と等質時間は、事物の特性でもないし、事物を知るわたしたちの能力に必要不可欠な条件でもない。この等質的な時間と空間は、わたしたちが現実の世界の動きの連続に課す、凝固と分割という二重のはたらきを、抽象的なかたちで表わしており、この二重のはたらきによってわたしたちは、この現実世界の動きの連続のなかに、自己の支点を確保し、活動対象の中心を定めて、ついにはここに真の変化を導入しようとしているのである。この等質的な時間と空間は、物質にはたらきかけるわたしたちの行動の図式なのである。この点についての第一の誤り、すなわち、この等質的な時間と空間を、諸事物の特性だとする誤りが、形而上学的独断論——機械論や力動論——の乗り越えがたい困難に導くことになるのである。力動論は、流れて行く宇宙にそってわたしたちがつぎつぎに切断する断面を、それぞれ絶対的なものに仕立て、これらの断面を、一種の性質による演繹で相互に結びつけようと、むなしい努力をしているし、機械論はむしろ、どれかあるひとつの断面内で、横の方向に行なわれた分割、すなわち瞬間における量と位置のもろもろの違いを重視し、これらの違いの変化によって、感覚的諸性質の継起を生じさせようと、やはりむなしい努力をしている。これに対して、別の仮説に加担して、カントとともに、空間と時間は、わたしたちの感覚機能がもつ形式だとしたら、どうなるだろうか？　結局、物質も精神も、ともに認識不可能と宣告するのが落ちであろう。ところで、独断論とカントという、この二つの対立した仮説を比較してみると、両者に共通の基盤が見いだされるであろう。それは、等質時間と等質空間を、あるいは静観された実在であるとし、あるいは静観するための形式であるとすることによって、両者はいずれも、空間と時間に、生活上の意味よりは、むしろ純粋認識上の意味を与えていることである。そうだとすると、一方の形而上学的独断論と他方の批判哲学のあいだに、ひとつの学説が存在する余地があることになる。すなわちそれは、等質空間と等質時間に、認識のためではなく、行動のために、現実の世界に導入された分割と凝固の原理を見て、もろもろの事物に、現実の持続と現実の広がりを認める学説である。この学説によれば結局、あらゆる困難の発生源は、もはやもろもろの事物が実際にもち、わたしたちの精神にも直接的に現われている、持続と広がりにあるのではなく、もろもろの事物の下に張りめぐらせて、連続を分割し、生成を固定して、わたしたちの活動に足場を与える、等質空間と等質時間にあることになるであろう。

41　しかし、感覚的性質と空間についての間違った考え方は、非常に深く精神に根を張っているので、これをあまりにも多くの点で、一度に攻撃することはできない。そこで、この誤解の新しい側面をはっきりさせるために、この誤解の根底にあって、実在論にも観念論にも受け入れられている、つぎの二つの暗黙の前提を述べておこう。1°　異なった種類の性質相互には、共通のものはなにもない。2°　空間の広がりと、純粋な性質との間にも、共通のものはなにもない。これとは反対に、わたしたちが主張したいことは、種類の異なる性質相互には、共通のなにものかがあること、種類の異なるこれらの性質はすべて、さまざまな度合いで空間の広がりを共有していること、そしてこの二つの真実を見誤るなら、物質の形而上学も、知覚の心理学も、さらに一般的には、意識と物質の関係の問題も、無数の困難で行きづまってしまうということである。これらの帰結については、いま詳しくは述べない。ここではただ、さまざまな物質理論の根底に、わたしたちが認めることのできないこの二つの暗黙の前提があることを示すにとどめて、この前提の起源にある錯覚にさかのぼってみることにしよう。

42　イギリス観念論の本質は、空間の広がりを、触覚に固有の特性とみなすところにある。イギリス観念論は、感覚的諸性質に、もろもろの感覚しか認めず、またこれらの感覚そのものには、精神の諸状態しか認めないから、種類の異なる性質相互に、それらの現象の対応関係に根拠を与えうるものを、なにも見いだせない。そこでどうしても、この対応関係を、習慣によって説明し、この習慣が、たとえば視覚による現在の知覚は、触覚の起こりうる感覚を、わたしたちに示唆するとせざるをえない。種類の異なる二つの感覚の印象が、二ヵ国語の言葉と同様に似ていないとすれば、一方の感覚に与えられているものを、他方の感覚に与えられているものから導き出そうとしても、むだである。両者は、共通の要素をもってはいない。したがってまた、つねに触覚的である空間の広がりと、触覚以外の諸感覚に与えられているものにも、触覚以外の諸感覚はまったく広がりがないというのであるから、やはり共通のものはなにもない。

43 ところで、原子論的実在論のほうは、もろもろの運動を空間のなかに置き、諸感覚を意識のなかに置くから、空間の運動変化あるいは現象と、これに対応する諸感覚に、共通のものをなにも見いだすことができない。これらの感覚は、この運動変化から一種の燐光のように発生するか、あるいは物質の現象を、心の言葉に翻訳している。しかしこのいずれの場合にも、これらの感覚は、その原因のイマージュを現わしてはいない。たしかに、感覚はすべて、空間における運動という共通の起源をもっている。しかしこれらの感覚は、まさに空間の外で展開しているのであるから、このような感覚であるかぎりは、これらの感覚は、みずからの原因とつながっていた同族関係を断っている。空間と断絶することで、これらの感覚はまた、感覚相互とも断絶している。こうして、これらの感覚は、相互にも共有するものはないし、空間の広がりを共有することもない。

44 したがって、ここで観念論と実在論が異なるのは、たんに、観念論が、空間の広がりを、触覚まで後退させるので、この広がりは触覚だけの特性となるのに対して、実在論は、この広がりをさらに遠く、あらゆる知覚の外に押し出してしまう点だけである。しかしこの二つの学説は、種類の異なる感覚的諸性質が不連続であること、また純粋に広がりしかないものから、まったく広がりのないものへの突然の移行を主張している点では、一致している。ところで、この二つの学説の双方が、知覚の理論で出会う主要な困難は、この共通の前提からきているのである。

45 実際、バークレーとともに、空間的広がりの知覚はすべて、触覚に関係するとしてみよう。もしどうしてもといわれるなら、聴覚と、嗅覚と、味覚に与えられているものには、広がりを拒否できるとしておこう。しかし少なくとも、触覚空間と対応している視覚空間の発生は、説明しなければならないであろう。視覚は結局、触覚の象徴となる、そして空間関係についての視覚のなかには、触覚を示唆するもの以外なにもない、という。しかし、たとえば凹凸の視覚のような、独特でいささか言葉では表現しがたい印象をわたしたちに与える知覚が、触覚のたんなる記憶と、どうして合致することになるのかをわたしたちに納得させるのは、むずかしいであろう。ある記憶が現在の知覚と連合すれば、既知の要素で現在の知覚を豊かにするから、この知覚を複雑にすることはできるけれども、しかし新しい種類の印象、新しい性質の知覚を創り出すことはできない。ところで、凹凸の視覚は、まったく独自の性格を示しているのである。ひとは凹凸の錯覚は、平面でも与えられる、といわれるだろうか？　なるほど平面でも、凹凸のある対象の光と影の効果を多少とも上手にまねれば、わたしたちに凹凸を想い起こさせるのに十分だということは、これで証明されるであろう。しかし、凹凸が想い起こされるためにはさらに、まず凹凸が、ほんとうに知覚されていたのでなければならないのである。これはすでに述べたことであるが、しかしいく度くり返して強調してもよいことなのである。わたしたちの知覚理論を完全に損なってしまうのは、なんらかの仕掛けが、ある特定の時に、ある知覚の錯覚を生じると、この仕掛けはつねに、その知覚そのものを生み出すことが十分できたとする考えである。――まるで記憶力の役割は、まさしくさまざまな種類の印象を、単純化している原因から残存させておくことではないかのように！　ひとは、網膜そのものは平らな面であって、わたしたちが視覚によって、なにか空間的なふくらみのあるものを知覚しても、とにかくそれは網膜上のイマージュでしかありえない、といわれるだろうか？　しかし本書のはじめに指摘したように、ある対象の視覚による知覚において、大脳、神経、網膜、およびこの対象そのものは、緊密に結ばれた全体、切れ目なく続いている過程であって、網膜上のイマージュは、この過程の一局面にすぎないのではないだろうか？　どんな理由があって、この網膜上のイマージュを切り離して、視覚全体をここに要約してしまうのだろうか？　それにまた、これも同じく以前示したように[1](p. 357)、面が、面として知覚されるのは、三つの次元が確定されている空間以外で、可能であろうか？　いずれにせよバークレーは、自説をとことん徹底させて、視覚に、いっさいの空間的広がりの知覚を拒否したのである。しかし、わたしたちが提起する反論は、これによってさらに力を得るだけである。というのは、たんに記憶が連合するだけで、どうして、線、面、立体の視覚における独自なものが創造されるのか、理解できないからである。これらの知覚は、きわめて鮮明であって、数学者もこれに満足し、通常はもっぱら視覚空間に基づいて議論しているのである。しかし、これらさまざまな点については、詳しく述べないでおこう。また開眼手術を受けた盲人の観察から引き出された、異論の余地のある論拠についても、多くは述べまい。バークレー以来古典的になった視覚習得説は、現代心理学のたび重なる猛攻に、耐えることはできないと思われる。[1] これらの心理学領域の難問はさておき、ここではただ、わたしたちにとってきわめて重要な別の点に注意をうながしたい。しばらくわたしたちは、視覚がもともと、空間の諸関係については、なにもわたしたちに教えないとしておこう。そうすると、視覚が示す形、視覚が示す凹凸、視覚が示す距離は、触覚の象徴となる。しかし、この象徴体系が、なぜ成功するのかを述べてもらわなければならないであろう。ここに、もろもろの対象があって、形を変えつつ、運動しているとしよう。視覚が、ある特定の変化を認め、ついで触覚が、これを確認する。したがって、視覚と触覚の二系列、あるいは両者の原因のなかには、両者を互いに対応させて、両者の対応関係が変わらないことを保証するなにものかがある。この結びつきの原理は何であろうか？

46　イギリス観念論にとっては、これはなんらかの救いの神（*deus ex machina*）以外ではありえないし、わたしたちはまたしても神秘の世界に連れ戻されることになる。通常の実在論にとっては、諸感覚相互の対応の原理が見いだされるのは、これらの感覚とは区別される空間のなかである。しかしこの学説は、困難を遠ざけているし、重くしてさえいる。というのは、この学説は、空間における等質的運動の組織体系が、この運動とはなんらの関係もないさまざまな感覚を、どのように呼び起こすのかを、述べなければならなくなるからである。さきほど、空間の視覚の発生を、たんなるイマージュの連合によるとしたことには、まさに無から（*ex nihilo*）の創造を含んでいると思われたが、ここでは、すべての感覚が、無から生まれる。あるいは少なくとも、すべての感覚が、これを引き起こす運動とは、なんらの関係ももってはいない。結局のところ、この第二の学説は、一般に考えられているほど、第一の学説と異なってはいないのである。生彩のない空間、および押し合いぶつかり合っている原子とは、客体化された触覚、すなわち、触覚に与えられる並はずれた重要さのために、他

1（p. 355）　*Essai sur les données immédiates de la conscience*, Paris, 1889, p. 77 et 78.

1　この点については、Paul JANET, La perception visuelle de la distance, *Revue philosophique*, 1879, t. VII, p. 1 et suiv.—William JAMES, *Principles of Psychology*, t. II, chap. XXII.—空間の広がりの視覚については、DUNAN, L'espace visuel et l'espace tactile (*Revue philosophique*, février et avril 1888, janvier 1889) 参照。

のもろもろの感覚から切り離され、独立の存在に仕立て上げられた触覚以外のものでは決してない。これによって他の諸感覚は、触覚から区別されて、触覚の象徴となるのである。そのうえ、この操作において、触覚は、その内容の一部を排除されている。すべての感覚を触覚に集中させた後で、触覚そのものから、たんに触覚の抽象的図式のみを残し、この抽象的図式で外界を構成しようとしているからである。一方のこの抽象の産物と、他方の諸感覚に、もはや連絡の可能性を見いだせないことが、驚くべきことであろうか？ しかし実際は、空間はわたしたちの内部にあるというものでないのと同様、わたしたちの外部にあるというものでもなく、また、ある特別なグループの感覚に属しているのでもない。すべての感覚が空間的広がりをもっている。すべての感覚が、空間的広がりのなかに、深浅さまざまな根を張っている。通常の実在論のもろもろの困難は、諸感覚相互のこの共通面が抽出されて、この共通面が際限のない空虚な空間のかたちで別に置かれるので、わたしたちはもはや、どうして諸感覚が空間的広がりを共有するのかも、どうして諸感覚が相互に対応するのかも、理解できなくなることからきているのである。

47　わたしたちの感覚のすべてが、ある程度広がりをもつという思想は、現代心理学にますます深く浸透している。《広がり》[1]のない感覚、あるいは《立体感》[2]のない感覚は存在しないことが、なんらかの根拠に基づいて、主張されている。イギリス観念論は、広がりを、触覚だけに独占させようとして、触覚以外の諸感覚は、触覚に与えられているものをわたしたちに思い出させるかぎりでしか、空間に関与しないとしていた。これに対して、いっそう注意深い心理学は、すべての感覚が、もともと広がりのあるものとみなさなければならないこと、しかしその広がりは、触覚の広がり、それにおそらく、視覚の広がりの飛び切りの強烈さと有用さの前に影がうすれ、消え去ってしまうことを明らかにしているし、おそらくこれからますます明らかにするであろう。

48　このように理解すると、空間はまさに、固定と無限分割可能性の象徴である。具体的な広がり、すなわち、多様な感覚的諸性質が、この空間のなかにあるのではない。この多様な感覚的諸性質のなかにわたしたちが置くのが、空間なのである。この空間は、現実の運動が

1　WARD, article Psychology de l'*Encyclop. Britannica*.

2　W. JAMES, *Principles of Psychology*, t. II, p. 134 et suiv.——ついでに指摘しておくと、もしどうしてもといわれるなら、この見解はカントに帰することもできるであろう。というのは、超越論的感性論は、異なったさまざまな感覚に与えられているもの相互に、空間における広がりという点では、区別を設けていないからである。しかし「批判」の観点は、心理学的観点とはまったく別であること、および、知覚が最終的なかたちに達したとき、わたしたちの感覚がすべて、結局は空間に位置づけられるというだけで、「批判」の目的には十分だということを忘れてはならない。

行なわれる支えではなく、反対に、現実の運動のほうが、みずからの下に、この空間を置いて行くのである。しかしながら、わたしたちの想像力は、表現上の便利さと、物質生活上の要求を第一にしているので、とかくこの両者の本来の順序を逆転させる傾向がある。既成の不動のイマージュの世界とみえるものは、主として、わたしたちの低いレベルの欲求の不変性を反映した、見かけ上の不動であるが、わたしたちの想像力は、この世界に自己の拠点を求めることに慣れているので、どうしても静止が動きより先であると思い、静止を基準にして、静止に固執し、結局は空間を運動に先立たせるので、運動にもはや距離の変化しか見ることができなくなってしまうのである。こうして、等質的で際限なく分割可能な空間のなかに、わたしたちの想像力は軌道を描き、もろもろの位置を固定する。ついで運動をこの軌道と重ね合わせて、運動は、この線分と同様、分割可能で、線分と同様、性質をもっていないと主張するであろう。以後、現実のちょうど逆を表わすこの考えに基づいて思考するわたしたちの知性が、この考えのうちにもろもろの矛盾点しか見いだせないとしても、驚くべきことだろうか？　もろもろの運動を空間と同列に置いたので、これらの運動は、空間と同じく、等質的だとみなされる。そして運動相互には、もはや測定可能な方向と速さの違いしか見ようとしないから、運動と性質の間のすべての関係が消し去られてしまう。したがって残るはもはや、運動を空間に、性質を意識に押し込め、前提からして決して合流できないこの平行の二系列の間に、神秘的な対応をさせることだけである。意識のなかに閉じ込められた感覚的性質は、空間的広がりを取り戻すことができなくなる。空間、それもただひとつの瞬間以外は決してなく、すべてが絶えずくり返すだけの抽象空間のなかに追放された運動は、運動の本質そのものである、現在と過去の連帯を放棄している。そして性質と運動という、知覚のもつ二面が、同程度の闇に包まれているから、知覚現象とは、自分自身に閉じ込められて空間とは無縁の意識が、空間内で生じていることを翻訳しているという、不可解なことになるのである。――これに対し、解釈や計量に関するいっさいの先入観を排除して、真っ正面から直接的な現実と対面してみるなら、もはや知覚像と知覚される事物の間に、性質と運動の間に、越えられない隔たりはなにもないし、本質的な違いもないし、真の区別さえないことがわかるであろう。

49　わたしたちはこうして、長い回り道をして、本書の第Ⅰ章で引き出しておいた結論に帰ってきた。すでに述べたように、わたしたちの知覚は、もともとは、精神にあるというより、むしろ事物にある。わたしたちの内にあるというより、むしろわたしたちの外にある。さまざまな種類の知覚は、いずれも現実がもつ真の方向を示している。しかし付言しておいたように、知覚対象と一致しているこの知覚像は、実際に存在するというより、むしろ理論上存

(246)

在する知覚であり、瞬時に生じる知覚である。具体的知覚には、記憶力のはたらきが介入している。そして感覚的諸性質の主観性はまさに、もともとは記憶力にほかならないわたしたちの意識が、多数の瞬間を相互に浸入させ、これらの瞬間をひとつの直観のなかに濃縮するところからきているのである。

50 このように、意識と物質、心と身体は、知覚するはたらきにおいて接触していたわけである。しかしこの見解は、ある不明瞭な一面を残していた。なぜならこのとき、わたしたちの知覚、したがってまたわたしたちの意識は、分割可能性という、一般に物質に認められている性質をもつように思われたからである。わたしたちが二元論の仮説において、知覚される対象と知覚する主体の部分的一致を認めることに、本能的に嫌悪を覚える理由は、わたしたちが自分の知覚の切れ目のない統一を意識しているのに対して、対象は本質的に際限なく分割可能であるように思われるからである。ここから、空間的広がりの多数性と向き合って置かれた、広がりのない感覚をもつ意識、という仮説が出てくる。しかし、もし物質の分割可能性は、物質に対するわたしたちの行動にかかわる、つまり物質の様相を変化させるわたしたちの能力にもっぱらかかわるのであって、物質そのものに属するのではなく、物質をうまくとらえて利用するために、この物質の下にわたしたちが張りめぐらせる空間に属するとすれば、困難は消える。広大な物質界は、これをその全体において考察すれば、ここではすべてが互いに均衡し、補い合い、中和している意識のようなものである。物質が示しているのはまさしく、わたしたちの知覚がもつ不可分性なのである。したがって逆にわたしたちは、知覚には、物質の空間的広がりのなにものかを、安心して認めることができるのである。このように、この両者、すなわち知覚と物質は、行動的偏見と呼びうるものから、わたしたちが自分自身を解放するにつれて、相互に歩みよる。感覚は、広がりを取り戻し、具体的空間は、その本来の連続と不可分性を回復する。また両者のあいだに、越えがたい障壁として立ちはだかっていた等質空間は、もはや図式、あるいは象徴としての実在性しかもってはいない。等質空間は、物質にはたらきかける生き物としてのわたしたちの行動の仕方には関係するが、しかし、物質の本質について思索する精神のはたらきには関係しない。

51†　まさしくこのことから、わたしたちの研究全体の焦点である問題、すなわち心と身体の結びつきの問題が、ある程度明瞭になる。二元論の仮説において、この問題の不明瞭な点は、物質は本質的に分割可能なもの、また、すべての精神状態はまったく広がりのないものとみて、最初から両者の連絡を遮断するところからきている。そこで、この二つの前提を掘り下げてみると、物質については、具体的で緊密に結ばれている空間の広がりと、その下に張りめぐらされる分割可能な空間との混同が見られるし、また精神については、延長と非延長の間には、段階もないし、移行も不可能とする、根拠のない考えが認められる。しかし、もしこの二つの前提にはともに共通の誤りが含まれていて、観念からイマージュへ、イマージュから感覚への漸進的な移行があるとすれば、また、精神状態はこうして現実へ、すなわち行動へと展開するにつれて、よりいっそう広がりに近づいて行くとすれば、そして最後に、いったん到達したこの広がりは、切れ目のないままであり、したがってこの広がりは、精神のまとまりと決して不調和ではないとすれば、精神は、純粋知覚のはたらきにおいて物質と重なり、したがって物質と結びつきうること、にもかかわらず精神は、物質とは、根本的に区別されることが理解できるであろう。精神が物質から区別されるとは、精神がこの場合でもなお記憶力、すなわち、未来を目指しての過去と現在の総合だという点、精神は、物質の諸瞬間を濃縮してこれを利用し、精神が身体と結びつくそもそもの目的である行動によって自己を現わす、という点においてなのである。これゆえ、本書のはじめに、身体と精神の区別は、空間との関係ではなく、時間との関係で打ち立てられなければならないと述べたことは、正しかったわけである。

52　通常の二元論の誤りは、空間の観点に身を置くこと、そして一方で、物質とその運動変化を空間に置き、他方で、広がりのない諸感覚を意識に置くことである。ここから、精神がどのように身体にはたらきかけ、身体がどのように精神にはたらきかけるのか、理解できなくなってしまう。またここから、事実の偽りの確認でしかないし、またそれ以外ではありえない仮説——平行論の考えや予定調和の考え——が出てくる。しかしここからまた、記憶力の心理学にせよ、物質の形而上学にせよ、作り上げることができなくなるのである。わたしたちが明らかにしようと試みたのは、この記憶力の心理学と物質の形而上学は、密接に結びついていること、そして主体と客体が合致している純粋知覚から出発して、主体と客体のそれぞれの持続のなかへと、両者の発展を追跡して行く二元論では、もろもろの困難が軽減されるということである。——物質は、その分析をより先まで続けて行くにつれて、ますます無限に急速な継起的諸瞬間にすぎなくなって行き、互いに他方から導き出しうる瞬間、したがって互いに同等に扱える瞬間に向かって行く。また精神は、知覚作用においてすでに記憶力であり、現在のなかへの過去の継承、進歩、真の発展として、自己の存在をますます明確に現わしてくる。

53　しかしながら、精神と身体の関係は、これによって、より明瞭になるであろうか？　空間による区別に代えて、わたしたちは時間による区別を採用する。これによって両者は、いっそうよく結合しうるであろうか？　まず第一の空間による区別は、段階を許さないという点に注意しなければならない。物質は空間内にあり、精神は空間外にある。両者間に移行の可能性はない。これに対して、精神のもっとも低い段階の役割が、事物の持続の継起的な諸瞬間を結びつけることであって、精神が物質と接触するのは、このはたらきにおいてであり、精神が最初に物質から区別されるのも、やはりこのはたらきによってであるとすれば、物質と、十分に発達した精神、すなわちたんに非決定の行動が可能というだけではなく、理性的で思慮深い行動が可能な精神との間に、無数の段階が考えられる。これらの相次ぐ段階のおのおのが、しだいに高まって行く生活力の強さを示し、そのそれぞれが持続のより高い緊張度に対応している。そしてこれらの段階はそれぞれ、外部には、感覚-運動組織のより高度な発達となって現われてくる。それでは、この神経組織について考えてみようか？　神経組織の複雑さが増して行くと、これが、生物の活動にますます大きな自由を与えるようにみえるし、反応する前に待つ能力や、受けた刺激をますます多様になる運動機構に関係づける能力を与えるようにみえるであろう。しかし、これは外面にすぎない。神経組織のより複雑な組織化が、物質に対する生物のより大きな独立性を確保しているようにみえるけれど、この神経組織の複雑化はたんに、この独立性そのもの、すなわち、諸事物の流れのリズムから自己を解放し、過去をよりよく引きとめて、ますます深く未来にはたらきかけることを生物に可能にしている精神力、要するに、わたしたちがこの言葉に与える特殊な意味での生物の記憶力を、物質面で象徴しているにすぎない。このように、たんなる物質と、もっとも内省能力のある精神との間には、記憶力のあらゆる強度が存在しうる。あるいは、結局同じことであるが、自由のあらゆる段階がある。第一の仮説、すなわち精神と身体の区別を、空間との関係で表現する仮説では、精神と身体は、直角に交差する二本の線路のようなものである。第二の仮説では、レールはカーブにそって接続するから、一方の線路から、気づかれないうちに、他方の線路に移って行く。

54 しかし、これは比喩にすぎないのではないか？　そして、いわゆる物質と、もっとも低い段階の自由あるいは記憶力との区別は、依然として際立っており、対立は、克服できないままではないだろうか？　たしかに、区別は残る。しかし、結合は可能になっている。というのは、この結合は、純粋知覚において、部分的合致という決定的なかたちで与えられているからである。通常の二元論の困難は、両者が区別されることからくるのではなく、両者の一方が、どのように他方に接続するかを見ないところからきている。ところで、すでに示したように、もっとも低い段階の精神――記憶力をもたない精神――である純粋知覚は、まさしくわたしたちが理解している意味での物質の一部分である。さらに進めていうなら、記憶力が介入するのは、物質がいかなる兆《きざ》しももたない機能、物質がすでに似たやり方で行なってもいない機能としてではない。物質が過去を記憶しないのは、過去を絶えず反復するからであり、必然性に従っている物質が展開する一連の諸瞬間は、そのおのおのが直前の瞬間と価値が等しいので、いずれも直前の瞬間から引き出されてくるからなのである。したがって、物質の過去は、まさに物質の現在のうちに与えられている。しかし、多少とも自由に行動する生物は、瞬間ごとに新しいなにものかを創造している。したがって過去が、思い出の状態でこの生物に沈殿しているのでないならば、この生物の過去を、この生物の現在のなかで読み取ろうとしても、それはむだなことなのである。かくて、本書ですでに何度も出てきた比喩をもう一度用いるなら、これまでと同様の理由から、過去は、物質によっては、演じられるが、精神によっては、思い浮かべられなければならないのである。

要約と結論

1　I　――わたしたちがさまざまな事実から引き出し、推論によって確認した見解は、わたしたちの身体が、行動の道具だということ、それも、ただ行動だけの道具だということである。いかなる段階でも、いかなる意味でも、いかなる面から見ても、身体は心像を準備する役には立たないし、まして心像を説明する役には立たない。まず、外界の知覚についてはどうであろうか？　大脳のいわゆる知覚能力とされているものと、脊髄の反射機能には、たんに程度の違いがあるだけで、本性の違いはない。脊髄は、受けた振動刺激を、多少とも必然的に行なわれる運動に変換するのに対して、大脳は、この刺激を、多少とも自由に選ばれた運動機構に関係させる。しかし、わたしたちの知覚において、脳によって説明できるのは、開始されたわたしたちの行動、あるいは、準備された行動、あるいは、呼び起こされた行動であって、わたしたちの知覚像そのものではない。――記憶についてはどうであろうか？　身体が保存するのは、過去を再び演じることのできる運動習慣である。身体がなんらかの態度を再び取ることがあると、この態度に、過去は流れ込んでくるであろう。いいかえると、過去の知覚を受け継いだ脳のある現象を再現することで、身体は、記憶に、現在との接点を提供し、目前の現実に対し、失われた影響力を取り戻す手段を与えるであろう。しかし、いかなる場合にも、脳は、もろもろの記憶あるいはイマージュを貯蔵しているのではないであろう。このように、知覚においても、記憶力においても、まして精神のより高度な活動においても、身体は、心像の直接の原因とはならない。わたしたちはこの仮説を、そのさまざまな側面で展開し、こうして二元論を極限まで押し進めたので、精神と身体の間に、越えることのできない深い溝を掘ってしまったようにみえた。しかしじつは、わたしたちが示したのは、両者を接近させ、両者を結びつけることのできる唯一の道だったのである。

2 Ⅱ　――実際、この問題が引き起こすすべての困難は、通常の二元論においても、唯物論や観念論においても、知覚と記憶力の諸現象における身体面と精神面を、互いに他方の複写とみなすところからきている。意識を副現象だとする唯物論の観点に身を置いてみよう。大脳のある現象が、なぜ意識を伴うのか、すなわち、最初に前提された物質宇宙の意識による反復が、何の役に立ち、どのように生じるのか、まったく理解できないであろう。――観念論に移ってみよう。この場合、わたしに与えられているのは、もろもろの知覚心像だけであり、わたしの身体は、これらの心像のうちのひとつであろう。しかし、観察がわたしに示すところでは、知覚されているもろもろのイマージュが、わたしが自分の身体と呼んでいるイマージュのほんのわずかな変化で、ことごとく変転するのに（というのは、わたしが目を閉じるだけで、わたしの視覚宇宙は消え失せてしまうから）、科学がわたしに保証するところでは、あらゆる現象が、特定の順序に従って、相次いで互いに影響し合って生じるはずであり、ここでは結果は原因に厳密に比例している。したがってわたしは、わたしの身体と呼ぶ、このいたる所わたしについてくるイマージュのなかに、わたしの身体周辺で相次いで生じているイマージュと同等で、しかもこんどは、きわめて規則正しく、互いに他方によって厳密に計測されるような運動変化を探さなければならなくなる。こうしてわたしが見つけ出す脳内の運動変化が、またしても、わたしのもろもろの知覚心像の複写になるわけである。たしかに、この脳内の運動変化も、やはり知覚である、つまり知覚像に《なりうるもの》であるから、この第二の仮説は、唯物論仮説より、わかりやすくはある。しかしその代わり、この仮説のほうは、もろもろの事物についてのわたしの実際の知覚と、わたしの知覚になりうる脳内のある運動変化という、これらの事物と少しも似てはいないものに、不可解な対応を想定しなければならないであろう。この点をよく注意して見ると、すべての観念論の暗礁が、ここにあることがわかるであろう。すなわちそれは、知覚においてわたしたちに現われている領域から、科学においてわたしたちに成果をもたらしている領域への通路にある。

——とくに、カントの観念論についていうなら、この暗礁は、感覚から知性（理知）への通路にある。——そこで残るは、通常の二元論である。ここでは、一方に物質を置き、他方に精神を置いて、脳内の運動変化が、諸事物についてのわたしの知覚像の原因、あるいは、誘因であると想定する。しかし、脳内の運動変化が、諸事物の知覚像の原因で、この知覚像を生じさせるのに十分だとすると、わたしはしだいに、意識を副現象だとする唯物論の仮説に戻ることになる。脳内の運動変化が、諸事物の知覚像の誘因にすぎないとすると、脳内の運動変化は、いかなる点でもこの知覚像と似てはいないことになる。こうして、わたしが自分の知覚像において物質に与えたすべての性質を、物質から奪ってしまうのであるから、わたしは観念論に戻ることになる。したがって、唯物論と観念論は二つの正反対の極であり、この両極間を、この種の二元論はつねに揺れ動くであろう。そしてまた、この二元論が二つの実体を固持しようとして、精神と物質を同列に置く決心をするなら、結局は精神と物質に、同一原文の二つの翻訳、唯一の同じ原理から出て、あらかじめ平行になるように調整された二つの展開を認めなければならなくなるし、こうして精神と物質の相互作用を否定し、避けられない帰結として、自由を犠牲にしなければならないであろう。

3　ところで、この三つの仮説を掘り下げてみると、わたしはこの三者に共通の基盤を発見する。それはこの三者が、精神の基本的なはたらき、すなわち知覚と記憶力を、純粋認識のはたらきとみなしていることである。この三つの仮説が、意識の起源に置くのは、あるときは、外界の実在の無用な複写であり、またあるときは、まったく利害のない、知的構成のための不活性な素材である。しかしつねに、これらの仮説は、知覚と行動の関係、記憶と行為の関係を、見落としているのである。ところで、たしかに理論上の極限としては、利害のない記憶力や知覚を考えることはできる。しかし実際には、知覚や記憶力が向けられているのは、行動であり、身体が準備するのは、この行動である。知覚について見てみよう。神経組織が複雑になって行くにつれて、神経組織は受け取った振動刺激を、ますます多種多様な運動機構に関係づけ、こうしてますます多くの行ないうる行動の概略を、同時に組織化する。記憶力について考えてみよう。記憶力の本来の役割は、目前の知覚と類似の過去のすべての知覚を呼び起こし、その過去の知覚に先行したものと後続したものをわたしたちに思い出させ、こうしてもっとも有益な行動の決断をわたしたちに示唆することである。しかし、これがすべてではない。記憶力のはたらきは、持続の多数の瞬間を、ただひとつの直観のなかで把握させることによって、諸事物の流れの運動変化から、すなわち、必然のリズムから、わたしたちを解放する。記憶力が、これらの瞬間のますます多くを、ただひとつの瞬間に凝縮できればできるほど、記憶力がわたしたちに与える物質に対する支配力は、ますます強固になって行く。したがって、生物の記憶力とは、なによりもまず、諸事物に対する生物の行動力を示すものであり、生物の行動力を、知性面で反映しているものにほかならないと思われる。そこで、この行動力を、真の原理として、ここから出発してみよう。すなわち、身体を、行動の中心、それも、たんに行動だけの中心であると仮定して、ここから、知覚について、記憶力について、精神と身体の関係について、いかなる帰結が出てくるかを見てみよう。

4 Ⅲ ——まず、知覚について。ここにもろもろの《知覚中枢》をもつわたしの身体がある。これらの中枢が刺激されて、わたしは諸事物の知覚をもっている。他方わたしは、これらの中枢の振動刺激は、わたしのもつ知覚を生み出すことも、知覚を描き出すことも、できないと考えた。したがってわたしの知覚は、これら中枢の振動刺激の外にある。どこにわたしの知覚はあるのか？ わたしに疑問の余地はない。わたしの身体を認めることで、わたしはあるイマージュを認めたが、このことはまた、他のもろもろのイマージュの全体を認めたことにもなるのである。というのは、いかなる物質対象も、そのさまざまな性質や数量的諸規定、結局その存在も、この物質対象が、宇宙全体に占める位置に負っていないものはないからである。したがって、わたしの知覚は、これら物質対象そのものの、なにものかであるほかはない。これら物質対象が、わたしの知覚のなかに存在するというより、わたしの知覚が、これら物質対象のなかに存在するのである。しかしそれでは、わたしの知覚は結局、これら物質対象の何なのであろうか？ わたしは自分の知覚が、いわゆる感覚神経刺激のすべての細部に従うようにみえるということはわかるし、他方わたしは、これらの神経刺激の役割が、たんに周囲の諸物体に対するわたしの身体の反応を準備するだけであること、すなわち、たんに場合によっては行ないうるわたしの行動の概略を示すだけであることを知っている。したがって、知覚するとは、もろもろの対象の全体から、これらの対象にわたしの身体がおよぼしうる行動の輪郭を浮き出させることなのである。それゆえ知覚作用は、分離作用にほかならないのである。知覚は、なにも創造はしない。知覚の役割は逆に、もろもろのイマージュの全体から、わたしがまったくはたらきかけることのできないイマージュを、すべて排除し、さらに、残されたこれらのイマージュのおのおのから、わたしの身体と呼ぶイマージュの欲求にかかわらないもののすべてを、排除することなのである。少なくとも以上が、わたしたちが純粋知覚と呼んだもののきわめて単純化された説明、図式的な叙述である。ではさっそく、わたしたちがこうして実在論と観念論の間でとることになった立場を明らかにしておきたい。

5　あらゆる実在が、意識と親近、類似、要するに関連があるということ、この点は、わたしたちが諸事物を《イマージュ》と呼ぶこと自体からして、わたしたちが観念論に同意している点である。それにいかなる哲学説も、それが首尾一貫しているかぎり、この結論を逃れることはできない。しかし、かりに意識をもつすべての生物の過去、現在、および起こりうる全部の意識状態を結集できても、わたしたちの見解では、これによって物質的実在のほんのわずかな部分が汲みつくされるにすぎないであろう。なぜなら、もろもろのイマージュは、いたるところで知覚をはみ出しているからである。科学と形而上学は、まさにこれらのイマージュを再構成して、わたしたちの知覚が、ただいくつかの環をとらえているにすぎない連鎖を、その全体において復元しようとしているのである。しかし、知覚と実在に、このように部分と全体の関係を打ち立てるためには、知覚に、知覚本来の役割、すなわち、行動を準備するという役割を、残しておかなければならない。観念論が行なっていないのは、この点である。さきほども述べたことだが、なぜ観念論は、知覚に現われている領域から、科学で成功している領域へ、いいかえると、わたしたちの諸感覚がつぎつぎに現われ出るようにみえる偶然性から、自然の諸現象を結びつけている決定論へ移行するのに失敗するのだろうか？　それはまさに、観念論が、知覚における意識に、純粋認識の役割を与えているからであって、その結果もはや、どんな利点があって、この意識が、たとえば二つの感覚の間で、第二の感覚が第一の感覚から導き出されるまでの中間の諸状態を、無視しておかなければならないのか、まったく理解できなくなるからなのである。これゆえ、この中間の諸状態、および、これらが従う厳格な規則性は、この中間の諸状態を、ミルの表現に従って《感覚になりうるもの》とするにせよ、この規則性を、カントがそうしたように、非個人的な知性（理知）によって確立された下部構造に帰するにせよ、依然として不明瞭なまま残るのである。しかし、わたしの意識的知覚は、まったく実用上の目的をもつものであって、わたしの知覚が浮き出させるのは、諸事物全体のうち、たんにわたしがそれらにおよぼしうる行動に関係するものだけであると仮定してみると、残りのものはすべて、わたしには把握されないが、しかしそれでも、この残りのものもすべて、わたしが知覚しているものと、同じ本性のものであることが理解できるであろう。したがって、物質についてのわたしの知識は、もはやイギリス観念論の場合のように主観的でもないし、カントの観念論が主張するように相対的でもない。この知識が主観的でないとは、この知識は、わたしのなかにあるというより、むしろ事物のなかにあるからである。この知識が相対的でないとは、《現象》と《事物》には、見かけと実在の関係があるのではなく、たんに部分と全体の関係があるにすぎないからである。

6　こうしてわたしたちは、実在論に戻ってしまったようにみえる。しかし実在論も、非常に重要な点でこれを修正しなければ、観念論と同様、それも同じ理由で、受け入れることはできない。すでに述べたように、観念論は、知覚に現われている領域から、科学が成果をあげている領域、すなわち、実在に移行することができない。逆に実在論は、この実在から、わたしたちがこの実在についてもつ直接的知識を引き出すことに失敗する。実際、通常の実在論に身を置いてみようか？　一方には、空間内に散乱した、多少とも独立の多くの部分で構成された物質があり、他方には、この物質とはいかなる接点ももてない精神、せいぜい、唯物論者が主張するような、物質の不可解な副現象である精神があるという。むしろカントの実在論を検討してみてはどうであろう？　物自体すなわち実在と、わたしたちの知識を構成する多様な感覚には、理解しうるいかなる関係も、いかなる共通点も見いだせないであろう。ところで、この二つの極端なかたちの実在論を掘り下げてみると、両者が同じ点に向かって収束することがわかる。それは、いずれの実在論も、知性と諸事物のあいだに、等質空間を柵《さく》として立てている点である。素朴実在論は、この等質空間を、実在する媒質とし、ここでもろもろの事物が浮遊しているという。カントの実在論は、この等質空間を、ここで多様な感覚が相互に調整される観念的媒質だとみる。しかし、いずれの実在論にとっても、この媒質は、ここに位置づけられるものになくてはならない条件として、最初に与えられているのである。そこで、この共通の前提をさらに掘り下げてみると、この前提が、等質空間に、利害を離れた役割を与えているということがわかる。すなわち、この等質空間は、あるいは物質的実在に対してこれを支える役割をしているか、あるいは諸感覚に相互調整の手段を与えるという、やはりまったく純粋認識上の役割をもっているのである。したがって、実在論の難点は、観念論の難点と同様、わたしたちの意識的知覚と、わたしたちの意識的知覚に必要な諸条件を、純粋認識のほうに向けて、行動のほうに向けてはいないところからきているのである。――しかしいま、この等質空間が、物質的諸事物や、物質的諸事物についてわたしたちがもちうる純粋認識に、論理的に先立つものではなく、後になって出てきたものだと想定してみよう。すなわち、物質の広がりが、等質空間に先行すると想定してみよう。そして等質空間は、わたしたちの行動、それもたんにわたしたちの行動のみにかかわるのであって、この等質空間は、わたしたちが物質の連続の下に張りめぐらす無限に分割された網のように、わたしたちが物質の連続を支配し、わたしたちのもろもろの活動や欲求の方向に、物質の連続を分割するためのものだと想定してみよう。そうすれば、おのおのの事物が、その作用を他のすべての事物におよぼしていること、したがって（わたしたちがこの事物について知覚するのは、この事物の中心部だけであり、わたしたちは自分の身体の影響力が関係しなくなるところで、この事物に境界線をつけているのであるが）、ある意味でこの事物は、空間的広がりの全体を占めていることを明らかにしている科学と、合流できる利点がわたしたちにあるだけではない。また形而上学において、空間での分割可能性ということが引き起こすもろもろの矛盾、すなわち、すでに指摘したように、行動の観点と、認識の観点という、二つの観点を、切り離さないことからいつも生じる諸矛盾を、解決あるいは緩和できる利点があるだけでもない。わたしたちにはとくに、実在論が、広がりのある諸事物と、わたしたちがこれらの事物についてもつ知覚のあいだに打ち立てた、乗り越えがたい柵を、突き崩すことができるという利点があるであろう。というのは、ひとは一方に、多くの部分からなる、分割された外界の実在を置き、他方に、広がりとは無縁で、この広がりと接触する可能性のない諸感覚を置いたのに対して、わたしたちは、具体的空間の広がりは、現実には分割されていないないし、同様に直接的知覚もまた、実際には広がりがないものではないことに気づくことになるだろうから。わたしたちは実在論から出発して、観念論がわたしたちを導いたのと同じ点に帰ってきた。わたしたちは知覚を、再び諸事物のなかに戻す。そして実在論によっても、観念論によっても、自明のこととして受け入れられ、両者にとって共通の限界となっていた暗黙の前提を排除するにつれて、両者はほとんど互いに一致してしまうことがわかる。

7　要するに、広がりのある連続と、この連続そのもののなかに、わたしたちの身体で示される現実の行動の中心を想定するなら、この身体の行動力は、自分が影響力をもちうるすべての物質部分を、みずからの光で絶えず照らしているようにみえるであろう。物質世界にわたしたちの身体を出現させたのと同じ欲求、同じ行動能力が、わたしたちを取り巻く環境のなかに、個々の物体を切り取らせて行く。事情はあたかも、わたしたちが外界の諸事物の実際の作用を濾過して、この作用のうち、行動にかかわりうる作用を途中でさえぎって、これを引きとめるようにみえるであろう。この、事物がわたしたちの身体におよぼしうる作用、および、わたしたちの身体が事物におよぼしうる作用が、わたしたちの知覚そのものなのである。しかし、わたしたちの身体が周囲の諸物体から受ける振動刺激は、身体組織に発生状態の反応を絶えず引き起こすし、脳組織内のこれらの運動変化は、諸事物に対してわたしたちが行ないうる行動の概略を、こうして絶えず生み出しているのであるから、脳の状態は、知覚に正確に対応はしている。脳の状態は、知覚の原因ではないし、その結果でもないし、またいかなる意味においても、知覚の複写ではない。脳の状態は、たんに知覚を受け継いでいるだけ、すなわち、知覚は、行ないうるわたしたちの行動であり、脳の状態は、開始されたわたしたちの行動なのである。

8　Ⅳ　――しかしながら、この《純粋知覚》論は、同時に二つの点で緩和され、補われなければならなかった。実際、この純粋知覚は、実在から切り離したままの一断面のようなものであって、この純粋知覚は、身体外の諸物体の知覚に、自分自身の身体の知覚、すなわちもろもろの感情も混入させせないし、現時点の直観に、他の諸瞬間の直観、すなわちもろもろの記憶も混入させせないひとがもつような知覚なのである。いいかえると、わたしたちはまず、研究の便宜上、身体を、空間における数学的点として扱い、また意識的知覚を、時間における数学的瞬間として扱ったのである。身体には、その空間的広がりを回復し、知覚には、その持続を回復しなければならなかった。これによってわたしたちは、意識のなかに、その二つの主観的要素、すなわち感情と、記憶力を回復させたわけである。

9　感情とはなにか？　すでに述べたように、わたしたちの知覚は、わたしたちの身体が、他の諸物体におよぼしうる行動を表わす。しかし、わたしたちの身体は、広がりをもっているのであるから、他の諸物体に対してと同様、自分自身にも作用することができる。したがって、わたしたちの知覚には、わたしたちの身体に属するなにものかが入ってくるであろう。とはいえ、周囲の物体に関していえば、これらはもともと、わたしたちの身体と、遠近さまざまな空間で隔てられており、この空間における隔たりが、これらの物体が示す期待や恐れからの、時間における隔たりを表わしている。これゆえ、わたしたちがもつこれらの物体の知覚は、たんに行動の可能性を表わしているにすぎないのである。これに対して、これらの物体と、わたしたちの身体との距離が狭まれば狭まるほど、行動の可能性は、ますます現実の行動へと変わって行き、距離が狭まった分だけ、行動はいっそう差し迫ったものとなる。そして、この距離が0《ゼロ》になるとき、すなわち、知覚すべき物体が、わたしたち自身の身体であるとき、この知覚が表わすのは、現実の行動であり、もはや潜在的な行動ではない。これがまさに痛みの本性であって、痛みは傷つけられた部分が、事態を回復しようとする現在の努力、局部的で孤立している努力、まさにこのために、もはや全体の動作にしか向いていない生物体では、失敗せざるをえない努力なのである。したがって、痛みは、それが生じる場所にある。ちょうど、対象が、知覚される場所にあるように。感知される感情と、知覚されるイマージュとの間には、感情がわたしたちの身体内にあり、イマージュがわたしたちの身体外にあるという、違いがある。これゆえ、わたしたちの身体の表面、すなわち、わたしたちの身体と他の諸物体との共通の境界は、もろもろの感覚のかたちでも、またイマージュのかたちでも、わたしたちに同時に与えられているのである。

10　感情的感覚が身体内にあることに、感情的感覚の主観性があるし、一般のイマージュが身体外にあることに、これらのイマージュの客観性がある。ところで、わたしたちはここで、絶えずよみがえってくる誤り、わたしたちが本書全体を通して追及してきた誤りを見いだす。ひとびとは感覚と知覚が、それ自身のために存在していると主張し、こうして感覚と知覚に、まったく純粋認識上の役割を与えているのである。このため、感情的感覚と、知覚の、それぞれが一体となり、この両者を区別するのに役立つ、現実の行動と、場合によっては行ないうる行動を、見落としてしまったので、両者にもはや、程度の違いしか見いだすことができない。こうして、感情的感覚は（その含んでいる努力が混沌としているため）漠然としか位置づけられないところから、即座に感情的感覚は広がりがないものだと言明し、これらの縮小された感情あるいは広がりのない感覚を、これでもってわたしたちが空間内のイマージュを構成する素材にしてしまう。その結果、それぞれ絶対的なものとして前提されるこの意識の諸要素、あるいは諸感覚が、どこから来るかも説明できないことになるし、広がりのないこれらの感覚が、どのように空間と結びついてここで配列されるのかも、またなぜ、これらの感覚が、この空間では、ある規則性を取り入れて、他の規則性でないのかも、そして最後に、これらの感覚が、この空間では、どのような方法で、すべてのひとに共通の安定した経験を形成することができるのかも、まったく説明できないことになるのである。むしろ逆に、わたしたちの活動にとって、なくてはならない場である、この経験から出発しなければならない。つまり、純粋知覚、すなわち、イマージュを、最初に前提しなければならない。そうすれば、もろもろの感覚は、イマージュが作られる素材というようなものではまったくなく、逆にイマージュに混入される混ざり物として、わたしたちが自分の身体から、他のすべての物体に投入しているものであることが明らかになるであろう。

11　V　――しかし、わたしたちが感覚と純粋知覚にとどまっているかぎり、精神を問題にしているとはいいがたいであろう。たしかに、意識＝副現象説に対して、わたしたちは大脳のいかなる状態も、知覚と同等のものでないことは明らかにしている。また、イマージュ一般のなかから知覚を選別することは、すでに精神を予告する分離作用の結果である。そして最後に、物質宇宙そのものも、もろもろのイマージュの集合体と規定されるものであるから、これはたしかに一種の意識である。すなわち、ここではすべてが互いに補い合い、中和している意識、あらゆる潜在的部分が、作用にはつねに等しい反作用を返して相互に均衡し、互いに突出を妨害し合っている、そのような意識である。しかしながら、精神の実在に触れるためには、個人の意識の立場に身を置いて、この意識が、過去を現在に継承保存して、これによって現在が内容豊富になり、かくして必然の法則を脱するところに、いいかえると、絶えず過去が過去自身を現在に引き継ぎ、現在はこの過去をただ別のかたちで反復するのみで、いっさいは永遠に過ぎ去って行くことを示す必然の法則自体を脱するところに、身を置かなければならない。純粋知覚から、記憶力に移行することで、わたしたちは物質と決定的に離れて、精神に向かうことになる。

12　Ⅵ　――この研究の中心となる記憶力理論は、わたしたちの純粋知覚論の理論的帰結であると同時に、その実験的検証でなければならなかった。知覚に伴う脳の諸状態は、知覚の原因でも、知覚の複写でもないこと、知覚と、知覚に伴う生理的状態の関係は、行ないうる行動と、開始された行動の関係にあること、このことをわたしたちは、事実に基づいて証明することはできなかった。というのは、わたしたちの仮説でも、知覚は、あたかも、大脳の状態から生じるかのようにみえるからである。実際、純粋知覚においては、知覚されている対象は、目前の対象であり、わたしたちの身体を変化させている物体である。したがって、対象のイマージュは、現に与えられている。それゆえ、事実だと主張するかぎりでは（わたしたちの納得度は大きく異なるけれども）、脳内の運動変化は、わたしたちの身体の発生状態の反応の概略を示すと主張することも、脳内の運動変化は、目前のイマージュの意識的な複写を生み出すと主張することも、どちらも可能なのである。しかし、記憶力については、事情はまったく異なる。というのは、記憶は、目前には存在しない対象の心像だからである。ここでは、二つの仮説は、正反対の帰結をもたらすであろう。目前に対象がある場合、もしわたしたちの身体の状態だけで、この対象の心像を作り出すのに十分だとすれば、同じ対象が目前にない場合はなおさら、この状態だけでやはり十分であろう。したがって、この学説では、記憶は、最初の知覚を生じさせた脳の現象が、弱く反復することから生じ、記憶はたんなる微弱な知覚でなければならないであろう。ここから、つぎの二重の命題が出てくる。記憶力は、脳のはたらきにすぎない。そして知覚と記憶には、強度の違いしかない。――これに対して、脳の状態は、決して目前の対象の知覚を生み出すのではなく、たんに対象の知覚を受け継いでいるだけであるとすると、同様に脳の状態は、わたしたちが呼び起こすその知覚の記憶を受け継いで、これをさらに行動に変換することはできるであろうが、しかしこの記憶を生み出すことはできないであろう。また他方、現存する対象の知覚は、この対象そのもののなにものかであったのであるから、現存しない対象の心像は、知覚とはまったく別種の現象であろう。というのは、現存と不在には、いかなる段階もないし、いかなる中間もないからである。ここから、さきの命題とは正反対の、つぎの二重の命題が出てくる。記憶力は、脳のはたらきとは別のものである。そして知覚と記憶には、程度の違いがあるのではなく、本性の違いがある。――こうして、二つの仮説の対立は、鋭いかたちをとる。そしてこんどは経験によって、両者のどちらが正しいかを決定することができるのである。

13　わたしたちが試みた証明の詳細を、ここでくり返そうとは思わない。その主要な点を思い出すだけにしておきたい。大脳皮質内に記憶が蓄積されているらしいと主張するために、援用できる事実に基づく論拠はすべて、場所が特定された記憶力障害から引き出されている。しかし、記憶がほんとうに脳内に貯蔵されているとすれば、明確な忘却には、脳の明確な損傷が対応していることになるであろう。ところが、たとえばわたしたちの過去の生活の一時期すべてが、突然、記憶力から完全に奪われる記憶喪失では、明確な脳の損傷は観察されていない。これに対して、脳内の位置づけが明瞭で確実な記憶力障害、すなわち、さまざまな失語症や、視覚あるいは聴覚の再認の障害では、特定のなんらかの記憶が、これらが宿るとされる場所からいわば奪われるのではなく、想起の能力が、その活力において多少とも減退し、あたかも患者は、これらの記憶を導いて現在の状況に接触させることが、多少とも困難になるようにみえる。そこで、この接触のしくみを調べて、脳の役割は、記憶そのものを脳細胞に閉じ込めることではなく、むしろ、この接触のはたらきを確実なものにすることではないかを、見てみなければならないであろう。こうしてわたしたちは、過去と現在が相互に接触するにいたる漸進的な運動、すなわち再認を、そのすべての進展過程においてたどることになったのである。そして実際わたしたちは、目前の対象の再認は、二つのまったく異なった仕方で行なわれること、しかし、この二つの場合のいずれにおいても、脳は、イマージュの貯蔵庫としてははたらいているのではないことを見いだした。実際、ある場合には、考えられるより、むしろ演じられるまったく受動的な再認によって、身体は、新たにくり返された知覚に対して、自動的になっている行動で応答する。したがってこの場合、習慣が身体に組み込んだ運動機構ですべて説明できるし、記憶力の障害は、この機構の破壊から生じるであろう。これに対して、ある場合には、再認は、目前の知覚に向かって行くイマージュ記憶によって、能動的に行なわれる。しかしこの場合、これらの記憶は、知覚に重なって行くとき、知覚が行動に移行するのにいつもはたらかせているのと同じ装置を、脳内で作動できなければならない。そうでなければ、本来無力なこれらの記憶は、まったく現実化することはないであろう。そしてこれゆえに、脳の損傷が、ある種類の記憶を損なう場合のすべてにおいて、これらの損なわれた記憶は、たとえば、同じ時期の記憶であるとか、相互に論理的なつながりをもつ記憶であるとかで似ているのではなく、たんに、すべて聴覚的であるか、すべて視覚的であるか、すべて運動的であるかで似ているにすぎないのである。したがって、損傷を受けたとみられるのは、感覚と運動のさまざまな領域であり、あるいはさらに多くの場合、大脳皮質のまさしく内側（主体の側）から、これらの領域を作動させる隣接中枢であって、もろもろの記憶そのものではない。わたしたちはさらに進んで、言葉の再認と、知覚失語の諸現象を注意深く検討することで、再認が決して、脳内で眠っている記憶の、機械的覚醒によって行なわれるのではないことを明らかにしようと試みた。むしろ逆に、再認のはたらきには、意識の高低さまざまな緊張度があって、この緊張度のある意識が、純粋な記憶力のなかに、もろもろの純粋記憶を求めに行って、これらの純粋記憶をしだいに具体化して、目前の知覚と接触させているのである。

14 しかし、この純粋な記憶力とはなにか？　また、これらの純粋記憶とはなにか？　この問題に答えることでわたしたちは、わたしたちの命題の証明を補って仕上げをしたのである。第一の点、すなわち、記憶力が脳の機能とは別のものだということは、いま明らかにしたとおりである。さらに明らかにしなければならないことは、《純粋記憶》の分析によって、記憶と知覚には、たんなる程度の違いがあるのではなく、本性上、根本的な違いがあるという点である。

15 Ⅶ　――まず指摘したいことは、この最後の問題が、もはやたんに心理学領域の問題ではなく、形而上学領域の問題でもあることである。たしかに、つぎのような命題であれば、純粋心理学の命題である。すなわち、記憶は、微弱になった知覚である。しかし、ここで問違えないでいただきたい。記憶が、より微弱な知覚にすぎないなら、逆に知覚は、より強度の記憶のようなものとなるであろう。ところで、イギリス観念論の出発点が、ここにある。この観念論の本質は、知覚対象の実在性と、思考対象の観念性との間に、本性の違いではなく、程度の違いしか見ないところにある。また、わたしたちは物質を、わたしたちの精神の状態で構成するという考え、知覚は、真実と一致している幻覚にすぎないという考えも、やはりここからきている。物質について論じたときに、わたしたちが執拗に攻撃したのは、この考えである。したがって、物質についての、わたしたちの考え方が間違っているか、あるいは、記憶は、知覚とは、根本的に異なるかの、いずれかということになる。

16　こうしてわたしたちは、ひとつの形而上学的問題を、心理学的問題と重なり合う点に置き換えたので、純然たる観察で、この問題に決着をつけることができる。どのように？　かりに、ある知覚の記憶が、微弱になったこの知覚にすぎないならば、たとえば、かすかな音の知覚を、強烈な音の記憶と、取り違えることがあるはずである。ところが、そのような取り違えは、決して生じない。しかしさらに一歩進めて、やはり観察によって、つぎのことを明らかにできる。すなわち、ある記憶が意識されるとき、まず現在のより弱い状態があって、わたしたちがこの状態の弱さに気づいてから、これを過去に投げ返そうとするのでは、決してないということ。そもそも、以前に体験された過去だという意識を、わたしたちがすでに持っているのでなかったら、どうして、このきわめて微弱な心理状態を、過去に追いやることができるのだろうか？　むしろ、この微弱な状態と、強度な状態を、現在のより不明瞭な経験と、現在のより明瞭な経験として、並置しておくほうが、はるかに簡単ではないだろうか？　しかしじつは、記憶力のはたらきの本質は、決して、現在から過去に逆行することではなく、反対に、過去から現在に展開することにあるのである。わたしたちが一挙に身を置くのは、過去なのである。わたしたちは《潜在的状態》から出発し、一連の異なった意識面を通って、この潜在的状態を徐々に、現在の知覚のなかに具体化する最終段階まで、すなわち、潜在的状態が現在の活動している状態になる段階まで、要するに、わたしたちの身体が現われている意識の極限の平面まで導くのである。この潜在的状態にあるのが、純粋記憶なのである。

17　どうしてひとはここで、意識の証言を見落としてしまうのであろうか？　どうして記憶を、より弱い知覚としてしまい、なぜ、このより弱い知覚をわたしたちは過去に投げ返すのかもいえないし、どのようにして、このより弱い知覚の日付を見いだすのかも、いかなる理由で、このより弱い知覚が、他ならぬある瞬間に再び現われるのかも、いえなくなるのだろうか？　その原因はつねに、わたしたちの現在の精神状態が、実用に向けられていることを、忘れているところにあるのである。ひとは知覚を、行動的利害とは関係のない精神のはたらき、ただ静観するだけのものだとしている。したがって、純粋記憶のほうは、明らかに、なにかこの種のものでしかありえないから（というのは、純粋記憶は、目前の差し迫った現実に対応してはいないから）、記憶と知覚は、どちらも同じ本性をもつ状態ということになり、もはや両者の間に、強度の違いしか見いだせなくなるのである。しかしじつは、わたしたちの現在は、より強度だということで規定されるべきではない。わたしたちの現在は、わたしたちにはたらきかけ、わたしたちを行動に向かわせるもの、感覚的であると同時に、運動的なのである。——わたしたちの現在とは、なによりもまず、わたしたちの身体の状態である。これに対して、わたしたちの過去は、もはやはたらいてはいない。しかしこれははたらきうるもの、現在の感覚に入り込んで、現在の感覚の活力を借りてはたらくものとなるのである。もっとも、記憶がこうして顕在化して現に活動的になるとき、この記憶は記憶であることをやめて、再び知覚の状態になっているのである。

18 ここからして、記憶が、脳の状態から生じることはできないとした理由が理解できるであろう。脳の状態が、記憶を受け継いでいるのである。脳の状態は、記憶に物質面を提供することで、記憶に現在に対する支配の足場を与える。しかし、純粋記憶は、精神の表われなのである。記憶力にかかわることで、わたしたちはまさしく、精神の領域にいるのである。

19 Ⅷ ——わたしたちは、この領域に深入りする必要はなかった。精神と物質の合流点に身を置いて、両者が互いに他方に流入するところを、なによりも見極めたかったのであるから、知性の自発的な活動のうち、身体機構と知性の合流点だけを取り上げなければならなかった。こうしてわたしたちは、観念連合（連想）の現象と、もっとも単純な一般観念の誕生に立ち会うことができたわけである。

20　連合心理学の、重大な誤りはなにか？　それは、すべての記憶を、同一平面上に置いたこと、これらの記憶と、現在の身体の状態すなわち行動とを隔てる、大小さまざまな距離を見落としたことである。これゆえ連合心理学は、記憶がどのように、これを想起させる知覚と結びつくのかも、連想がなぜ、類似または隣接によって行なわれて、まったく別の仕方では行なわれないのかも、また最後に、類似または隣接によって、現在の知覚と同じように結びつきうる無数の記憶のなかで、いかなる気まぐれによって、この特定の記憶が選び出されるのかも、説明できなかったのである。つまり連合心理学は、異なった意識面のすべてを、混ぜ合わせてひとつにしてしまったので、完全さに劣る記憶には、ただ複雑さに劣る記憶しか見ようとしなかったのである。ところが実際には、この完全さに劣る記憶とは、夢想されることからより遠い記憶、すなわち、行動により近く、それゆえより平凡で、現在の新しい状況にも——ちょうど既製服のように——自分を合わせやすくなっている記憶なのである。それに連合心理学に反対するひとびとも、ここまでは連合心理学と同じ考え方をしている。

彼らは、連合心理学が、精神の高度なはたらきを、もろもろの連想で説明するといって非難するが、しかし、連想そのものの真の本性を見落としている点は、非難しない。しかし、連合心理学の根本的欠陥は、まさにここにあるのである。

21　これに対してわたしたちは、行動の平面――わたしたちの身体が、その過去を運動習慣として身につけている平面――と、わたしたちの精神が、過ぎ去った人生の絵を、その細部もすべて保存している純粋記憶力の平面との間に、無数の異なった意識面、すなわち、そのそれぞれが体験された経験全体を残らず含むが、しかしそれぞれ様相の異なる、無数の再生面が認められると考えた。ある記憶を、より個人的な細部で補うとは、決して、この記憶にもろもろの記憶を機械的に並べて行くことではなく、より広大な意識面に身を移すことであり、行動から遠ざかって、夢想の方向に向かうことなのである。同様に、ある記憶の日付を思い出すことも、この記憶を他のもろもろの記憶のなかに機械的にはさみ込むことではなく、記憶力全体をしだいに膨張させることによって、十分な大きさの円を描き出し、そこにこの過去の細部が浮き出てくるようにすることなのである。これらの意識面はしかし、既成の「物」として、相互に重なり合って与えられているのではない。むしろこれらの意識面は潜在的に、すなわち、精神的な事柄に固有のあり方で存在する。知性は、これらの意識面を隔てる区間にそって絶えず移動し、これらの意識面を見いだす、というよりむしろ、これらの意識面を絶えず新たに生み出す。知性の活動とは、このような運動そのものなのである。ここからして、なぜ連想の法則が、類似と隣接であって、他の法則ではないのかということ、そしてまた、なぜ記憶力は、もろもろの類似した記憶あるいは隣接した記憶のなかから、他のイマージュではなくある特定のイマージュを選び出すのかということ、そして最後に、身体と精神の共同作業によって、基本的な一般観念がどのように形成されるのかということが理解できる。生物の関心事は、目前の状況のなかに、以前の状況と類似しているものをとらえ、ついでこの過去の類似状況に先行して生じたこと、とくに後続して生じたことを結びつけて、みずからの過去の経験を有効に利用することである。したがって、考えうるあらゆる連想のなかで、ただ類似による連想と隣接による連想だけが、なによりもまず生活に不可欠の有用さをもつのである。しかしながら、これらの連想のしくみや、とくに、もろもろの記憶のなかでの、これらの連想による一見気まぐれな選択を理解するためには、わたしたちが行動の平面と夢想の平面と呼んだ二つの極限の平面上に、交互に身を置いてみなければならない。行動の平面では、もろもろの運動習慣しか現われない。これらは思い浮かべられる連想というより、演じられ、体験される連合であるといえる。ここでは、類似と隣接は、いっしょに溶け合っている。というのは、外界の同じような状況がくり返されて、すでにわたしたちの身体のいくつかの運動を相互に結びつけており、したがって、隣接したこれらの運動を展開する同じ自動的反応が、これらの運動を引き起こす状況から、以前のもろもろの状況との類似も引き出しているからである。しかし、運動からイマージュに移行し、こうしてより貧しいイマージュからより豊かなイマージュに移行するにつれて、類似と隣接は、分離してくる。類似と隣接は、他方の極限の平面上では、ついに対立し、ここではいかなる行動も、もはやイマージュとは結びつかなくなる。したがって、多くの類似のなかからある類似を選び、他のもろもろの隣接のなかからある隣接を選ぶことは、でたらめに行なわれているのではない。この選択は、記憶力の緊張度の絶えず変化する度合いに左右されるのであって、この記憶力が現在の行動にさらに入り込もうとするか、あるいは、現在の行動からさらに離れようとするかに応じて、ある調子または他の調子へと、記憶力の活動全体が移動するのである。そしてまた、二つの極限の間の記憶力のこの二重の運動が、すでに示したように、基本的な一般観念を浮き出させるのである。すなわち、運動習慣は、類似のもろもろのイマージュに、くり返しさかのぼって、それらのイマージュから類似点を引き出し、類似のもろもろのイマージュも、くり返し運動習慣に降りてきて、たとえば、それら類似のイマージュを結びつける単語の自動的発音において融合する。したがって、一般観念が誕生するのは、すでに精神のある種の活動において、すなわち、行動と記憶心像の間の運動においてなのである。これゆえにまた、すでに述べたように、ある哲学にとっては、一般観念を、二つの極限のどちらか一方に位置づけて、この観念を言葉に結晶させることも、あるいはもろもろの記憶に分散させることも、つねに容易なことなのである。しかしじつは、一般観念の本質は、一方の極から他方の極に行く、精神の動きにあるのである。

22 Ⅸ　――わたしたちは精神の基本的活動をこのように考え、こんどはわたしたちの身体を、この身体を取り巻くすべてのものとともに、わたしたちの記憶力の最新・最終平面、極限のイマージュ、わたしたちの過去が絶えず未来へと突き進める動く先端だとすることで、身体の役割について述べておいたことを確認し、明確にすると同時に、身体と精神が互いに接近する道を準備したのであった。

23 実際、純粋知覚と、純粋記憶力を、交互に検討したら、両者を互いに接近させることがわたしたちには残されていた。純粋記憶が、すでに精神であり、それにまた純粋知覚が、物質のなにものかであるとすれば、純粋知覚と純粋記憶の合流点に身を置くことによって、わたしたちは精神と物質の相互作用に、なんらかの光を投じうるはずである。実際には、《純粋》知覚、すなわち、瞬間的な知覚は、たんなる理想であり、一方の極限にすぎない。すべての知覚は、ある程度の持続の厚みを占め、過去を現在に受け継いでおり、したがってここには記憶力が介入している。そこで、この具体的なかたちにおける知覚を、純粋記憶と純粋知覚の総合、すなわち、精神と物質の総合としてとらえることで、わたしたちは心物・心身結合の問題を、そのもっとも狭い極限に狭めていったのである。この問題解明の試みが、本書のとくに最後の部分である。

24 二元論一般における、二つの原理（精神と物質）の対立は、結局つぎの三重の対立に帰着する。すなわち、非延長と延長の対立、質と量の対立、自由と必然の対立。身体の役割についてのわたしたちの考え方や、純粋知覚と純粋記憶についてのわたしたちの分析が、身体と精神の相関関係を、なんらかの面で解明するはずだとすれば、それはただ、この三つの対立を除去するか、軽減する場合にのみ可能であろう。そこで、この三つの対立を順に検討し、わたしたちがただ心理学のみから得ようとした結論を、ここではより形而上学的なかたちで示すことにしよう。

25 1^0 たとえば、一方に、実際にもろもろの微粒子に分割されている延長を置き、他方に、それ自身非延長の諸感覚をもつ意識を置いて、この非延長の諸感覚が空間に投影されると想定するならば、明らかに、この物質とこの意識の間に、身体と精神の間に、共通のものはなにも見いだせないであろう。しかし、知覚と物質のこの対立は、分解し、再構成することを習性あるいは原則としているある種の知性（理知）の人為的産物であって、直接的直観（直知）に与えられているものではない。直接与えられているもの、それは広がりのない諸感覚ではない。広がりのない諸感覚が、どのように空間に到達し、この空間で場所を選び、ついには相互に調整されて、すべてのひとに共通の経験を構成するのであろうか？　現実にあるもの、それはまた、独立の諸部分に分割された延長でもない。そもそもこのような延長は、わたしたちの意識といかなる関係も持ちえないのに、それがどうして、この延長は一連の運動変化を展開し、この運動変化の順序や諸関係が、わたしたちの知覚像の順序や諸関係と、厳密に対応することになるのだろうか？　与えられているもの、現実にあるもの、それは、分割された延長と、純粋な非延長との、中間的ななにものかである。わたしたちが広がりのあるもの（*extensif*）と呼んだのは、これである。広がりは、知覚の、もっとも明白な性質である。わたしたちは行動の必要のために、この広がりの下に張りめぐらせた抽象空間を使って、この広がりを固定し、細分することから、わたしたちは限りなく多くの部分に分けることのできる延長を作り出すのである。反対に、この広がりを精製して、つまりこの広がりをつぎつぎに解体して感情的諸感覚にしたり、この広がりを蒸発させてにせものの純粋観念にしたりして、わたしたちは非延長の諸感覚を手に入れ、つぎにこの非延長の諸感覚で、もろもろのイマージュを再構成しようと、空しい試みをする。それにまた、わたしたちがこの二重の作業を続けて行く二つの相反する方向は、わたしたちにごく自然に開かれている。というのは、行動の必要そのものからの結果として、空間的広がりは、わたしたちにとってまったく独立の対象物に切り分けられるし（ここから、空間的広がりをさらに細分化する方向が生まれる)、また感情から、それと気づかずに、知覚に移行するからである(ここから、しだいに広がりのない知覚を考える傾向が生まれる)。しかし、わたしたちの知性は、論理的な区別をし、したがって明確な対立を打ち立てることをまさに役割としているから、この二つの道を交互に突き進み、それぞれの道を極端な点まで行ってしまう。知性はこうして、この両極の一方に、際限なく分割可能な延長を設定し、他方に、まったく広がりをもたない諸感覚を設定する。こうして知性は、対立を作り出しては、あとでみずからこの対立と悪戦苦闘してみせることになる。

26 2^0 質と量の対立、すなわち、意識と運動の対立は、第一の対立ほど人為的なものではない。しかしこの第二の対立は、はじめから第一の対立を受け入れる場合には、熾烈《しれつ》になる。実際、事物の諸性質を、広がりのない諸感覚として意識に置き、こうしてこれらの性質はただ、空間で行なわれている計算可能な等質的運動変化を、それぞれ象徴として表わしているにすぎないとすると、これらの感覚と運動変化の間に、不可解な対応を想定しなければならないであろう。これに対して、これらの感覚と運動変化の間に、このような作り物の対立をア・プリオリに置くことをやめるなら、感覚と運動変化を隔てていると思われた柵は、ひとつひとつ、すべて、崩れ落ちることがわかるであろう。まず、意識が、自分自身をふり返って、自分自身の内部で展開される広がりのない知覚を見ているというのは、正しくない。したがって純粋知覚を、知覚されている諸事物そのものに、戻さなければならない。こうして、第一の障害は排除される。たしかに、第二の障害が待ち受けている。科学が取り扱う等質で計算可能な運動変化は、たとえば原子のような多くの独立の要素に属しており、運動変化は、これらの要素にたまたま付加するにすぎないようにみえる。こうして多数の要素が、知覚と知覚対象の間に、割り込んでくるであろう。しかし、物質の広がりの分割は、ただたんに、この広がりにはたらきかけるわたしたちの行動だけに関係するとすれば、独立の微粒子という考えは、なおさら図式的・仮設的なものなのである。それに科学自身も、この考えは退けるべきだと認めている。こうして、第二の柵も崩れ落ちた。越えなければならない最後の隔たり、それは、さまざまな性質の異質性と、物質空間の諸運動の見かけ上の等質性との隔たりである。しかし、わたしたちはまさに、これらの運動の座としての原子その他の諸要素を排除したのであるから、ここでの問題はもはや、動体にたまたま付加しているものとしての運動、力学が研究対象としている運動、要するに、具体的なもろもろの運動の共通の尺度にすぎない抽象的運動ではありえない。座標原点を変えれば不動となるような抽象的運動が、どうして、現実の運動変化、すなわち実感される運動変化の根拠となれるのだろうか？　一連の瞬間的な位置で構成される抽象的運動が、どうして、諸部分が互いに連続して受け継がれて行く持続を満たせるのだろうか？　したがって、考えられる仮説として残るはただひとつ、それは、具体的運動は、意識のように、その過去を現在のうちに受け継ぐことができ、また、みずから反復運動することで、感覚的諸性質を生み出すことができるのであるから、これはすでに意識をもつあるものであり、すでに感覚をもつあるものだということである。具体的運動は、非常に多くの瞬間に分配されて希薄になっているこの同じ感覚であり、すでに述べたように、この感覚の繭の内部で振動している同じ感覚なのである。したがって、最後に明らかにすべきは、つぎの点である。すなわち、もはや等質的運動から、これとは別の異なった性質へではなく、異質性のより希薄な運動変化から、より異質的な運動変化への濃縮が、どのように行なわれるのか？　ところでこの問いには、具体的知覚についての、わたしたちの分析が答えている。この具体的知覚は、純粋知覚と純粋記憶力の生きた総合であるから、その外見上の単純さのなかに、莫大な数の瞬間をかならず濃縮していることになるのである。したがって、わたしたちの知覚像において見られる感覚的諸性質と、計算可能な運動変化として扱われる同じ諸性質の間には、たんに持続のリズムの違い、内的緊張度の違いしかない。こうしてわたしたちは、緊張度を考慮することで、質と量の対立を、除去しようと試みたわけである。ちょうど、広がりを考慮することで、非延長と延長の対立を、除去しようと試みたように。広がりも緊張度も、さまざまではあるが、しかしつねにそれぞれ特定の度合いがある。知性のはたらきとは、この広がりと緊張度という二つの様式から、両者の空虚な入れ物、すなわち、等質空間と純粋な量を切り離すことであり、これによってさまざまな度合いをもつしなやかな実在を、行動上の欲求から生まれ、取るか捨てるかしかできない硬直した抽象観念に置き換え、こうしてどちらも事物には受け入れられないこの二者の選択を、反省的思考に課すことなのである。

27　3⁰　ところで、延長と非延長の関係、質と量の関係を、このように見てくると、第三の最後の対立、すなわち、自由と必然の対立を理解することは、それほど困難ではないであろう。絶対的な必然性は、つぎつぎに生じる持続の諸瞬間が、互いに完全に対等（同じ資格身分）だということで示される。物質宇宙の持続は、このようなものであろうか？　物質宇宙の持続の諸瞬間は、いずれも、先立つ瞬間から数学的に導き出せるであろうか？　本書全体を通じてわたしたちは、研究の便宜上、まさにそのとおりだと仮定してきた。そして実際、わたしたちの持続のリズムと、諸事物の流れのリズムとの違いは、非常に大きいから、最近のある哲学が深く研究している自然の流れの偶然性も、わたしたちにとっては、実質上必然に等しいにちがいない。したがって、わたしたちの仮定はそのまま保持することにするが、それでもこれは和らげられるはずである。しかしこの仮定を保持する場合でも、自由は、自然界のなかに、あたかも帝国内にある帝国のように、独立に存在するのではないであろう。すでに述べたように、この自然界は、中和され、したがって隠れた状態にある意識、隠れた諸現象が、互いに牽制し合い、姿を現わそうとする、ちょうどその瞬間に打ち消し合うような意識だと考えることができる。したがって、個別的意識が、自然界に最初に投じる微光は、予想外の光で、これを照らすわけではない。個々の意識はただ、じゃまを排除し、現実世界全体から、隠れた一部分を分離しただけ、要するに、自分に利害のあるものを選び、これを浮き出させただけなのである。そして、この知的な分離作用によって、個別的意識は、みずからの分離のパタンを、精神から得ていることをたしかに示しているが、その素材は、自然界から取り出しているのである。他方、この意識の誕生がみられるのと同時に、自発的で予想外の運動をする、もっとも単純な形態の生命体の発生がみられる。生物の進化とは、もろもろの機能の分化であり、この分化によって、まず、刺激を受け入れて、行動を組織できる神経系が形成され、ついでこれが、徐々に複雑化する。上位中枢が発達すればするほど、同じひとつの刺激が、行動力に選択を呼びかける運動路の数は、ますます多くなる。実際、空間において、自由に運動できる範囲がますます拡大して行くこと、これは、一般によく知られている。見落とされていること、それは、これに伴って同時に高まって行く、時間における意識の緊張度である。この意識は、たんに、すでに過去となったもろもろの経験を記憶する能力によって、過去をますますよく保持して、これを現在と組織化し、より豊かで、より新しい決断をするというだけではない。この意識はさらに、より密度の濃い活動に生き、直接的経験を記憶する能力によって、外界のますます多くの瞬間を、自己の現在の持続のなかに凝縮させて行くことで、もろもろの行為をよりいっそう創造できるようになる。というのは、このような行為の内面の非決定は、わたしたちが欲するだけ多くの物質の瞬間に分散されるはずだから、それだけ容易に、必然の網の目を通過するからである。このように、時間において考察しても、空間において考察しても、自由はつねに、必然のうちに深い根を下ろし、必然と親密に交じり合っているようにみえる。精神は、自分の養分を引き出す知覚を物質から借りて、この知覚（発生状態の行動）にみずからの自由を刻印した運動のかたちで、物質に返しているのである。

序文（第一版）

1　わたしたちの研究の出発点は、本書の第Ⅲ章に見られる分析であった。わたしたちがこの章で、記憶という明確な例に基づいて示していることは、精神の同一の現象が、夢想と行動の間のあらゆる中間段階を示す、無数の異なった意識面に、同時にかかわっているということである。身体が介入するのは、これら意識面の最終の平面において、それもただ最終の平面においてのみである。

2　しかしながら、精神生活における身体の役割を、このようにとらえることは、一方では科学的に、他方では形而上学的に、きわめて多くの困難を引き起こすように思われた。そこでこれらの困難を分析することから、本書の残りの部分が生まれたのである。

3　実際、一方でわたしたちは、記憶力にただ脳のはたらきしか見ない学説を批判しなければならなかったし、またそのために、大脳に位置づけられている、ある種のきわめて特殊な諸事実を、可能なかぎり詳細に解き明かさなければならなかった。これが、部分的には、本書の第Ⅱ章の目的である。しかし他方、わたしたちは精神活動と、その物質面での展開の間に、これほど明確な区別を打ち立てているのであるから、あらゆる二元論が引き起こすさまざまな種類の反論と、かつてない激しさで直面しなければならなかった。したがってどうしてもわたしたちは、身体のとらえ方の徹底的な検討を試み、物質についての実在論的学説と観念論的学説を突き合わせて、この二つの学説に共通の暗黙の前提を引き出し、結局すべての暗黙の前提を取り除いたなら、身体と精神の区別をいっそう明瞭に認めると同時に、両者の結合のしくみにいっそう深く潜入できないかどうかを、探究しなければならなくなった。こうして徐々にわたしたちは、形而上学のもっとも一般的な問題に導かれて行ったのである。

4　ところで、これらの形而上学的困難を突き抜けて行くための導きの糸となったのは、これらの困難の真っただ中にわたしたちを導き入れたのと同じ心理学なのであった。実際、わたしたちの知性が、どうしても自分が考え出したものを実体化して、みずからの夢想を実演する抗しがたい傾向があるとすると、行動においてこうして染みついた習性が、純粋認識にまで遡及して、わたしたちが精神について、身体について、および両者相互の影響についてもっている直接的認識を、まさにその源泉において狂わせることになる、と推測できるであろう。したがって、多くの形而上学的困難は、おそらく、わたしたちが純粋認識と、実践を、混同することから生まれる、あるいは、わたしたちはある考えを有用さの方向に押し進めているのに、この考えを理論的に深めていると思い込むことから生まれる、要するに、行動のための表現形式を、わたしたちが思索することに用いるところから生まれる、ということになるであろう。それゆえ、行動と認識を注意深く区別することによって、多くの不明瞭な点が晴れて、いくつかの問題は解明されるか、あるいはもはや、それらの問題を提出する必要もなくなることがみられるであろう。

5 わたしたちは以前、この方法を意識の問題に適用したが、そこでは、精神生活を、これをすっかり覆っている実用的に有用な記号から解放して、これを本来の移ろいやすい姿のままとらえようとしたのであった。ここでは、この同じ方法を再び用いて、これを拡張し、今回はもはやたんに精神の内面のみではなく、精神と物質の接触点に身を置くことにしたいと思う。このように規定される哲学は、たんに直観に与えられているものに、意識的・反省的に帰っているにすぎない。この哲学は、諸事実の分析と、もろもろの学説の対比を経て、わたしたちを常識の結論に連れ戻すはずである。

解　説

自由な行為における記憶力と身体の関係について

ただ生きるのではなく、よく生きることを、なによりも大切にしなければならない。

οὐ τὸ ζῆν περὶ πλείστου ποιητέον ἀλλὰ τὸ εὖ ζῆν. ΚΡΙΤΩΝ(48B)

第一部　記憶は脳のなかにある?

記憶は、過去そのものではないが、過去の痕跡のようなものであって、一般にこの過去の痕跡は、大脳皮質の細胞内に残存していると考えられている。しかしこの考え方は、記憶の残存ということは説明するようだけれども、想起をどのように考えたらよいか、はっきりしない点がある。記憶が想い起こされるためには、脳細胞に蓄積されているとされる記憶を呼び覚ますはたらきが、また別になければならなくなるからである。しかし、このような記憶を意識化するはたらきも、大脳のなんらかの活動に伴って生じるか、あるいは、意識現象と脳髄の生理的現象とは、厳密に平行して対応しているのであって、いずれにしても意識は、脳のなかで起こっていること以上には何も告げない、意識はそれをただ別の言葉で表わすだけであるとも考えられる。

しかし、先入観をもたないで事実をみた場合、意識と脳のあいだに、ほんとうにこのような平行関係が認められるのかどうか。科学的ということを、もし「観察されていること、あるいは観察しうること、証明されていること、あるいは証明しうること」を指すとするならば、心と脳の等価関係というのは、この意味の科学的事実なのであろうか。

たしかに、意識あるいは心が、身体的、物質的なものにかかわっており、とくに脳と深い関係があるということは、疑問の余地がないであろう。アルコールや大麻が、覚醒剤や大脳皮質の電気刺激が、ある精神状態を引き起こすということは、事実として否定できないことである。しかし、心と脳のあいだには、ある関係がある、ということだけからは、意識は脳の副現象であるとか、心と脳のあいだには一対一の対応があるということにはならないであろう。関係があるということなら、「上着と、それが掛けられている釘にも、関係はある」

からである。この、いわゆる心身平行論は、ベルクソンが《心と身体》で詳しく跡付けているように、実証的事実に基づいた主張ではなく、むしろある種の哲学、デカルトの二元論のうちに萌芽として含まれ、スピノザ、ライプニッツによって体系づけられた哲学説に由来するものと見るべきであろう。デカルトの後継者によって固められたこの心身平行仮説は、いわゆる哲学的思索によって導かれたものであって、この平行仮説が、臨床脳病理学（Clinical Neuropsychology）というような学問に裏づけられたものでないことは明らかである。そのような科学は、まだほとんど始まってはいなかったからである。

精神のもろもろの機能とならんで、言葉の機能が、大脳の特定部位の活動によるという思想をつよく打ち出したのは、よく知られている解剖学者フランツ・ヨゼフ・ガルであるが、この思想に解剖学的な根拠を提示して、脳局在説の画期的な出発点となったのは、ブローカの報告（一八六一年）であろう。彼の報告例は、二例とも談話喪失（la perte de la parole）の状態であって、いわゆる運動失語の定型的なものである。彼はこれを、「患者は構音の仕方を知らないから答えられない」のであり、「語を構音するのに必要な操作の記憶を失っている」と規定し、解剖の結果、構音言語（langage articulé）の中枢を、左第3前頭回（F_3）脚部（後方部）に指定した。

その後、ブローカの報告例とは別のタイプの失語症（知覚失語＊）がウェルニッケによって報告される（一八七四年）。彼の患者は、音声は聞こえるのに、言葉を聞いてもそれを理解できず、また意味の通らない言葉を話し、読み書きを誤るなど、さまざまな症状を示していた。ウェルニッケは、「言葉を理解できない」ことを核心の症状とみなし、解剖によって、その病巣を左第1側頭回（T_1）後方三分の一の部分に指定した。彼は、この中枢は聴覚言語記憶の座であり、同部位の破壊が「知覚失語」を、また、ブローカ中枢は運動言語記憶の座であって、同部位の破壊が「運動失語」を、さらに、両中枢の伝導路の遮断によって、発話の際、聴覚言語記憶による無意識的な修正ができなくなるため、錯語（言い間違い）が生じるとした（第一図）。

＊わたしたちも、基本的には、脳科学者のいわれるように、「外界の情報を受け取る過程は感覚」、「受け取った情報の意味を判断する作用は知覚」とみる。したがって、語音は聞こえていても、その意味が理解できない失語症には、一般的な「感覚失語」ではなく、「知覚失語」のほうを使うことにした（伊藤正男『脳の設計図』中央公論社）。

リヒトハイムは一八八五年、ウェルニッケのこの中枢と伝導路の見方をおしすすめて、失語症の臨床型を細かく分類する図式を提出する（第二図）。それによると、A＝聴覚言語中枢（聴覚言語記憶が局在するウェルニッケ領域の大脳皮質）、M＝運動言語中枢（ブローカ領域の大脳皮質）、およびB＝観念中枢（大脳皮質に広がる仮説的な中枢）を想定すると、

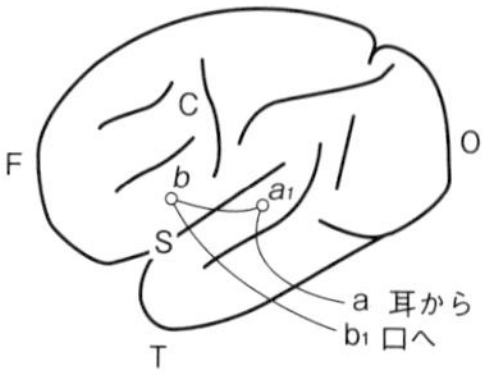

第一図

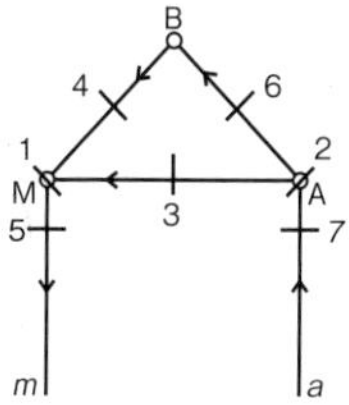

第二図

言語了解（言葉を聞いて理解する過程）はa↓A↓B、言語表出（自発的な発話）はB↓M↓m、復唱はa↓A↓M↓mの経路を通って実現されることになる。このように図示された中枢と経路の、どこに損傷があるかによって、失語症には七つの型があることになる。この七つの型を、ここで想定されている話し言葉の了解と表出の経路にそって見て行くと、7、2、6は了解障害（知覚失語あるいは言語聾）、4、1、5は表出障害（運動失語）、3は復唱障害（伝導失語）となる。それを後にウェルニッケが与えた名称とともに記すと、

第7型（皮質下性知覚失語 subcorticale sensorische Aphasie）：聴覚印象も聴覚記憶も意識され、自発語は保たれるが、了解と復唱ができない。

第2型（皮質性知覚失語 corticale sens. Aph.）：聴覚印象は意識され、自発語は保たれるが、A（聴覚言語中枢）の損傷により、聴覚言語記憶が想起されず、したがって了解できないし、復唱も阻害される。

第6型（皮質相互性*知覚失語 transcorticale sens. Aph.）：自発語は可能である。語音は正しく把握されるので復唱は正しいが，ＡＢ間の遮断により，語義の了解がわるい。

*観念中枢の場所は「限局した部位をさすのでなく，広汎な脳皮質の各部位が想定されていて」，transcortical とは「皮質相互間 intercortical と同義（井村恒郎『精神医学研究』みすず書房）」であるので，「超皮質性」という用語はここでは使わない。

第4型（皮質相互性運動失語 transcorticale motorische Aph.）：ＢＭ間の遮断により，自発語は阻害されるが，語義の了解はよく，復唱は保たれる。

第1型（皮質性運動失語 corticale mot. Aph.）：Ｍ（運動言語中枢）の損傷によって，自発語と復唱ができなくなるが，了解は可能である。

第5型（皮質下性運動失語 subcorticale mot. Aph.）：語義の了解は保持されるが，自発語と復唱が阻害される。

第3型（伝導失語 Leitungsaphasie）：ＡＭ間の伝導路の遮断により，復唱の障害を主症状とするが，自発語にも錯語が生じる。語義の了解はよい。

このリヒトハイムの失語図式は，シャルコの「鐘（cloche）の図式」（一八八三年）とならんで，古典局在論における代表的なものであり，解剖学的根拠は薄弱であったとはいえ，初期にはその予言が的中したかのように，この図式によってさまざまな失語症の型が記述されることになる。このように、連合心理学的な見方を大脳に投影することで、大脳皮質に種々の言語記憶の中枢とその連合路を想定し、それらの破壊される場所によって失語症の型が異なるという考え方は、ウェルニッケ以後の局在論の定石といえるであろう。後年、離断症候群で知られるゲシュヴィントも、「ウェルニッケ領野の損傷が、記憶貯蔵の喪失—まさに古典的に考えられていたとおりの——とみなしうる（『高次脳機能の基礎』新曜社）」としている。

しかしながら、実例の観察が重ねられて行くにつれて、リヒトハイムの図式にもしだいに疑いがもたれるようになる。「ブローカの場所がやられて言葉をいえない時には、言葉はまったくいえないのではなく、少しの言葉は残っていて、何かいおうとするときにはその残った言葉がとび出してくることが多いが、さらにある場合にはいえても、他の場合にはいえないことがある。タバコといえないのに、その人がタバコが好きで、ああ吸いたいなと思うとタバコをください、ととっさにいってしまう。『いいえ』といってみようというと、いえなくて困ったあげく、『いいえ、いえません』ととっさにいう（西丸四方『脳と心』創元社）」。このような症例で損傷部位に疑問がないとすると、ブローカ中枢に運動言語記憶が蓄えられているとはいえないことになる。もし蓄えられた記憶が破壊されたのであるならば、ある場合にはいえず他の場合にはいえる、ということはないはずである。

さらに、進行性失語症（いわゆる健忘失語）において、固有名詞→普通名詞→形容詞→副詞→動詞という順序で、「あたかも病気が文法を知っているかのように」消えて行くという観察事実（リボー・井村恒郎・他）は、リヒトハイム理論にかぎらず、およそ記憶が脳髄の特定部位に蓄積されていると考える局在論の立場では、説明できないことではないだろうか。脳局在論の立場では、消失する順序に言語記憶の層があって、病巣はこれらの層をつぎつぎに侵食して行くとせざるをえないのに、実際に病巣が発生する場所や、進行する方向は、一定ではないからである。

こうして、リヒトハイムの図式のうちに適当な位置をもたない失語症がしだいに知られ、さらに、錯語、言語理解の障害、文字についての障害などの共通症状を多く伴うことから、基本類型である皮質性の運動失語と知覚失語とを峻別することにも疑念がもたれるにおよんで、脳局在論は懐疑的に複雑化して行くことになる*。

*大橋博司「『失語図式』の再検討」（失語症研究：v. 1, 1981）には、当時から試みられた三十二の失語図式が掲げられている。リヒトハイムからも二つ引用されているが、このリヒトハイムの論文にはさらに六図（計八図）掲載されている。ということは、さまざまな心理障害が複合しているということであるから、わたしたちがこれをあまり単純化してとらえることは危険であろう。ただ、ウェルニッケ以後の多くの図式の根底に、原子論《アトミズム》とも呼ばれる連合心理学の観点があって、この観点（固形の論理）から自分自身を解放することは、わたしたちにはたいへん困難だということを、つねに忘れてはならないと思

う（丘浅次郎「境界なき差別」参照。『丘浅次郎集』筑摩書房）。シャルコの「鐘の図式」は岩波講座『精神の科学4』概説、クスマウルの図式は『神経心理学の源流—失語編—』（創造出版）でも紹介されている。

ところで、これらの《図式作りたち diagram makers》（ヘンリ・ヘッド）のまったく予期しない急激な変革をくわだてたのは、《偶像破壊者 Iconoclast》ピエル・マリである。彼の「左第3前頭回は言語機能にいかなる特別の役割もしていない（La troisième circonvolution frontale gauche ne joue aucun rôle spécial dans la fonction du langage.）一九〇六年」という、はなはだ挑戦的な表題の第一論文は、多数の自験例の周到な検討に基づいて、ブローカ失語を批判の対象にし、その病巣が、いわゆるブローカ領域に限局していない点を強調した。またその病像は、失語症ではなく、「ウェルニッケ失語＋構語障害（anarthrie）」にほかならないとみる。「失語症はただひとつ、ウェルニッケ失語があるだけ」である。それにウェルニッケ中枢は、聴覚言語心像の中枢ではなく、言語に関係をもつ知能の中枢であって、ウェルニッケ失語の本質は内言語（思考）の障害にある（第二論文）。かならず読み書きや計算にも障害があり、ひいては知能の低下を示すのであるから、失語症はいわゆる痴呆ではないが、言語にかかわる知能の欠陥であるとして、いったんは完成したかにみえた古典局在論を根底から突き崩してしまったのである（『Broca 中枢の謎《エニグマ》』金剛出版）。

他方、このピエル・マリの批判に先立って、古典論の潮流からは孤立していたが、神経学の領域、とくに言語の力動的側面について独創的な観察と思想を発展させていたのは、ジャクソンである。彼は、心理学と解剖学とを混同させてはならないこと、「言語障害を引き起こす病巣を定位すること」と「言語機能そのものを定位すること」とは別であること、意識の状態と神経の状態は、絶対に異質であることを強調した。したがって、この点に関していえば、「言語心像の中枢説に最初の攻撃を加えた名声をになう者」はベルクソンでもピエル・マリでもなく、「彼ジャクソンであろう（大橋博司『臨床脳病理学』医学書院）」。実際、脳のどこを探しても、たくさんの神経細胞と、それを支え養うグリア細胞、それに縦横に走る血管しかないのであるから、直接的な観察を信じるとすれば、これは当然の帰結といえるのかもしれない。ただ、ジャクソンが心身の平行関係を受け入れている点（『神経系の進化と解体』創造出版）は、ベルクソンとはまったく異なるといわなければならない。ジャクソンの思想は、本国イギリスよりもむしろフランスで受け継がれ、リボー、ピエル・ジャネを介して、アンリ・エーのネオ・ジャクソニスムとして開花したことはよく知られているが、後ほど検討するペンフィルドが、ジャクソン崇拝者であることは、彼自身が明言していることである。おそらくジャクソンは、もっとも偉大な神経学者であり、思想家でもあると考えられるのであるが、しかしそのジャクソンに比べると、同じく言語心像の中枢説を徹底的に批判したベルクソンのほうは、同時代人ピエル・ジャネ、あるいはミンコフスキーを別にすれば、難解なためあまり理解されなかったのではないだろうか。日本でも、若き大橋博司先生が、ご自身の研究方向を決定される上で、『物質と記憶力』がきわめて大きな意味をもっていたことは知られているが、神経心理学者がその後、ベルクソンを研究されたことはなかったように思われる。記憶が脳に宿っていることに何の疑問も感じなければ、それと異なった主張をする者に関心が向くはずはないのかもしれない。記憶力の驚嘆すべきはたらきに、わたしたちは一度も驚嘆したことがなかったということであろうか。

ベルクソンは哲学者であるから、心理学者と同じく、出発点は「意識に直接与えられているもの」である。そしてこの自己の意識の世界が、絶えず新たな現在にある物質の世界と、どのように関係をもつにいたるのかという問題を、つねに実証的に検証しようとした。いいかえると、ベルクソンのメタフィジックは、フィジックと一体のものなのである。したがって、内省（自己観察）を極端に排除して、いわゆる客観的事実の観察、記載のみに満足するならばともかく、およそ自分自身を含めた世界の統一的理論を求めるならば、一度はベルクソンと本格的な取り組みをしなければならないと思われる。彼の主著『物質と記憶力』は、たんに記憶力の理論として独創的であるにとどまらず、『パイドン・ティマイオス』以来の最大の難問のひとつであり、またわたしたちの最大の関心事でもある精神と物質の関係の問題を、自己心霊上の問題として根底から扱った比類のないものであって、とくに第Ⅱ章「記憶力と脳」においては、失語・失行・失認などの当時の文献が縦横に引用、批判されたうえ、記憶力と脳の関係について独特の見解が示されている。記憶力は、わたしたちの日常的活動のすべてに必要不可欠なはたらきである。精神のはたらきが、記憶力に尽きるとはいえないかもしれないが、しかし記憶力をまったく欠いた意識、あるいは精神を考えることはできないであろう。「自分の過去をなにも保存しない意識、自分自身を絶えず忘れる意識は、瞬間ごとに無くなってまた生じる意識ということになる」が、これこそまさに「無意識の定義」といわなければならない（『精神的エネルギー』）。したがって、時間の道を歩むわたしたちの意識、あるいは精神を問題にする場合、記憶力を無視して議論することはできないといえるであろう。

そこでわたしたちは、記憶力と脳の関係について、ベルクソンがどのような理論を立てたかを、これから見て行くことにしたいと思う。

第二部　心身関係——ベルクソンの場合——

脳と記憶力の関係を見る前に、ベルクソンが精神と物質の基本的関係を、どのようにとらえていたかを述べておきたい。『物質と記憶力』は、第七版の序文に見られるように、「精神の実在と、物質の実在を認め、両者の関係を、記憶力という特定の例に基づいて明確にしようとする」研究である。この序文で、二元論は「直接的意識によって示唆されるし、常識によっても受け入れられている」とされているが、実際わたしたちの常識は、精神と物質をどのように区別しているのであろうか。

　いまわたしの目の前には、豊かな色彩のある自然の世界が広がっている。したがって常識的には、物質の世界はそれ自身が、感覚的性質をもっているイマージュである。わたしの身体も、この物質の世界に組み込まれているひとつのイマージュである。この物質の世界は、時々刻々新たな現在にある。物質の世界を、過去・現在・未来につなげてとらえているのは、わたしである。しかし外界のイマージュが、いわゆる自然法則に従って、計算できる仕方で作用反作用しているのに対して、わたしの身体は、外界からの影響を、感情的と呼ばれるもろもろの感覚によって、内側からも感じ取っており、反作用の仕方を選んでいるようにみえる。まさにこの点で、わたしたちの常識は、自分自身の身体のイマージュと、外界のイマージュを区別しているといえるであろう。いいかえると、わたしたち各自の身体は、自発的な行動の中心なのである。

　ところで、外界からの作用に対して、反作用の仕方を選ぶためには、自分に利害のあるさまざまな対象を、あらかじめ切り分けていなければならないであろう。わたしたちは自分の身体周辺のイマージュを、さまざまな物体に切り分けている。これらの物体は、もともと輪郭をもっているようにも思われる。しかし少し考えてみると、個々の対象がもつ輪郭は、わたしたちが対象にはたらきかけるために、人為的に対象に付加しているものであることに気づく（「差別は有り、境界は無し」丘浅次郎）。自然の世界に、真の境界線は存在しない。境界線は計測のため、つまりは生活するために、わたしたちが人為的に付加したものなのである。しかしこの人為的に付加したものが、言葉によって固定されると、わたしたちはいたるところに境界線を見つけ出さなければ気がすまないほどになる。日付変更線の上空を通過すると知らされたとき、わたしたちも眼下に存在しない境界線を探そうとしなかったであろうか。物質の世界は、もともとは切れ目のない、いわゆる第二性質の連続的な運動変化である。わたしたちは生活上の必要のために、自分に利害ある対象を切り分けてとらえている。この切り分ける（輪郭をつける）はたらきが、すでに精神を予告する、知覚作用のもっとも目につくはたらきである。このはたらきによってわたしたちは、連続的な自然の世界のなかで、自分の生活に利害ある対象物を切り取って、これを求めたり避けたりできることになる。

　しかし、その時その時の身体の欲求に応じて、対象を求めたり避けたりする状態は、受けた刺激にほぼ機械的に反応するということであって、これは必然的運動ではないにしても、心理生活がおもに感情的なものである動物における自由であろう。より有用な対処のためには、有用さを照らす過去の経験の保存と活用がなければならない。この時々刻々の経験を保存して行動の選択を照らすはたらきが、すなわち記憶力のはたらきであり、過去を絶えず反復する現在に位置する物質とは、根本的に区別される、精神のもっとも基本的なはたらきである。この記憶力のはたらきによってわたしたちは、時間の流れにそってつぎつぎに知覚された状況のイマージュを保存し、この過去のイマージュの全体でもって、目前の知覚に向かって押し寄せ、目前の状況と類似の過去のイマージュと、この過去のイマージュに先立って生じたこと、とくにこれに後続して生じたことを意識化し、これをヒントにして、より有効な方向に自己の行動を導き、真に新しいなにものかをこの世界に生み出している。したがって、精神と物質の基本的関係は、時間の流れにそって図式化するならば、つぎのように表現できるであろう（第三図）。

水平線ＡＢ上には、空間における現在の事物がすべて含まれているとしよう。垂直線ＣＩ上には、時間の流れにそって配列されてきた、わたしたち各自のイマージュの記憶がある。二つの直線の交点Ｉだけが、現在わたしの意識に現われている。わたしの身体周辺の物質の世

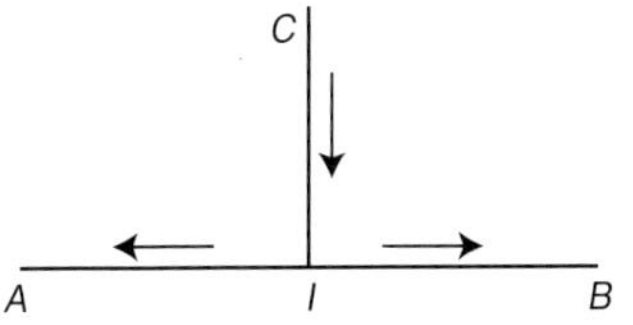

第三図

界ＡＢには、①自然法則で示される厳格な規則性がある。②それにこの厳格な規則性は、原点の選び方にかかわらない（太陽を原点にしても地球を原点にしても計算できる）。そしてこの二点が、外界の物質の世界のイマージュは、わたしたち各自とは独立の実在であることを示している。

以上のような基本的なとらえ方からして、ベルクソンが記憶力と脳の関係について、第Ⅱ章で、経験に基づいて検証しようとする命題は三つある。

Ⅰ　過去は、異なった二つの形態で存続する。1^0　身体の運動機構として。2^0　これとは独立の記憶心像として。

Ⅱ　目前の対象の再認は、それが対象から生じる場合は、身体の運動によって行なわれ、主体から発せられる場合は、記憶心像によって行なわれる。

Ⅲ　時間の流れにそって配列されているもろもろの記憶から、これらが空間内で展開される行動の概略を示す運動変化へと、気づかれないうちに移行する。脳の損傷は、この概略の運動を阻害することはあるが、しかしこれらの記憶を破壊することはできない。

この三つの命題が、経験的事実によって証明されるならば、記憶力と脳の関係は、結論的に明らかだといえるであろう。わたしたちはここで、これらの証明を、できるだけベルクソンにそってたどってみたいと思う。

I　記憶力の二つの形態について

ここでは、わたしたちの過去は、二つのまったく異なった形態で存続することが問題である。その一例として、ある詩文を暗記する場合を考えてみよう。すなわち、ここに一篇の詩があるとしよう。わたしはそれを暗記しようとして、まず各行の詩句を区切って音読し、ついで何回もこれをくり返す。音読のたびに、言葉は互いによく結びついて行き、ついには全体がひとつのまとまったものとして組織化される。この段階で、この詩は暗記されたことになる。一般にはこのとき、この詩は記憶になった、わたしの記憶力に刻印されたといわれる。

こんどは、この詩がどのように習得されたかを想い起こしてみると、思い浮かぶのは、つぎつぎにたどってきたいくつもの段階である。そのおのおのの段階が、そのときの周囲の状況とともに、特有の個性をもってよみがえってくる。いいかえると、音読（lecture）をn回くり返して詩を暗記したとすると、1回目からn回目までの任意のk回目の音読L_kは、そのときの周囲の状況とともに、まさにL_k固有のものとして、L_{k-1}ともL_{k+1}とも異なった色合いを帯びて思い浮かんでくる。これらは、そのそれぞれがわたしの過去の交換不可能な一時期を構成している。ところがこの場合にも、ひとはこのL_kは記憶であり、わたしの記憶力に刻印されているといわれる。

つまり、二つの場合に、同じ記憶という言葉が使われている。しかしこの二つは、はっきり区別されなければならないのではないか。

暗記されたかぎりでの詩の記憶は、同じ努力を反復（répéter）することによって獲得され、全体の動作をまず分解（décomposer）し、ついで再構成（recomposer）する必要がある。この記憶は、最初のきっかけが与えられれば、自動的に作動する閉じた装置に蓄えられており、この自動運動は、いつも同じ順序で展開し、同じ時間を必要とするという、習慣（habitude）がもつすべての特徴をもっている。

これに対して、たとえば2回目の音読の記憶、あるいは3回目の音読の記憶は、習慣の特徴をまったくもってはいない。それぞれの思い出は、一度知覚しただけで記録されており、したがってこれらは、特定の日付と場所をもつものとして、決してくり返されることはない。この記憶は、わたしたちが絵のように思い浮かべることができるイマージュの記憶である。

暗記して身についている詩の記憶は、歩いたり書いたりする他の習慣と同じく、じつは、わたしの現在の一部なのであって、これは思い浮かべるものではなく、行動するものである。詩を暗記するまでに、くり返して音読したという思い出を、もしわたしたちが生き生きと思い浮かべることをしなかったならば、わたしたちは暗記された詩の記憶という一種の習慣は、生まれつき自分に備わっていたと思うにちがいない。したがって、思い浮かべるイマージュの記憶は、この習慣記憶とはまったく別のものであり、逆に、いったん習得され暗記された詩は、練習場面を思い浮かべなくても、これを暗唱することができるのである。

わたしたちの日常生活での経験は、すべてイマージュとして記録されているのであるが、しかし他方、行動に展開しえない知覚はない。わたしたちの日常の生活は、科学以前の原始経験としては、いつも好悪に色どられ、利害によって色分けされたものであることは明らかであろう。もろもろの知覚対象は、認識対象としてあるよりも、むしろわたしたちの交渉相手として、行動との関連において見られていることは、少し反省してみれば、すぐに気づかれる事実だといえるであろう*。目前の対象は、これに対処する行動を誘発しているものであり、これはわたしたちの側に発生状態の行動を組織し、この発生状態の行動が、場合によっては、実際の行動に受け継がれて行く。そしてこの行動が反復されることで、これは堅固な運動機構として身体内に組み込まれる。こうして組織化されたものが習慣であり、これはつねに身体、すなわち、時々刻々新たな現在に座を占め、未来の行動に向かっている。神経組織の役割は、求心神経によって伝えられた刺激を、経験が組み込んだ運動機構に伝えることであり、これによって状況に適した身体的対処、すなわち適応ができることになる。これはきわめて自然な成り行きであって、わたしたちがただ生きることに満足するなら、過去を思い浮かべるというようなことは、まったく無用なことだともいえる。回想するためには、現在の行動から身を引き離して、過去に向かわなければならず、それは生命の実践的な性格を損なう一面があるといわなければならない。

＊行動との関連を断ち切って、事実を事実として認識し、これに主観的な意欲や感情の色どりを加えないという認識態度、客観的あるいは中立的なものの見方という、古代ギリシア人の確立した立場は、今日の科学的認識を成立させる基本条件となっているが、これがギリシア以外の地域には発生しなかった知的遺産として、後世学ばなければ獲得できない特異なものである点については、田中美知太郎「生命と、生命以上のものと」（時実利彦編『生命の尊厳』潮出版社）参照。しかし他方、このいわゆる科学的認識は、客観的・中立的なものの見方に特別の価値をおき、そのためにかえって、もろもろの知覚対象が、行動との関連において、利害得失の観点で見られているという事実を、原始的事実として認めることができなくなっているところに、さまざまな理論的困難の根源があるといえるであろう。実在論と観念論に共通の前提も、知覚を行動のためでなく、純粋認識のためのものとみるところにある。わたしたちの関心事は、この科学以前の全体的経験を前提にして、実証的データの検証を経た科学以後の（meta-physical な）統一的把握が可能かという点にある。

かくて、わたしたちの日々の経験は、イマージュの記憶と、運動機構という、本性上異なる二つの形態で存続する。しかし、心理学者はふつう、この二つを区別しないで、両者の中間の混合状態を、単純不可分の記憶の状態と考えている。ここからして、明らかに運動習慣の座である脳や脊髄や延髄が、同時にイマージュの記憶の貯蔵庫でもあるという考えに、しらずしらずに導かれてしまう。わたしたちはつぎに、この中間の混合状態を検討し、そのそれぞれの状態に、発生状態の行動の部分、すなわち脳に属する部分と、これとは独立のイマージュの記憶に属する部分を、区別して示そうと思う。この中間の混合状態とはなにか？これは一面では運動的であるから、現在の知覚を受け継いでいる。他方、イマージュとしては、過去の知覚を再生している。ところで、現在において過去を取り戻す具体的行為は、再認（*re-connaissance*）である。そこで、この再認（現在の行動のために過去の経験を利用する仕方）に二種あることを示すことができれば、単純不可分の記憶と考えられた状態が、じつは混合状態であることが明らかになるであろう。

Ⅱ　再認の二つの形態について

さて、以上のように、わたしたちの過去は、二つの異なった形態で存続しているとすると、それに応じて再認にも、身体の運動による再認と、イマージュの記憶が介入する再認の二種あるはずであるが、それが経験的事実によって確認されるかということが、ここでは問題である。

ところで、わたしたちはふつう、再認の現象はすべて、イマージュの記憶と知覚が結びついてなされると考えがちであるが、しかし、記憶と知覚の結合といっただけでは、再認の十分な説明にはならない。なぜなら、この考え方によると、記憶を想起できれば再認でき、記憶を想起できなければ再認もできないことになるが、これはいずれも事実に反するからである。すなわち、目を閉じて自分が住んでいる街を描写できるし、想像でそこを散歩することもできる、つまり過去のイマージュを想起できるひとが、実際にその街に来てみると、すべてが新しく感じられて、自分のいる場所もわからなかった症例（ヴィルブラント）があるのである。他方、視覚記憶が消失して、故郷に来ても街の名前も場所もわからないが、見ているものが街であり、家並みであることはわかっていた例（シャルコ）もある。もし精神盲が、完全に字義通り「見えている対象を再認できない」のであれば、このようなことはありえないことである。したがって、視覚記憶を呼び起こすことができても、目前の類似の知覚と結びつけられない場合もあるし、視覚記憶を完全に喪失したようにみえても、再認がすべてできなくなるわけではない。

それでは、再認をどのように考えたらよいだろうか？　すでに述べたように、わたしたちの過去は、運動機構と、これとは独立のイマージュの記憶という、二つの形態で存続する。ここから推定されたことは、再認にも二種あるということであった。すなわち、第一は、身体だけで自動的に行なわれる行動的再認、第二は、過去のイマージュが介入する注意的再認があるはずである。

まず、明瞭な記憶をいっさい介入させないで、身体だけでできる再認があるのではないだろうか。たとえば、ある街をわたしがはじめて歩くときは、わたしは街角に来るごとに、どの道を選ぶべきかに迷い、行動はとぎれて、つぎに取るべき態勢を予告したり、準備したりするものが何もない状態にある。しかし、そこに長いあいだ住んでいると、もはや通りにあるものをはっきり知覚しなくても、機械的に往来できるようになる。知覚しか意識しない状態に始まり、ついには知覚に伴う運動が、知覚を無用にするほど組織化されている状態に終わる。そしてこの後者の知覚が、身体を違和感のない自動運動へと向かわせる点で、最初の知覚と異なり、自動的に呼び起こされるこの運動が、見なれた対象の再認の特徴である親近感を伴っているとすると、再認のいちばん根底には、このような運動レベルの現象があることになるであろう。別の例でいうなら、使いなれた日常の対象物を再認するとは、それを使用できるということであろう。しかし物を使用できるとは、すでにそれを利用する身体的態度をとり始めていることであり、行動的発動（Bewegungsantriebe）をその対象に向けていることでなければならない。つまり物を使用する習慣には、知覚と運動がひとつに組織化されていて、知覚に続いて反射のように生じる身体運動の意識が、この場合にも再認感の基底にあるといえるであろう。したがって、日常生活の場における使いなれた物の再認は、考えられるというよりも、むしろ演じられるといってよいと思われる。

このように、日常生活においては、知覚はただちに適切な対処の行動を引き起こすほど、神経系が組織化されているけれども、しかし多くの場合、ここには別のなにものかが加わっている。それは、時間の流れにそって残存しているわたしたちの過去の精神生活である。この過去のイマージュは、わたしたちが自動的に行動しているときは、現在の感覚と運動の均衡のために抑制されているが、その均衡に裂け目が生じると、そこに滑り込んできて行動に展開する手段を見いだすであろう。そしてここに流入できる過去のイマージュは、目前の知覚対象と類似のイマージュであるにちがいない。

以上のように分析されうるとすると、再認の疾患は二つの型を取って、精神盲に二種類認められるはずである。すなわち、ひとつは、知覚とこれを受け継ぐ習慣的運動との結合が断たれて、知覚がばらばらな行動を呼び起こす場合であり、もうひとつは、過去のイマージュそのものが呼び起こされない場合があるであろう。まず第一の、記憶は呼び起こせるのに、再認できない場合、これが事実、知覚と習慣的運動との連結の遮断であるといえるのかどうか。

しかしながら、方向感覚喪失の症例は、この見解を支持していると思われる。ふつうは盲人になっても道をすぐに覚えるが、しかし精神盲になった患者は、何ヵ月練習しても自分の室内の勝手がわからない。しかし、この室内で身を処する能力とは、知覚印象を有用な身体的反応に調整する能力以外のものではないであろう。またこれらの患者の絵の描き方はきわめて特徴的であって、わたしたちはふつう、モデルを注視し、あるいは思い浮かべてから、連続的な線で描くが、患者は孤立した部分をばらばらに描いて、それらを結びつけることができない。また、アルファベットの文字にかぎって視覚的に再認できない言語盲では、多くの患者は、自発的に書く能力は立派に保っているのに、文字を書き写そうとしても、手本との一致をいつまでも確かめていて、文字をなぞる運動感というべきものをとらえることができない。したがって、これらの症例では、知覚を習慣的行動に受け継ぐ運動が阻害されていると結論できるであろう（過去の明瞭なイマージュを介在させない、第三図の線分ABレベルでの再認の障害）＊。

＊いいかえると、この再認は習慣化された再認であるから、右脳だけでも（過去のイマージュが意識化されなくても）できる再認といえるかもしれない。習慣化された一連の動作は、右脳だけでも、ほとんど無意識に引き起こされるからである。分離脳患者に対する絵を使った試験で、つぎのような例が報告さ

れている。右視野（↓左脳）に「鶏の爪（鉤爪）」、左視野（↓右脳）に「雪景色」を同時にフラッシュして、それぞれ四つの選択肢から絵を選んでもらうと、右手（左脳）は「鶏の頭部・かなづち・トースター・梨」から正しく鶏の絵を選び、左手（右脳）も「草刈り機・ほうき・シャベル・つるはし」から正しくシャベルを選ぶのである。しかし、「なぜ左手はシャベルを選んだのか」という問いに対する答えは、「鉤爪を見たのでニワトリを選びました。それに、ニワトリ小屋の掃除にはシャベルが要ります」というものだった（山鳥重『言葉と脳と心』講談社）。患者の最後の自信のある返答は、ベルクソンのいう理知（entendement）がおちいらざるをえない牽強付会（こじつけ）を示す例であろう。もし意識を1か0（all or nothing）ととらえて、右脳は意識0だと考えるとしたら、これもそのひとつの例といえるであろう。

以上は、第一の身体の運動による自動的・非注意的再認であり、この再認は、知覚を習慣的運動に展開するものであるが、これに対して、第二の注意的再認は、過去のイマージュを対象に投射する精神の労働を含むものであり、この場合には、記憶イマージュが主要な役割を担うことになる。知覚を行動へと展開する代わりに、対象の際立つ特徴を浮き出させるために行動を止めると、現在の知覚と類似の過去のイマージュ、すでに知覚対象によって入るべき枠を与えられた過去のイマージュが、この鋳型に規則的に流れ込んでくるであろう。わたしたちはここで、再認の問題を第三の命題に移して、さらに緻密な分析をたどってみなければならない。

Ⅲ　イマージュの記憶から運動への移行について

ここでは、イマージュの記憶が介入する注意的再認が問題であるが、それを明らかにするにはまず、注意力が、知覚と記憶力にどのように関係しているかを明らかにしなければならない。ところで一般に、注意的知覚とは、まず対象が感覚を引き起こし、つぎにこの感覚が観念を呼び起こし、各観念はますます深い知的内容に訴えかけて行くと考えがちであるが、しかし、たんにそのような一方向的なものでないことは、じつはわたしたちの日常経験からもわかるのである。たとえば、新聞を読む場合を考えてみると、わたしたちは一文字一文字読むのでは決してなく、特徴的な文字をとびとびに拾いながら、その間隙はすべて記憶イマージュを投射して埋めて読んでいることがわかる。校正で誤字・脱字を発見しにくいことも、同じ理由による。したがってここには、外から内に向かうプロセスのほかに、内から外に向かうプロセスがあるのであって、このことは遠心性知覚線維（fibres perceptives centrifuges）の存在によっても裏づけられるにちがいない。注意的知覚はむしろ、閉じた回路に比較されうるのであって、ここでは精神に差し向けられた知覚イマージュと、空間に投射さ

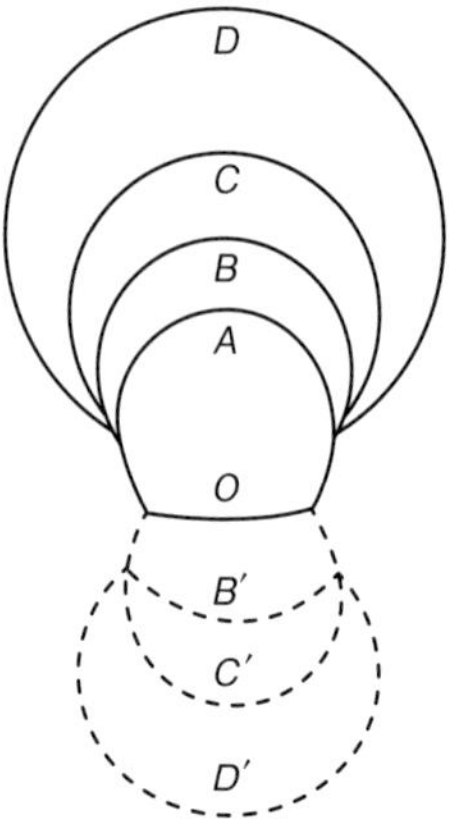

第四図

れた記憶イマージュが、互いに後を追って駆け回っているのである（第四図＝第三図の交点Iを拡大した図）。すなわち、Aは、対象Oのもっとも直接的な知覚で、Oとひとつの環をなしている。この環には、対象Oそのものと、これをすぐ覆いに戻る対象自身の残像のイマージュしかない。このAが対象Oを覆いつくすことができないと、すでに対象によって輪郭を与えられた記憶力は、記憶力のより拡張された反復面B、C、Dへと拡大して展開され、これに応じて対象Oも、潜在的には対象Oとともに与えられている対象のより深い実在面B′、C′、D′を出現させてくる。したがって、注意的知覚とは、いわば知覚イマージュと記憶イマージュ相互間の不断の往復運動であり、記憶イマージュが対象の細部を覆いつくして行く運動なのである。

もし注意的知覚を以上のように解しうるとすれば、再認の疾患に対して、ひとつの統一的な説明が可能になるはずである。すなわち、再認の不能は、1^{0} 外からの刺激に対して、記憶を選択する構えを、身体が自動的に取れないか、2^0 記憶が、運動に展開して行く媒介を、脳内に見いだせないかの、いずれかに起因するはずである。1^0 であれば、受けた刺激を、自動的に発生状態の行動に展開する機構が損傷され、注意力は対象によって固定されない。2^0 であれば、あらかじめ必要な先行感覚を供給して、意志的行動を準備する、大脳皮質の特殊な中枢が犯され、注意力は主体によって決定されない。しかしいずれの場合にも、現在の運動が阻害されるか、来たるべき運動が準備されないかであって、記憶が破壊されるのではないであろう。

ところで、脳病理学は、この予想を裏づけていると思われる。脳病理学の告げるところによると、精神盲、精神聾、言語盲、言語聾のそれぞれに二つの型があり、一方は、視覚記憶あるいは聴覚記憶は呼び起こされるが、この記憶が対応する知覚と合流できないし、他方は、記憶そのものが想起されない。しかし、これらがほんとうに、一方は自動的注意力の感覚-運動機構の損傷、他方は意図的注意力の想起機構の損傷に起因するといっていいのかどうか。わたしたちはこれを、聴覚の印象、とくに話し言葉の聞き取りに限って検証したいのであるが、とくにこの例を選ぶ理由は三つある。すなわちひとつは、「話しを聞く」ということが、音声を区別し、意味を見いだし、その解釈を多少とも先へ推し進めるという、注意力のすべての段階を通るからであり、第二は、言葉の聴覚記憶力の障害ほど頻繁にみられ、よく研究もされているものはないからであり、最後に、言葉の聴覚記憶力の障害が、第一部でも見られたように、脳の特定部位の損傷なしには生じないので、脳が事実、記憶を蓄積できるか否かを検討するのに適例だからである。

そこで、1^0 まず自動的な感覚-運動機構の障害が問題であるが、その前に、外国語を聞いて、あるひとはそれを理解し、他のひとにはそれが分からないのはなぜかということについて考えてみよう。音響の物理的条件は同じなのに、なぜこの違いが生じるのだろうか。それは、外からの連続的な音声の流れを、意味のまとまり（リズムグループ）ごとに分けて、主要な分節を強調する随伴運動を組織できるひとと、できないひとがあるからであろう。この内的随伴運動は、はじめは混乱しているが、反復によって細かく調整されるようになり、ついには自動的に、連続的な音声の流れを分節的につかむことができるようになる。この外からの音声に伴う運動の感覚として意識されるものを、ベルクソンは図式的運動（*schème moteur*）というが、この図式的運動は、実際の発話に対して、ちょうど完成された絵に対する、下書きに相当する。すなわち、この運動が示すのは、聴覚印象を発語運動に受け継ごうとする傾向であり、これは健康な状態では、耳からの言葉の主要な輪郭をなぞる模倣運動として現われる。そしてこの概略をたどる模倣運動が、聴覚記憶が聴覚印象と合流する、共通の枠の役割をしているにちがいない。

この観察が正しいとすると、聴覚記憶が意識されている言語聾のある型（いわゆる皮質下性知覚失語）の心理学的説明を見いだすことができるであろう。このタイプでは、聴覚記憶は意識に呼び起こされるし、聴覚印象も意識されているが、言葉を聞いても一語も再認できない。したがってここでは、意識そのものに断絶があり、知覚と記憶の合流を妨げるなにものかがあることになる。ところで、聴覚印象そのものは、まったく連続的な音声の感覚であって、習慣が構成した感覚-運動の連結機構がそれを分節するとすれば、この機構の損傷は、この分節作用を阻害するために、記憶が発展して、対応する知覚に重なって行く流れを、遮断してしまうことになる。これゆえに患者は、時計の打つ音はよく聞こえても、何時を打ったか数えることができなくなるのであろう。そしてまた、聞こえてくる言葉の理解力を失って、混乱した雑音にしか聞こえない場合でも、シラブル（音節）ごとに区切ってくり返し発音してやって、患者の運動を助けてやると、理解力を回復することも、納得できるであろう。したがって、聴覚記憶を保持しているのに再認できない失語症は、聴覚印象を受け継ぐ図式的運動（聴覚印象の概略を模倣して、聴覚記憶と聴覚印象の合流の仲立ちをする運動）の阻害によると結論できるであろう。

つぎに、2^0 注意的再認における、記憶の離心的投射が問題である。先ほど見られたように、注意的知覚は回路であるから、目前の対象は、これと対称的な位置を占めたわたしたちの記憶力が、緊張度をいっそう高めて、イマージュを対象に投射するにつれて、ますます深い細部を現わしてくる。したがって、対象がわたしたちの話し相手である場合、相手の観念は、彼の意識のなかで聴覚イマージュへと展開し、それが発音された言葉として具体化されるが、これに対して、聞き手であるわたしたちは、対応する観念に一気に身を置いて、この観念を聴覚イマージュに展開し、これを共通の枠となっている図式的運動を介して、外からの音声に覆いかぶせようとするであろう。計算をたどるとは、自分で計算しなおすことである。同様に、相手の話しを理解しようと思って聞くとき、わたしたちは決して、外からの印象が観念を探しに行くのをただ受動的に待っているのではなく、まず相手の話しに自分の知的なはたらきを合わせようと努めている。「注意すること、知的に再認すること、解釈することは、同じひとつのはたらき」であり、「精神はこのはたらきによって、自己の水準を定めて、与えられたままの知覚に対して、この知覚の遠近さまざまな原因と対称となる点を、自己の内に選んでから、与えられたままの知覚に記憶を流出させて、この知覚を覆う」のである。脳の損傷は、記憶がこのように顕在化して行く連続的進行を、遮断するだけであると考えられる。

ここで実際に、特定の記憶イマージュのグループが、記憶力から消失したかにみえる症例を検討してみよう。これらの症例は、二つの種類に分けることができると思われる。第一の記憶喪失は、突然起きる。第二の記憶喪失は、徐々に進行する。第一のタイプで記憶力から抜け落ちるのは、まったく任意のイマージュで、ある単語であったり、ある数字であったりする。第二のタイプでは、わたしたちが第一部で述べた、リボーの法則と呼ばれる法則（固有名詞↓普通名詞↓形容詞↓副詞↓動詞）の順に消えて行く。

第一の記憶喪失は、ほとんどすべて、激しいショックの結果生じるが、ここで外見上消失している記憶は、実際には残存しているし、たんに残存しているだけではなく、むしろ生きて活動していると見るべきではないだろうか。Fという文字、それもFという文字だけを忘れている症例（ウィンズロー）を見ると、このように特定の文字を、話されるなり書かれるなりした言葉から、出会うたびに除外するということは、暗黙のうちにこの文字を再認していなければできないことであろう。実際、いったん失われた記憶が、この第一の記憶喪失では、完全に回復することがしばしば見られることからして、この第一の記憶喪失はおそらく、ピエル・ジャネのいう「機能の解離・人格の分離」（『神経症』医学書院）や、催眠術師が誘導する「負の幻覚（客観的対象が知覚されなくなる現象）」と、同種の現象であろうと考えられる。

第二の種類の記憶喪失は、第一とはまったく別種の記憶喪失であり、真の失語症である。この進行性失語症において、固有名詞、普通名詞、形容詞、副詞、動詞の順に消失するのも、これらが脳に蓄積されているとしたら、説明方法は見いだせないであろう。これもすでに述べたように、病巣は脳のどの点からも始まり、進行する方向も一定ではないのに、消失する記憶の順序はつねに一定だからである。しかし、記憶は現実化するのに、「補助となる模倣運動」が必要であることを認めてもらえるなら、この事実は説明できる。すなわち、動詞が最後まで残るのは、動詞が、身振りで模倣のできる動作を示すから、この運動によって直接的にとらえられる言葉だからである。動詞が模倣の運動によって直接とらえられるのに対して、副詞は、動詞の仲立ちによらなければ、模倣の運動で現わせず、形容詞は動詞と副詞の二重の、普通名詞は動詞、副詞、形容詞の三重の、固有名詞は、動詞、副詞、形容詞、普通名詞の四重の仲立ちによらなければ、模倣の運動では表現できない。したがって、ますます複雑な技巧をこらさなければ、身体による模倣運動で表現できなくなるので、この運動の機能が低下すると、固有名詞がまず最初に消失するのである。失語症で阻害されるのは、イマージュを模倣するこの運動である。第一の記憶喪失も第二の記憶喪失も、脳の特定の細胞に位置づけられ、この細胞が壊れると消滅する記憶は、認められない。

しかしわたしたちは、脳局在説が露呈している明らかな矛盾をここで指摘しなければならない。実際、この学説が、一方で心理学的分析から導かれ、他方で病理学的事実から導かれる帰結には、奇妙な矛盾がある。一方で、一度知覚された心像が、脳組織のなかにとどまるとすると、この記憶心像は、知覚が刻印した配列以外には考えられないであろう。したがって、知覚の要素と記憶の要素は、同一だということになる（ベイン、リボー）。しかし他方、病理学が告げるところでは、いわゆる聴覚記憶中枢の損傷によって、音声は聞こえているのに、聴覚言語記憶は想起できなくなる。したがって、知覚と記憶には、異なった神経要素を割り当てなければならないであろう。脳局在説がおちいらざるをえないこの矛盾を、どのように解消したらよいであろうか。知覚と記憶を、静止状態の事物とみなす連合主義《アトミズム》の立場では、この矛盾は決して解消されないであろう。では、脳を記憶の貯蔵庫と考えることをやめた場合には、どのように説明されるであろうか。

　説明を簡単にするために、いまかりに、聴覚中枢と呼ばれている領域（側頭葉の内側面）で、実際に音声の感覚が生じると仮定しよう。すなわち、この領域に音声が鳴り響く弦があると想定しよう。他方、外からの多様な振動数を含む音波は、その振動数に応じて、内耳の蝸牛基底膜のそれぞれ固有の場所を振動させるようにできている。したがって、感覚器官（蝸牛基底膜）は巨大な鍵盤であって、この鍵盤上の振動刺激が、聴覚中枢に伝導されて、ここで無数の要素的感覚が同時に生じることになる。ところで、この聴覚中枢は、このように外からの振動刺激によって音声の感覚を生じるだけでなく、内側（主体の側）からの刺激によっても音声の感覚を生じる。聴覚記憶中枢と呼ばれている領域が、音声記憶を貯蔵することはありえないとすると、この領域は、音声記憶が過去から現在に（第三図のCからIに）流出して聴覚中枢に向かい、ここで外界からの音声と合流して明瞭な知覚を形成するにいたる、その入り口（受容器官）の役割をしているにちがいない。いいかえると、いわゆる聴覚記憶中枢は、聴覚中枢に対して、感覚器官（耳）とちょうど対称的な位置を占めている領域である。聴覚記憶中枢と呼ばれている領域が、音声記憶の貯蔵庫でないのは、感覚器官（耳）が、外界の音声の貯蔵庫でないのと同じである。

第三部　心脳関係――ペンフィルドの場合――

かくてベルクソンは、脳にはイマージュのいかなる痕跡も残らないこと、脳にはただ、知覚イマージュと記憶イマージュの双方の概略を模倣する運動があって、この模倣運動を介して両者が合流するのであり、この運動がさまざまなレベルで阻害されることが、多様な失語症が生じることの原因であることを示して、当時知られていたおびただしい症例に、ひとつの統一的な説明を与えた。これによってわたしたちが知ったことは、脳の損傷によって、記憶そのものが破壊されるのではなく、記憶が現在に流出して知覚と合流し、行動へと受け継がれて行く、その進行が遮断されるということである。心と身体の関係という『パイドン』以来の難問を、言葉の記憶と脳の関係という、時代の実証的データで検証可能な問題に立て直して、みずからの仮説をすべて経験的事実によって裏づけて行ったのである。ここに実証的形而上学者ベルクソンの面目躍如としている。これはまた実験的形而上学とも呼びうるであろう。というのは、実験とは、自分が立てた仮説を、客観的事実によって検証するものだからである。そして客観的事実によって保証された仮説は、もはや仮説ではなく、ひとつの学説であり理論なのである*。

＊澤瀉久敬「実験」（『医学概論』誠信書房）。そこではクロド・ベルナールの一酸化炭素中毒についての理論形成過程に関して、「事実を観察し、それに応ずる構想をなし、それを実験して実験がそれを承認する時、その仮説は学説となる」とされている。

しかしながら、『物質と記憶力』で展開された心身関係論は、現代にもそのまま承認されるようなものなのであろうか。岩崎武雄氏は、真理判定の基準は「説明の成功」（『真理論』東京大学出版会）だとされており、わたしたちもそれに同感するものではあるが、しかしそれでは、ベルクソンの仮説によって、その後の観察事実も説明できるのであろうか。この疑問に対して、わたしたちはここで、心脳関係に強い関心をいだき続けた脳外科医ペンフィルドによって、側面から、多少その証言となるようなものを引き出してみたいと思う。

すでによく知られているように、ペンフィルドは、「ほかの科学者と同じように、研究者としての生涯を通じて、心は脳のはたらきで説明できることをなんとかして証明しようと試みてきた」ひとであるが、しかしその彼は晩年になって、「わたしの知るかぎり、心のはたらきは、いかなる神経機構によっても説明できない」と結論するにいたった。当然予想されるように、この結論は、彼が手がけた長年にわたる多くの手術例に基づいているのであり、したがってその推論を全体的にたどるのは、容易なことではない。しかしながら、多くの観察のなかでも、症例C. H.（ペンフィルド『脳と心の正体』法政大学出版局、およびペンフィルド／ロバーツ『言語と大脳』誠信書房の症例索引参照）は、たび重なる引用からしても、「患者C. H.の証言はわたしにとってまさに驚くべきものであった」という彼の言葉を裏づけるものとみられるので、わたしたちはその観察の一部分を引用して、それに与えた彼の仮説を聞くことにしたい。

その患者は、三七歳の右手利きで、自動症（行動が無意識に行なわれ、その間の記憶を残さない現象）の特徴をもった焦点性大脳発作として分類され、手術により、皮質切除をしたほうがよいと診断された。しかし、発作の原因になっているとみられる異常放電の発生個所は、側頭葉の言語領が占めていると推定される部位に危険なほど近かったので、ペンフィルドはまず、回復不可能な失語症を引き起こすことを避けるために、切除手術の前に、頭皮の局所麻酔下で、患者の言語領の位置を正確に突き止めようとしたのである。言語領の通常のはたらきは、弱い電気刺激（60Hz, 2～3v.）で妨げられるし、電極が大脳皮質に触れても、脳には感覚がないので患者にはわからない。何かしゃべろうとしたり、言葉を理解しようとしても、それができないとわかってはじめて、自分が電気刺激によって失語症に陥っていることに気づく。助手のひとりが示す一連の絵に描かれたものの名前を患者が述べるという仕方で、言語領を定位して行くのである（第五図）。

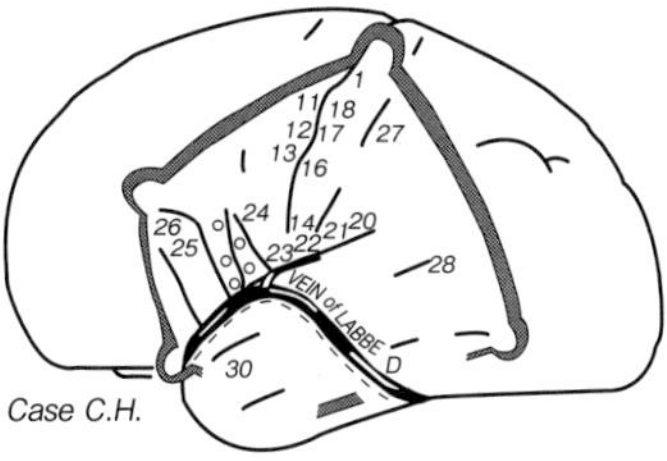

第五図

電極が、前言語野の点26にあてられたとき、患者は人の足の絵を見ていた。彼は「おお、わたしはそれが何だかわかります。それはあなたが靴の中に入れるものです（Oh, I know what it is. That is what you put in your shoes.）」といい、電極を取り去ると「足（foot）」といった。――縁上回の点27にあてられると、彼は「それが何だかわかります（I know what it is.）」といって沈黙し、電極を取り去るとただちに正しく「木（tree）」といった。――電極を側頭後方領域の点28に当てた。そのあとで蝶の絵が示された。患者はしばらくの間黙っていた。それから、いまいましそうに指をパチンと鳴らした。電極を取り去って少したってから、患者は突然話しだした。「ああ、やっと話せます。蝶ですよ。わたしは〈蝶〉という言葉を呼び出すことができなかったので、〈蛾〉という言葉を呼び出そうとしていました！（Now I can talk—butterfly. I couldn't get that word〈butterfly〉, and then I tried to get the word〈moth〉!）」。言語機能が一時的に妨げられていた間も、彼が蝶の絵の意味をつかむことができたことは明らかである。

　さきほど述べたように、この患者の証言はペンフィルドに強い印象を与えたのであるが、彼はここから、つぎのような仮説を立ててこれを説明しようとする。「患者は、わたしがそうするように求めたので、カードの絵に注意を向け、最高位の脳機構（the highest brain-mechanism）を通じて、絵に示されたものの名前をいうというプログラムを脳に課した。この決定は、心によって下されたとしか考えようがない。最高位の脳機構で神経作用が始まった。ここは心と脳、すなわち精神と身体の出会う場所であり、心の命令は、ここを経て脳へ伝えられる。また心は、意識の流れの内容を決定する神経作用の意味を知っているのであるから、ここは脳から心への連絡場所でもある。神経作用自体は、実際のコンピュータと同じように、自動的に営まれる。心の決定に従って、最高位の脳機構は、脳の他の仕組みへメッセージを伝える。このメッセージは、特定の意味をもつパタンに整えられた神経インパルスのかたちをとると考えられる。こうした神経インパルスが、特定の標的灰白質へ伝えられて、たとえば視線を問題になっているものへ向けさせるのである。見たものを解釈したり、ある意味を表わす言葉を選んだりする脳のはたらきも、この仕組みから出る神経インパルスの指示によって行なわれる」。

わたしたちにはこれが、心を脳のはたらきで説明しようと生涯努力してきた科学者の言葉であるだけに、特別の重みが感じられるのであるが、心脳関係については、別の観察例でも、注目すべき事実がある。それは、運動領に電気刺激を加えて手を動かさせたとき、その運動をどう思うか患者にたずねると、その答えがいつも同じだったことである。「わたしが動かしたのではありません。先生がなさったのです (I didn't do that. You did.)」。また声を出させたときには、「わたしが声を出したのではありません。先生がわたしから声を引き出したのです (I didn't make that sound. You pulled it out of me.)」。運動領は運動路を選択する器官ではあるが、しかし選択するはたらきそのものは、運動領以外のところにある。さらに側頭葉（ペンフィルドのいう解釈領）の刺激では、患者自身の過去の経験場面がそのまま回想（フラッシュバック）されるが、患者は、自分自身が回想したものでないことにすぐに気づき、他動的な外力に操られていると感じている。いいかえると、自分の意志に基づく決定機構は、脳の機構以外のところにある。わたしたちの自由意志による行動は、わたしたち自身が原因であることを自覚している行動であって、他人に操られている行動には、このような自覚が伴わないことを患者たちは証言しているのではないだろうか。そしてこのような自覚を伴う心、これは脳の中をいくら探し求めても、見いだすことはできないということであろう。ペンフィルドは、このような自己意識が、上部脳幹（間脳）の一定の部分がはたらかなくなると喪失して、自動症を生じることから、この部分を、心に直結した最高位の脳機構（the mind's mechanism）と考えたのであろう。彼は数百例におよぶ臨床経験から、つぎのような結論に達した。脳のなかには、心に直結した最高位の脳機構と、行動を自動的に行なうコンピュータ装置がある。そして心は脳の外にあって、心と直結した最高位の脳機構を通じて脳をはたらかせている。

　しかしながら、ペンフィルド自身もいうように、これはひとつの仮説である。いままでの科学的証拠から断定的にいえることは、「心を脳で説明することはできない」ということだけだからである。しかしその彼は、「人間は二つの基本的な要素から成るという説が、ひとつの要素から成るという説と比べて、真実性が少ないとは思えない」という、彼の師シェリントンの言葉を引用してこれに同意し、人間は二つの要素から成るという説を選択せざるをえないと述べている。このような二元論の立場から彼は、脳の神経作用を支えるエネルギーとは別の「心独自のエネルギー」を想定し、「霊魂の不滅」から、「心と心の直接的交信」の可能性さえ示唆しているのである。実際、心と脳が別であれば、霊魂が不滅であるか否かはともかく、少なくとも死後の存続を否定する理由はないことになる。

このように、ペンフィルドの説は、心と脳の関係について、ふつう一般に信じられていることと共通するものがあるように思われるけれども、しかし彼のいう心（彼が自宅の庭石に書いたνοῦς）が何を意味するのかを、ペンフィルド自身が明確に規定しているわけではない。また、彼が言葉の内容をはっきりさせようとして辞書から引用する《心＝精神》の定義、すなわち「個体において感覚し、知覚し、思考し、意志をはたらかせ、推理する要素」にも、記憶力のはたらきは考慮されていないから、わたしたちの考え方とはすぐにはつながらない。実際には、心のはたらきとしてここに挙げられたいずれをとってみても、記憶力のはたらきなしには考えられない。記憶力の糸で結ばれていないものはない。記憶力のはたらきは、心あるいは意識のもっとも基本的なはたらきであって、記憶力を欠いた意識（瞬間ごとに忘れる意識）には、過去を現在につなぐものが、なにも見いだせないのである。したがって、かりに心が脳とは独立の存在で、死後も生き残る可能性があるとしても、わたしたち各自の人生の記録をイマージュとして保存している記憶力のはたらきが、この心とは別のはたらきで、これは脳の活動によって説明できるとするなら、死後も生き残った「心＝自分」とは、いったいどのような存在なのか、わたしたちには想像もできないのである。火の玉でイメージされるような、エネルギーのかたまりであろうか。記憶は脳に残したまま？　脳は、わたしたちの死とともに崩壊する。物質の世界（第三図のＡＢ上）では、わたしたちの遺伝子は、親から子に1/2、子から孫に1/4……と時々刻々新たな現在に受け継がれて拡散して行くけれども、しかしわたしたち各自の記憶は、これを保存しているとされる脳と運命をともにして、すべて雲散霧消することになるであろう。こうしていっさいの記憶をふりはらった純粋な心が、死後も生き残るのであろうか。このような心が、死後どのような運命をたどるかをいま問題にしているのではない。記憶力を欠いた心とはなにかと問うているのである。この心は、わたしたち各自が死ぬ、ちょうどそのときに忘却（Λήθη）の河の水を飲んで、自分の前世をなにも記憶していないというのだろうか。このような心は前世とのつながりを失い、かりに自分の前世を目の前に見せられても、これを自分の前世と認めることはできないであろう。したがって、生死を通じての自己同一性を問い、「霊魂の不滅」を問題にする場合には、記憶力の存続ということが、どうしても必要不可欠なのである。そこで、ペンフィルドが、記憶をどのように考えていたかを聞くことにしたい。

記憶について彼はつぎのように述べている。「心は独自の記憶を有するだろうか？　その証拠はないという理由で、答えはノーである。そうした記憶があるとすれば、まったく思いもよらない別種の記憶作用（a memory mechanism of an entirely different and unsuspected order）が存在することになる。心は、最高位の脳機構を通じて、一瞬のうちに記憶の記録ファイルを開くことができるのであるから、実際上ほかの記憶は必要としない」…「最高位の脳機構がはたらきを止めている間も、心は別個になんらかの意識を保っているとすれば、心が独自の記憶機構を使うことはありうる。しかし、そうした心の記憶の痕跡は、従来考えられてきた記憶の痕跡とはまったく別種のものでなければならない。〈精神的な経験〉によって肉体に残された〈永続的な痕跡〉の代わりに、神経の作用によって精神の構造に残された永続的な痕跡を考えなければならないのだ！」。ここで問題となるのは、意識の流れの内容が、どのような状態で記録されているかという点である。ペンフィルドは、「意識の流れの記録は、（海馬のように左右別々にあって対をなしている器官ではなく）最高位の脳機構（上部脳幹）に保存されていると考えるのが妥当である」としている。

　しかし、これは考えられることだろうか。理解できることだろうか。いったい「肉体に残された永続的な痕跡（the〈lasting trace〉left in an organism）」とはなにか。かりに時々刻々過ぎ去って行く状況の痕跡が、時間の流れにそって上部脳幹（物質）に刻印されて行くとしよう（肉体は明らかに永続的ではないが）。しかし物質は、この時間の流れにおいて、絶えず新たな現在に位置しているのであるから、これらの痕跡は、つねに現在に、ハードディスクに保存されたメモリーのように、いわば横一列に同時に並置されていることになる。どうしてわたしの意識は、この並置された痕跡のおのおのに、日付と場所を見いだして、これを過去に位置づけることができるのであろうか。このようなことは、痕跡として残されているイマージュを、それぞれ過去の特定の時期に位置づけることができる意識そのものが、過去のイマージュを保存していなくてできることだろうか。脳がコンピュータとして、イマージュを保存しているとした場合、説明が困難になるのは、つねに想起の過程である。この仮説に立つかぎり、わたしたちは納得できる説明方法を知らないし、イマージュを保存していない意識というものが、どのようなものであるのか、理解できないのである。そうすると、わたしたちは自分自身の意識に、ペンフィルドのいう「まったく思いもよらない別種の記憶力」を認めなければならないのではないだろうか。このまったく思いもよらない記憶力が、時々刻々知覚したイマージュを、時間の流れにそって意識下に保持し、新たに生じた状況に類似のイマージュを現在の意識にもたらして、目前の状況に有効に対処するために役立てているのではないだろうか。側頭葉を電気刺激することによって、過去の経験のフラッシュバック現象が生じることから、側頭葉（あるいはペンフィルドのいう上部脳幹）に記憶が保存されていると結論することはできないであろう。むしろ、電気刺激によって引き起こされた脳の状態が、この状態に適合する記憶を、現在の意識に流入させる枠の役割をしていると見るべきではないだろうか（事実、ウェルニッケ領域の電気刺激が、ウェルニッケ失語を引き起こすわけではない）。過去のイマージュが、痕跡として、側頭葉にそのまま残存しているということは、まったく証明されていないだけではなく、意識の証言と矛盾することなのである。脳には、感覚と運動を仲介する伝導体があるだけで、この伝導体は、目前の対象の知覚像を生み出したり、過去の知覚像を保存する役割はしていない。目前の対象のイマージュは、文字どおり目の前に対象とともにあるし、過去のイマージュは、すでに見られたように、脳とは独立の記憶力のはたらきによって、過去そのもののうちに保存されている。わたしたちはこのことを、どうしても受け入れざるをえないし、これを否定する根拠は、どこにも見いだせないのである。

かくて、「霊魂不滅」の真義は、生死を通じての記憶力の存続にある。ところで、行動に向かうわたしたちの意識は、たんに過去を保持しているだけではなく、同時に未来に対する期待であり、「未来の先取り（anticipation de l'avenir）」でもある。「注意力（attention）」とは期待（attente）であって、実生活へのなんらかの注意力を伴わない意識はない。そこには未来がある。未来はわたしたちに呼びかける、あるいはむしろわたしたちを未来へと引っ張るのである。この不断の牽引によって、わたしたちは時間という道を進まされるのであるし、この牽引はまた、わたしたちが絶えず行動を続ける原因でもある。行動はすべて、未来を浸食することである（『精神的エネルギー』）」。

すでに過ぎ去った経験を保持してこれを活用し、わたしたちはなにものかを生み出そうとしている。わたしたちは何を実現しようとしているのだろうか。絶えず未来に侵入する行動に、記憶力であるわたしたちの精神は、どのようにかかわっているのであろうか。

第四部　自由な行為と記憶力

ここでは、未確定の未来を確定しようとして、不断に未来に侵入するわたしたちの行動に、精神がどのようにかかわっているのかを見てみよう。すでにくり返し述べたように、本来の意味の記憶力、すなわちイマージュの記憶力は、つねに現在に座を占めている身体とは独立に存在してはいるが、しかしこの記憶力に蓄えられている過去のイマージュは、イマージュを模倣する補助運動を媒介にして、目前の知覚に融合し、絶えず行動に展開しようとする傾向をもっている。脳の損傷は、この補助運動を阻害する。しかし、過去のイマージュは、目前の知覚と協調して、実用上有用な結合ができない場合にも、その意識への流入は阻止される。いいかえると、現在の有用な行動のためにのみ、過去のイマージュは介入するのであり、したがってまた、たんなる現状の維持反復のためには、過去のイマージュの意識化は無用だということになるであろう。わたしたちは「ただ生きる（τὸ ζῆν）」のではなく、「よく生きる（τὸ εὖ ζῆν）」ために、記憶力に訴えるのだといわなければならない。その意味では、わたしたちすべての意志は、善を指向しているといえるであろう。それはちょうど、磁石の針がつねに北を指しているのと同じだともいわれている。

しかし現実のわたしたちは、意志と選択が分裂し、善かれと思ってしたことがしばしば裏目に出て、挫折感や絶望感を味わうことも多い。その原因はどこにあるのだろうか。それは何が善であるかについて、わたしたちが正しい知識をもっていないことにあるといわれるかもしれない。あるいは、正しい認識の狭い範囲を超えて、わたしたちがたんなる憶測に基づいて行動するところから来るのかもしれない。しかしこれはまた、未来というものの、本質的な暗さにも由来するように思われる。すでに見られたように、わたしたちの行動は未来に傾き、わたしたちの意識は未来を先取りする。しかし、未来の先取りとはどのようなことをいうのであろうか。未来は先取りされるようなものだろうか。未来は過去と同じような仕方で存在するのかどうか。

過去はたしかに実在する。過去は文字どおり過ぎ去って、いまはすでに目前にないものではあるが、しかしわたしたち各自の過去の経験を示すイマージュの記憶が、身体的機構とは別の形態で存在することは、わたしたちが認めざるをえなかったことなのである。しかしながら、過去は、たんに記憶に限られるのではない。わたしたち各自の記憶を超えた過去もまた、なんらかのかたちで存在していなければならないのではないだろうか。オイディプスのような権勢並びない者でも、自分自身の記憶にまったく思い当たることのなかった自分自身の過去の発見（ἀναγνώρισις）によって、たちまちのうちに没落（περιπέτεια）して行かなければならなかったのを見るとき、わたしたちは自分自身の記憶を超えた過去というものが、ひとつの実在であることを、あらためて実感させられなければならないのである。

そしてまた、歴史研究というような、直接には自分の過去とはつながらない過去の探究も、過去がひとつの実在であることを予想するものなのであって、もしもそれが疑われるならば、歴史は虚妄の学問となり、はたしてそのようなものにもなお、学問としての意味を認めることができるか否か、わたしたちはこれを疑問としなければならないであろう。しかしながら、このように自分自身の過去をもさらに超えた過去にもなお、自己同一性を認めるということは容易なことではなく、そのためには「わたしは人間だ。人間にかかわることなら何でも、わたしに無縁だとは思えない（Homo sum : humani nihil a me alienum puto.）」とする強靭な精神力が要求されるといわなければならない。しかし、わたしたちに求められているのは、なにかそのような精神であるとも考えられる。しかし他方、テレンティウスの喜劇で、知り合ったばかりの他人の生き方にまで苦言を呈する、おせっかいな老人の口からこのせりふを聞かされると、わたしたちは楽しみながらも、自分自身のことを忘れて、このように目を外に向けているだけだとしたら、それは心を研究すると称して、脳しか調べようとしない解剖学者と同じことで、ここにはなにか肝心な点が欠けているように感じるのではないだろうか。もちろん喜劇にけちをつけること自体が滑稽だけれども。

若いソクラテスが、自然の研究にたいへん熱中したことは、よく知られている。ひとつひとつの事物の原因を知り、それぞれが何によって生じ、何によって滅び、何によって存在するかを究めることは、すばらしいことに思われた。しかしやがて彼は、自分がこの種の研究にはまったく不向きであって、それまでは明確に知っていると自他ともに認めていた事柄にも、確信が持てなくなってしまった。ちょうどそのころ、「万物を秩序づけ、万物の原因であるものは知性（νοῦς）である」というアナクサゴラスの書物の一節を聞き、この原因に非常な期待をいだいた。知性が秩序を与えるのであるからには、知性は、これが最善であるという仕方で、万物を秩序づけ、個々のものを配置するであろう。この考え方からすると、人間が考察しなければならないことはただひとつ、それは、いかなることを問題にする場合でも、そもそも何が最善、最良であるかということだけとなる。そしてそれを究めた同じ人間は、かならずやまた何が悪であるかということも知るはずだ。善を知ることと悪を知ることとは、同一の知識に属するのだから。

このような期待をいだいてソクラテスは、性急にアナクサゴラスの書物を手にとって読みすすんだ。しかしこの期待は、たちまちのうちに消え失せてしまう。そこでは、もろもろの事物に秩序を与える原因として、知性を少しも使わず、空気やアイテールや水その他のものが原因だとされていたから。このときの印象を、ソクラテスはつぎのように説明している。ソクラテスはすべての行動を知性によって行なうという。しかし実際にひとつひとつの行動、たとえばいま牢獄で座っていることの原因を説明する段になると、身体が、骨と腱と肉と皮膚からできていて、関節によって分かたれている骨は、伸縮できる腱によって折り曲げることができ、このことが原因で、いまここで脚を折り曲げて座っている、とこういって、ほんとうに原因であるものをまったくなおざりにしている。では、ほんとうの原因とはなにか。それはアテナイ人がソクラテスに有罪の判決を下すほうが善いと思い、ソクラテスはソクラテスで、ここに座っているほうが善いと思い、アテナイ人の命じる刑に服するほうがより正義であると思ったこと、このことである。もし脱獄して逃亡するよりも、アテナイの命じる刑に服するほうが正しく立派だと考えなかったとしたら、こんな骨や腱などは、最善を求める考えに運ばれて、とっくのむかしにメガラなりボイオティアなりに行っていたことだろう。いや、骨や腱などを原因と呼ぶのはとんでもない見当違いなのである。原因は選ぶものにある。責任は選ぶものにある。とはいえ、たしかに、骨や腱などをもっていなければ、ソクラテスは自分が善いと思ったことを実行できない、といわれるなら、それは正しい。しかし、ソクラテスが何かを行なうのは、それも知性によって行なうのだというのに、それら骨や腱などのゆえに行なうのだといって、最善の事柄を選ぶからだといわないのは、はなはだ無神経な言葉の使い方だといわなければならない。「真の原因（τὸ αἴτιον τῷ ὄντι）」と、「それがなければ、この真の原因が、原因とはなりえないもの（ἐκεῖνο ἄνευ οὗ τὸ αἴτιον οὐκ ἄν ποτ᾽ εἴη αἴτιον）」、この二つはまったく別であるのに、その区別ができていないからだ。多くのひとが、まるで暗闇で手さぐりをするように、「原因」という間違った名前で呼んでいるのは、この後者（骨や腱や脳などの必要条件あるいは補助原因）のことであると思われる ΦΑΙΔΩΝ (97B sqq.)。

わたしたちは各自、それぞれが異なった生き方をしているけれども、しかしどんな生き方を選んだにせよ、日常生活の多くは雑事であって、雑事のない生活はない。ただ生きるだけでも、物質とエネルギーの交換をしなければならない。とはいえ、雑事の多くは習慣化されていて、いわば自動的に処理される。ここでは過去を特別に想い起こしたり、歴史をふり返ったりする必要は、ほとんどないといえるであろう。しかし他方、ひとそれぞれになすべきことがあって、こちらは絶えず新たに生じる困難に突き当たる。先が見通せない。みずからの過去をふり返り、また先人の生き方に学んでみずからを養おうとするのは、このように目前の事態への対処に行きづまり、過去からなにかヒントを得るためであろう。いいかえると、過去がふり返られるのは、現在の状況をより深くとらえ、過去の教訓によって、より有効な対処の仕方を獲得するためだといえよう。こうしてわたしたちは、自分が所有した過去を目前の一点に収束して、未来に立ち向かう。「よく生きる」という原則によって不断に選択を迫られている現在の状況、それを照らすことのできる過去の全体を投入して、わたしたちは未来に侵入して行く。「行動するとは、記憶力が収縮する、というよりむしろ、ますます研ぎすまされることであり、ついには経験にその鋭利な刃先のみを突き付けて切り込んで行くことにほかならない」(第六図―第四図を拡張した図)。頂点Sには、わたしの身体、すなわち、現在わたしが外界の対象から感覚を受け取り、これに行動的に対処する感覚‐運動組織があって、この感覚‐運動組織は、物質の世界を示す移動する平面Pに差し込まれ、P面とともに不断に

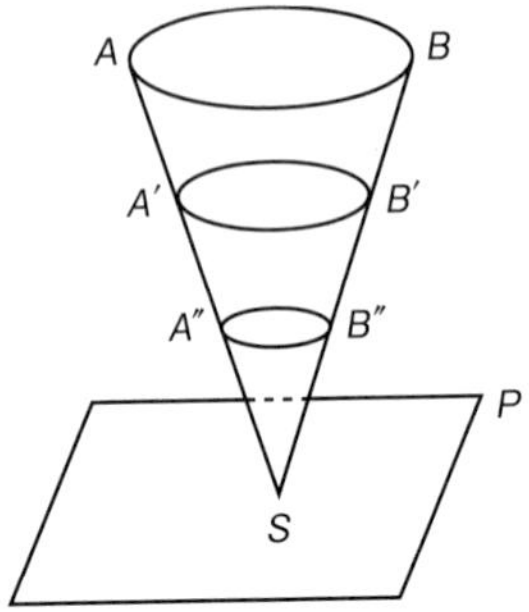

第六図

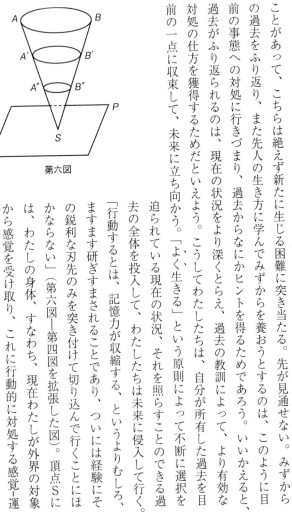

新たな未来に向かっている。底面ＡＢには、わたしの過去の生活のイマージュのすべてが配列されているとしよう。頂点Ｓと底面ＡＢは、どちらも極限の状態である。したがって実際には、頂点Ｓにつねに身を置いて、受けた感覚に、これを直接受け継いで機械的に反応するだけの状態というものはないし、底面ＡＢにつねに身を置いて、自分の過去がつぎつぎに意識に照らされて際限がないという状態もない。通常のわたしたちは、この両極間を絶えず移動し、A′B′、A″B″等々で示される断面間を揺れ動き、目前の状況に対処するのにちょうど必要十分なだけの記憶や観念を意識化して、これを目前の状況と組織化し、これによって、より豊かで、より新しい決断ができるようにしている。

しかしながら、記憶力のはたらきは、このように過去のイマージュを想起して活用するはたらきだけではない。わたしたちがＰ面で、現在目前の対象を知覚する瞬間は、数学的な瞬間ではない。いわゆる数学的瞬間は、じつは想定されるだけで、決して体験される瞬間ではない。わたしたちが体験する瞬間、わたしたちが対象を知覚できるぎりぎりの瞬間、それは最短でも、1/500 秒だとされている。したがってこの瞬間には、科学が区別するとおりの、何十兆ものかぎりなく希薄な性質をもつ振動が含まれていることになるであろう。わたしたちの瞬間的知覚は、物質がすでに示したこれら無数のイマージュを、いわば濃縮しているのである。しかしながら、この 1/500 秒という瞬間は、決して固定された時間間隔ではないであろう。視覚機能を訓練することによって、この1/500秒内に、さらに多くの瞬間を区別することができるのではないだろうか。ある野球選手はむかし、打席で「ボールが目の前で止まって見える」といったことが伝えられているが、もし感覚と運動の機能を訓練することによって、対象が時々刻々示す多様な瞬間を、1/500秒間にわたしたちがより多く見分けることができるならば、そのうちのもっとも有効な瞬間にはたらきかけることによって、自分がねらった方向に、物質の必然的な運動を曲げることができるであろう。そして物質に対するこのようなはたらきかけは、身体に備わった感覚機能と運動機能を拡張する手段を使っているさまざまな技術分野でも、やはり同様に、対象の運動変化に多くの瞬間を区別し、そのひとつひとつの瞬間にはたらきかけて行くことで、一度では曲げることができなかった物質の必然的な運動を、望む方向に曲げて行く工夫があるのではないだろうか。おそらくこのようにして、自由は必然のなかに入り込み、物質の必然性を曲げ、新しいものを創造し、自己の自由度を拡大して行くのだと考えられる。わたしたちはこのように、目前の知覚対象が時々刻々示す、はたらきかけうる行動の選択肢を増加させることで、そのひとつひとつにみずからの自由を刻印して、運動のかたちで物質に返しているといえるであろう。このような自由な行為には、その素材となっている過去とともに、各人が与える予想外の形態が見られるであろう。形のないものに形を与えて行くこと、ここにわたしたちの行動の特徴が見られるのである。

これをいいかえると、イマージュの記憶力の二重のはたらき、すなわち、わたしたちの過去の生活のイマージュを想起して利用するはたらきと、目前の知覚対象に、さらに希薄な感覚的性質をもつ無数の瞬間的イマージュを見分けて利用するはたらき、この二重のはたらきによってわたしたちは、物質が従う必然性にみずからを合わせながら、この必然性を自分たちが望む方向に曲げているのである。こうして切り込んで行く先に未来がある。

しかしながら、切り込んで行く先にある未来そのものは、わたしたちが所有している時間のうちにはない。実在している時間、わたしたちが所有している時間は、過去だけであり、そしてその所持は、すなわち現在である。これに対して、未来は、文字どおり未だ来ないものなのであって、それはわたしたちが将来しようとする「将来」と、そのままひとつになるようなものではない。非常に広く遠くまで見通すことができたペリクレスは、アテナイとスパルタの現状を的確に分析し、なすべきこと（τὰ δέοντα）をアテナイ市民に説得することができたけれども*、戦争二年目からの猛烈な伝染病の蔓延だけは、この天才政治家だけでなく、すべてのひとにとって、まったく予想を超える状況の激変であった。このような災害や事故は、状況の非連続ということを、わたしたちに特別に意識させる。そしてこの状況の非連続がまた、将来と未来の区別を教えてくれるのである。将来は、期待や恐れという主体の側の状態であって、この期待や恐れは、たしかになんらかの兆しや根拠を現在のうちにもっているのであるが、しかしこの将来は、わずかな兆しでいくらでも膨らんでしまう現在の延長であり、未来は、この将来の実現を保証するものではない。立派な計画が、未来に属する突然の死によって頓挫する例はペリクレスだけではない。現在と直接つながるのは将来のほうであって、現在と未来には、断絶があるのである。

＊ペリクレスは最後の第三スピーチで、政治家の条件として、「なすべきことを知り、それを説明する能力があり、国を愛し、金銭に潔白であること（γνῶναί τε τὰ δέοντα καὶ ἑρμηνεῦσαι ταῦτα,φιλόπολίς τε καὶ χρημάτων κρείσσων.）」の四点を挙げている（トゥキュディデス『歴史』京都大学学術出版会）。

しかし、その断絶にもかかわらず、わたしたちの行為は、絶えず新たな現在に座を占めながら、必然的に（わたしたちにはどうしようもなく）未来に向かうものなのである。したがってわたしたちが、ただ生きることに満足せず、よく生きることを願うものであるとするならば、わたしたちの人生においてつねに行動を照らしている、この「よく」という言葉で示される善は、現在でもないし、未来そのものでもないが、しかしやはり未来と同様、わたしたちの所有する時間のうちにあるものではない。これは過去にもあったし、現在もあるし、未来にもあるであろう。否、これは時間のうちにあるものではないのであるから、「あった」も「あるだろう」も正しいいい方とはいえない。時間を超えて時間とつねに垂直的にかかわっている永遠の存在には、ただ「ある（τὸ ἔστιν μόνον）」だけがふさわしいいい方であり、頂点に支えられた円錐で示される記憶力全体を、直立させているものだといわなければならない。

ところで、わたしたち自身の死も、やはり未来そのものではないが、しかし未来と同様、わたしたちの所有する時間のうちにあるものではない。しかしわたしたちはだれでも、自分が死ぬものであることはよく承知している。これをどのように考えたらよいであろうか。精神の活動は、蓄積された記憶を無限に越えるし、またこの蓄積された記憶そのものが、脳の活動を大きくはみ出していることを考慮するなら、物質の必然性を曲げて行くことで鍛えられたわたしたちの精神は、身体の崩壊後も記憶力を保持し、この世で到達した精神のレベルをそのまま保持した状態でかの世に移行し、わたしたちがこの世では達成できなかった永遠の理想に向かう向上の努力を、この世とは別のかたちで続けうることも、可能性として考えられないことではない。ベルクソンは『精神的エネルギー』のなかで、この死後の生活を、やはり「闘いの生命であり、創意工夫が要求される創造的進化であろう」と想定しているが、わたしたち各自が想定する死後の生活は、わたしたちがこの世で到達した精神のレベルを、そのまま示しているといえるのかもしれない。「精神は根本的（bien radicalement）に物質と異なっている」のであるから、精神と物質に「共通の根は存在しない（Il n'y a pas de racines communes)」のである（セルティランジュ『アンリ・ベルグソンとともに』行路社）。

未来に属する自分の死は、みずから将来することもできるが、みずから将来したからといって、死後の自己意識が無になる（わたし自身が存在しなくなる）と期待することはできない。自分がこの世で体験したこと、この世での言行のイマージュの記憶はすべて、身体とは独立なのであるから、身体の崩壊後も、存続せざるをえないのである。この世の所有物を所持して行くことはできない。精神は丸裸にされるであろう。記憶が脳細胞のなかに蓄えられているのだったら、いやな記憶はその細胞を破壊すれば消去できるわけであるから、わたしたちもどんなに気が楽だったことだろう。実際わたしたち自身、自分が直面したくない自分自身の過去を、意識の外に追い払おうとするし、生きて行くのにどうしても邪魔になる記憶は、これを意識下の暗闇に閉じ込めてしまうことが知られている。しかしいくら閉じ込めてみても、むだである。その記憶がスポッと抜け落ちていると気づくこと自体が、その記憶が生きて活動していることを示している。ユング自身の臨死体験報告によれば、「わたしはすべてが脱落して行くのを感じた。わたしが目標としたもの、希望したもの、思考したもののすべて、また地上に存在するすべてのものが、走馬灯の絵のようにわたしから消え去り、離脱して行った。この過程はきわめて苦痛であった。しかし、残ったものもいくらかはあった。

それはかつて、わたしが経験し、行為し、わたしのまわりで起こったことのすべてで、それらのすべてがまるでいまわたしとともにあるような実感であった。それらはわたしとともにあり、わたしがそれらそのものだといえるかもしれない。いいかえれば、わたしという人間はそうしたあらゆる出来事から成り立っていた。わたしはわたし自身の歴史の上に成り立っているということを強く感じた。これこそがわたしなのだ。《わたしは存在したもの、成就したものの束《たば》である（Ich bin dieses Bündel von Vollbrachtem und Gewesenem.）》」（『ユング自伝』みすず書房）。

すべてのひとが幸福な人生を願っているのは事実だけれども、わたしたちはこの世の生活というものを、二種類に区別して考えることができるであろう。死後の存続を認めるひとの生活と、認めないひとの生活である。死後の存続を認めないひとは、この世の生活がすべてであるから、この世の生活が最期まで快適であることを願うであろう。わたしたちはこれを、ただちに間違いだということはできない。快をもって善と考える傾向は、わたしたちに非常に根強いものがあるから。わたしたちのだれもが気づいていることは、快楽には悪い快楽もあるということくらいであろうか。しかし、悪いものが善であるというのは、矛盾以外のものではないであろう。善悪、快苦、美醜、正邪など、明確化すべきことは多いが、いまこの問題に入ることはとてもできない。しかし問題は真偽なのである。虚偽の事実認識に基づいた人生を望む者はいない。オイディプスのように真実を最後まで追究しなければならない。精神活動が脳の状態を大きく超えていることが確認された事実である場合、証明する義務は、死後の存続を認めるひとではなく、むしろはるかに、死後の存続を認めないひとに課されていることを知らなければならない。

他方、死後の存続を認めざるをえないひとは、「幼少から老年にいたるまでのこの時間の全体などというものは、全永劫の時間に比べるならばほんのわずかなものにすぎない」と考えて、人生を全永劫の時間に位置づけて生きようとするであろう。それはこの世の生活と死後の生活を二重化して、全永劫の時間のために生きようとする立場である。わたしたちは二重生活者なのである。生死を通じて自己同一を保ち、つねに永遠なるものを希求する至上の指導力をもつ νοῦς は、「身体の天辺に居住し、わたしたちを大地に根をもつのではなく、天上に根をもつ植物のように、わたしたちを天の縁者に向かって大地から持ち上げているもの」であり、「この神的な部分は、心（ψυχή）の最初の誕生が由来する天上に、わたしたちの頭でもあり根でもあるものをつるして、身体全体を直立させているのです ΤΙΜΑΙΟΣ（90A）」。あらゆる価値判断を根源から照らすこの天の縁者とのつながりによって、わたしたちは各自、みずからの日々の言行のひとつひとつに、その意味づけと、確信を得ている。このつながりを見失うなら、生きることの意味を見失い、わたしたちはどこから来たのかも、わたしたちはこの世でなにを創るのかも、わたしたちはどこへ行くのかも、わからなくなってしまうのではないだろうか。善と必然の中間に位置づけられたわたしたちは、この天上の根からの養分に与かるかぎりにおいてのみ、「よく生きる」ということができるであろう。「未来の先取り」をわたしたちは、この永遠なるものの先取りと解し、この世の生活と死後の生活を二重化して生きるというところに、「死の練習（μελέτη θανάτου）」の重要さを認めざるをえない。

かくてわたしたちは、わたしたちの行動の場である物質の世界を含む記憶力の回路を、さらに拡張して考えなければならないし、わたしたちの精神活動は、天の縁者である「神的なもの（τὸ θεῖον）」と、物質の世界を示す「必然的なもの（τὸ ἀναγκαῖον）」との間の絶えざる循環運動で成り立っているとしなければならないであろう。「神的なもののほうは、およそわたしたちの自然の素質が許容するかぎりの幸福な生活を獲得するために、あらゆるもののなかに、これを探究しなければならないし、他方、必然的なものは、とにかくそれなくしては、わたしたちが真剣に求めている当の対象そのものも、単独ではよく知ることも、とらえることも、その他どんな仕方ででも、それに関与することができないことをよくよく考慮して、まさにかの神的なもののために、探究しなければならないのです TIMAIOΣ（68E）」。

後記

この翻訳は、南山大学で訳者を十年間指導してくださった澤瀉久敬先生への報告として、一九八九年に作製した私家版がもとになっている（本書の各パラグラフにつけた番号は、先生の演習のスタイルを踏襲したもの）。先生が『医学概論』で示された歓喜の探究と、ベルクソンのこの心身関係論は、わたしが二十代からもっともくり返して眺めた書物ということになった。出会いから五十年の節目に、在天の恩師に三度目のご報告をするにいたったことについては、ひそやかな感慨がある。

Matière et Mémoire の最初の日本訳『物質と記憶』が、一九一四年の北昤吉訳（南北社）と高橋里美訳（星文館）であることは知られているが、わたしが恩恵を受けたのは、岩波文庫の高橋里美訳（一九三六年）以後のものである。ベルクソン自身が校閲した W. Windelband によるドイツ訳（一九〇八年）と N. M. Paul and W. S. Palmer によるイギリス訳（一九一一年）は、長年参照して恩恵を受けた。J. Frankenberger 訳（一九一九年、現在 Felix Meiner 版）には、訳者の言葉がいっさいない（もちろん訳注などはついていない）が、この翻訳に教えられたところもある。今回、表題を『物質と記憶力』としたのは、精神力の異名である mémoire を「記憶力」あるいは「記憶力のはたらき」とし、souvenir を「記憶」あるいは「思い出」としたことによる。

この新版は、旧訳（一九九五年）段階で見落としたところを補い、気づいた間違いは訂正し、また訳文もいくらか修正した。日本語として意味不明の訳文が、すべて誤訳であることはいうまでもない。

むかし、ひとつのパラグラフを訳すごとに、「テキストから目を離して」、「自分自身の言葉で」説明することをつねに求められたが、これはたんに、自分自身に感情的基盤のない言葉は決して使わないというだけではなく、間違ったとらえ方をした場合であっても、もしそれが明瞭な言葉で表現されていれば、これを正しい道を見いだすための手がかりとして利用できるからであった。この意味で、明瞭に表現された誤謬は、曖昧な正しさより、はるかに貴重なのである。これから研究・翻訳される方の参考にしていただければ幸いである。

『物質と記憶力』は、『パイドン・ティマイオス』の中心部を拡大して、これを目に見えるようなかたちで示してくれたので、訳者にとっては特別の重みがある。「解説」が、金石に刻まれた本文（プラトン）からは、純度において二段も三段も劣る、脚注の脚注にすぎないことは自覚しているが、自己の立場を明確に表明することは、哲学を学ぶものの最低限の義務であるので、訳者は解説を書くことを、いわば強制されているのである。しかし、自由の問題も不死の問題も、信仰としてではなく、哲学の問題として、わたしたちの国に定着していないので、読者の共感を得ることはむずかしいであろう。かつてこの国でこの問題を直視した哲学者は、最後の最後まで政治に深くかかわったプラトン八十年の生涯を「あふるるばかりの精神的エネルギー」と評された、ソクラテス崇拝者がおられただけである。いつの日かこの国にも、このような強靭な精神力をもって、この問題を『パイドン・ティマイオス』の宇宙論規模で探究する多くの若い研究者が現われることを祈りたい。

二〇一五年一〇月一八日

人名索引

心と身体

物質と記憶力

物質と記憶力

本文総目次

心と身体

原書巻末目次

岡部聰夫（OKABE Akio）
1945年　長野県生まれ
南山大学文学部哲学科卒業
同大学院博士過程満期退学
哲学研究・古典語教室

ベルクソン
心と身体
物質と記憶力
―精神と身体の関係について―

二〇一六年十月二十八日　初版発行
二〇一七年三月七日　二刷発行

岡部聰夫訳

定価（本体三六〇〇円＋税）

発行所　株式会社　駿河台出版社
発行者　井田洋二
〒101―0062　東京都千代田区神田駿河台三丁目七番地
電話〇三(三二九一)一六七六(代)振替〇〇一九〇-三-五六六六九

製版・印刷・製本　㈱フォレスト

ISBN978-4-411-02241-7 C3010